장애인 상담자가
장애인을 만나다

내일을여는지식 / 종교 13

장애 청소년을 위한 **기독교상담** 원리를 찾아서

장애인 상담자가 장애인을 만나다

| 김춘이 지음

한국학술정보㈜

머리말

이 책은 필자의 박사학위청구 논문 「기독 장애청소년의 목회상담 원리 탐구」(2006)를 수정한 것이다. 필자는 본인이 장애를 갖고 있는 기독 상담자로서 '장애인 상담은 장애인이 해야 한다'는 지론을 갖고 석사과정과 박사과정 모두 장애인에 관한 논문을 썼다. 특히 본 연구의 목적은 기독 장애청소년의 스트레스 수준 및 대처 방식, 자기 효능감, 정신건강, 대인관계 등의 변인들과 신앙 유무와의 상관관계를 양적, 질적 분석을 통해 알아보고 그에 대한 처방을 기독교 상담 측면에서 다루어 기독 장애청소년을 위한 기독교 상담 원리를 제시하는 것이다.

이 책은 필자가 직접 장애청소년들과 인터뷰한 내용을 바탕으로 한 연구 결과물로써 그들의 아픔과 슬픔, 그들이 다른 사람들에게 들려주고 싶은 목소리가 담겨 있는 살아 있는 책이라 할 수 있다.

이 책에 실린 연구는 장애청소년을 포함한 장애인에 관한 선행 연구가 많지 않은 기독교 상담학에서의 장애인에 관한 연구에 일조(一助)할 수 있다고 본다. 특히 장애로 인한 스트레스 및 그들의 자기 효능감, 대인관계, 정신건강, 종교적 대처에 대한 경험을 장애청소년들을 대상으로 양적 분석과 동시에 인터뷰한 자료로부터

질적 분석 방법 중 토대 이론을 사용하였으므로 '경험에 가까운' (experience – near) 자료수집 및 결과를 제공한다. 이는 장애인 및 장애청소년에 관한 연구의 기초 자료로서 활용될 수 있다고 본다. 또한 양적·질적 분석을 통하여 수집된 자료는 한국의 장애인에 관한 인식 및 가치관을 반영하고 있다고 생각한다. 따라서 한국적인 특성에 맞는 측정도구 개발이나 장애청소년을 대상으로 하는 설문지 작성 등에 활용될 수 있다고 본다.

우리는 아무래도 나를 가르쳐 준 분의 영향을 받고 거기서 어떤 영감과 삶의 동기를 얻게 되는 경우가 많은 것 같다.

장애를 갖고 있다는 이유만으로 낮은 자존감과 사람과 세상에 대한 불편한 시선을 갖고 있던 나에게 끊임없이 도전의 기회를 주시고 단련시켜 주신 오우성, 반신환 교수님께 먼저 감사를 드리고 싶다. 두 분에게는 늘 감사한 마음과 아울러 그저 가르침을 받기만 했을 뿐 무언가 가르침에 대한 보답을 못했는데, 이 책을 통해 다소나마 제자의 도리를 한 것 같아 한결 가벼운 마음이 든다.

무엇보다 어렵고 떨리는 마음으로 인터뷰를 부탁했을 때 "같은 장애인이라 나의 눈물과 웃음을 쉽게 이해할 수 있을 것 같네요”
라며 용기를 주고 끝까지 최선을 다해 인터뷰에 응해 준 이 책의
주인공들에게 감사의 마음을 전한다.

또한 논문과 강의로 인해 힘들어할 때마다 힘과 용기로 격려해
주시고 끊임없는 피드백을 통해 좋은 논문이 나오게 해 주신 교양
과정부 기독교 교양 교수님들과 기독상담연구소 연구원들에게 감
사를 드린다.

마지막으로 부모라는 단어를 머리에 떠올림과 동시에 눈에 눈물
부터 맺히게 하는 나의 사랑하는 부모님께 감사드린다. 부모님의
기도와 눈물을 기억한다. 그 기억이 나를 살아가게 하였고, 그 기
억이 앞으로의 나를 살아가게 하는 힘이 될 것이다. 이제는 나의
십자가를 대신 짊어지셨던 그 어깨를 가볍게 해 드리고 싶다.

그리고 몸이 불편한 언니, 누나를 두었다는 이유만으로 어린 시
절부터 배려와 포기라는 단어를 먼저 배웠던 사랑하는 동생 정이,
호균이에게 고마움을 전한다. 가족과의 만남으로 인해 장애(障碍)
가 아닌 장애(長愛)를 배울 수 있었고 그 배움으로 인해 지금의 내가

있다. 나의 가족과의 만남을 예비하시고 허락하신 하나님께 다시 한 번 감사를 드린다.

이 세상의 모든 장애인들이 하나님 안에서 자유로워지기를 소망하며…….

2009년 5월
김 춘 이

목차

제1장 서　론

현재 한국은 급격한 환경 변화 및 약물남용으로 인한 선천적인 기형아 출산이 증가하고 있으며, 교통사고와 산업재해 등으로 인한 후천적인 장애발생도 증가 추세에 있다.[1]

그러나 같은 한국 땅에서 살고 있다고 하더라도 장애인이 경험하고 살아가는 세계는 비장애인의 세계와 많이 다르다. 이러한 환경의 차이로 인해 장애인들이 갖고 있는 심리적 특성도 비장애인과 차이를 보이며 형성된다. 장애인의 비장애인과의 심리적 차이를 인정하고, 심리학, 교육학, 사회복지학 등에서는 장애인에 대한 접근을 다양하게 시도하고 있으나 신학 분야만이 아직까지 장애인에 대한 접근과 그에 대한 연구가 선교, 교육, 예배의 영역을 벗어나지 못하고 있다. 이는 교회의 가장 중요한 기능이자 존재의 근거인 '예배와 선교', '신앙교육', '교제'가 신학계와 교계의 중심이 되었기 때문이다.

특히 한국 기독교 상담 분야에서의 장애인에 대한 연구는 아직까지 미흡한 실정이다. 설령, 그 연구가 이루어진다고 하더라도 심리학이나 교육학, 사회복지학에서의 장애인에 대한 연구가 발달단계에 따라 나타나는 특성을 고려해서 이루어지고 있는 것에 비하면 기독교 상담학에서의 장애인에 대한 연구는 발달단계에 따른 특성에 대한 고려 없이 장애인이라는 큰 테두리 안에서만 연구되어지고 있다. Clinebell은 상담은 인간의 발달단계에 초점이 맞춰질

---

1) 2005년 말 현재 우리나라 등록 장애인 인구는 177만 7,400명인 것으로 집계됐다(2005년 12월 현재 보건복지부에 집계된 통계자료, 장애인 통계는 5년마다 실시됨). 이는 1년 사이 16만 6천 406명이 증가한 수치로 이 추세대로라면 2006년 말에는 등록 장애인 인구가 200만 명에 육박할 것으로 보인다. 소장섭, "올해 지체장애인 100만 명 넘어설 듯," **인터넷 장애인 신문**, 2006년 3월 22일: http://www.ablenews.co.kr

때 가장 효과적이며, 이는 인생의 각 단계는 새로운 성장의 기회가 많고 새로운 문제와 좌절, 상처와 고통을 수반하지만 반면에 새로운 이점과 자원 그리고 가능성을 동반하기 때문[2]이라고 한다. 따라서 기독교 상담에서도 각 발달단계에 초점을 맞춘 상담이 이루어져서 다양한 문제로 고민하고 좌절하는 아동기부터 노년기까지의 기독교인들에게 위로와 가능성을 제시해 주는 역할을 감당해야 한다.

그에 대한 기초 작업으로 본 연구에서는 장애청소년을 그 대상으로 하였다. 청소년기는 급격한 신체적, 정신적, 심리적, 사회적 변화를 겪는 시기이다. 청소년들은 정서적으로 기분의 변화가 잦고, 심리적으로 불안해하며 행동은 과격하고, 극단적인 방향으로 흐르기 쉽고 의존과 독립, 무관심과 열성, 쾌락의 추구와 금욕, 이상주의와 현실, 자신감과 소외감, 희망과 절망, 극단의 이기주의와 이타주의가 동시에 나타난다. 또한 청소년기는 "나는 누구인가", "나는 과연 무엇을 할 수 있는 사람인가", "나는 대체 어떤 사람이어야 하는가.", "내가 추구해야 할 가치는 어떠한 것이어야 할 것인가"라는 물음에 대한 해답을 찾고자 몸부림치는 정체성 위기의 시기이다.[3] 더구나 장애청소년은 청소년기라서 겪는 정체성 위기와 더불어 장애로 인해 겪는 신체, 심리적인 고민과 갈등이 동시에 주어짐으로 인해 가치 혼돈이 생기고 인생의 좌표를 설정하는 데 갈등하고 좌절한다. 이런 관점에서 본다면 장애청소년은 '이중 위기'의 시기를 힘겹게 지내고 있는 자들이라고 할 수 있으며, 장애

---

2) H. Clinebell, **목회상담신론**, 박근원 역(서울: 대한예수교장로회총회출판국, 1987), 60.
3) 박민수, 1325, **함께하는 수련회 – 집단상담 프로그램**(서울: 예찬사, 2006), 34.

청소년이 처한 위치가 이중 위기의 시기가 아닌 두 배로 성장할 수 있는 기회가 될 수 있도록 자원을 찾고, 가능성을 제시하는 작업이 기독교 상담에 요구되기 때문이다.

따라서 필자는 장애청소년의 기독교 상담 원리 제시에 앞서 장애청소년들에게 실질적인 도움을 주기 위해서는 장애청소년들에 대한 사전조사를 실시하였다. 사전조사는 주로 스트레스 및 그에 대한 반응양식과 대처방식, 대인관계, 자기 효능감, 정신건강, 종교적 대처방식을 카테고리로 하여 조사하였다. 사전조사 대상자로는 대구, 경북, 경남, 강원 등 4개 도시에 거주하는 장애청소년들에게 설문지를 배부하여 사전조사를 하고 그중 7명을 심층 인터뷰하였다. 특히 장애청소년들과의 인터뷰는 그들에게 실질적으로 도움을 줄 수 있는 기독교 상담 원리를 제시하는 데 효과가 클 것이며 더불어 양적 분석의 결과를 검증하는 계기가 되었으며, 이를 통하여 장애청소년 문제에 대한 심리·사회, 신학, 기독교 상담학적인 측면에서의 변화를 촉구할 것이다.

본 연구는 장애청소년의 기독교 상담 방법론 연구의 일환으로서 연구 참여자는 장애청소년들이다. 이들을 통하여, 장애청소년의 경험, 가족, 또래집단과의 관계에 대한 이해, 그들의 실제 생활모습, 그 속에서 느끼는 스트레스와 그에 대한 대처방식을 알아보고, 기독교 상담학적 측면에서의 장애청소년 문제에 대한 전망 등을 제시할 것이다. 이러한 연구 목적을 달성하기 위하여 본 연구는 양적 분석과 질적 분석을 채택한다.

특히 질적 분석은 양적 분석에 비하여 전통이 얼마 되지 않아 그 본질에 대한 확립된 규정이 없는 실정이다. 또한 질적 분석이 여러 갈래의 학문적 전통에 뿌리를 둔 것이어서 그 본질에 대한 합의된 규정을 얻기도 어렵다. 질적 분석은 양적 분석과 대비를 이루는데, Creswell에 의하면 질적 분석의 다섯 전통은 전기(biography), 현상학(phenomenology), 문화기술지(ethnography), 토대이론(ground theory), 그리고 사례연구(case study)이다.[4]

질적 분석의 특징은 자연적인 세팅, 즉 현장에 초점을 둔다는 것, 연구자 자신이 자료 수집의 중요한 도구가 된다는 것, 자료 분석을 귀납적으로 한다는 것, 참여자의 조망과 그 의미에 초점을 둔다는 것 등이다. 질적 분석을 하는 이유는 여러 가지가 있다. 연구 질문의 특성상 '왜', '어떻게', '무엇이'로 시작하는 연구 질문을 가질 경우이다. 또한 논제의 변인이 쉽게 확인되지 않기 때문이다. 본 연구주제가 양적 분석보다 질적 분석에 적합하다고 보는 이유 역시 이것과 같다. 왜냐하면 질적 분석은 현장으로부터의 모습을 심층적으로 그려내는 데 도움을 줄 수 있기 때문이다.

필자는 다섯 가지 질적 분석 전통 중 다음과 같은 이유로 토대이론(ground theory)을 채택할 것이다. 토대 이론이란 체계적으로 수집되고 분석된 자료에 토대를 두고 이론을 개발하려는 일반적인 방법론을 말한다. 이론은 실제적인 조사 과정에서 발전되는데, 이것은 분석과 자료 수집 사이의 끊임없는 상호작용을 통하여 이루어지며, 연구자는 가설을 갖지 않고 자료로부터 이론이 생성되도록 한다. 토대 이론은 자료에서 도출된 것이므로 직관력을 제공하며, 이해를 강화하고, 행동하는 데 의미 있는 지침을 제공해 준다. 분석은 연구자와 자료 간의 상호작용으로서 일정한 수준의 엄격함을

---

4) 최양숙, "비동거 가족경험: 기러기 아빠를 중심으로"(박사학위논문, 연세대학교, 2005), 31.

유지하고, 자료에 근거하여 분석하면서 원자료(raw material)로부터 개념을 추출하고 범주를 명명하고 이를 위하여 지속적인 비교와 질문을 한다. 그리하여 이 접근은 '항상적 비교법'(constant comparative method)으로 언급되기도 한다. 토대 이론 방법론의 핵심인 이러한 지속적인 비교방법은 사건을 명확히 하기 위하여 사건과 사건, 은유와 비유를 통해 이론적 사고를 촉진하고 이론적 표본추출을 돕는다. 즉 유사점과 차이점의 사례를 탐색하면서 의도적으로 관찰하고 인터뷰하도록 한다. 코딩(coding)은 자료를 분해하고 개념화하고 이론을 형성하도록 통합시키는 분석과정이다. 개방코딩(open coding)은 개념을 밝히고 그 속성과 차원을 자료 안에서 발견해 가는 분석과정이고, 축코딩(axial coding)은 한 범주의 축을 중심으로 속성과 차원의 수준에서 범주를 하위범주와 연결시키는 과정이며, 선택코딩(selective coding)은 핵심범주를 발견하여 이론을 통합시키고 정교화하는 과정이다. 이 방법론에서 이론은 처음의 자료로부터 창출되며 기존이론들이 조사 범위에 적합하다면 그 이론들에 반대되는 자료들을 꼼꼼히 입수함으로써 이론이 정교화되거나 수정되기도 한다. 토대 이론 방법론은 동일한 과정의 두 부분인 이론을 창출하는 것과 사회조사를 행하는 것이 관련되어 있다. 토대 이론 방법론을 사용하는 연구자는 현상에 대해 행동하고 상호작용하는 방식을 연구하기 위해 일차적으로 자료를 수집하고, 직접 인터뷰를 하고, 정보와 범주들을 개발하고 상호관련하며, 이론적 전제 혹은 가설을 작성하고, 이론의 그림을 그린다. 그 구체적인 과정은 코딩과 이론적 표본추출(theoretical sampling)의 과정을 통하여 이루어지며, 이야기 개요(story line)를 발견하는 것이다. 이야기 개요는 연구의 중심현상과 각 범주 간의 관계를 서술적으로 기술하고 이러한 기술을 분석적으로 표현하기 위하여 개념화하여 제시하는 것이다.[5]

1) 연구 진행과정

전체 연구 진행과정은 사전 준비, 자료 수집, 자료 분석, 결과 해석 및 글쓰기로 나눌 수 있는데, 특히 사전 준비는 설문지 배부를 통한 양적 분석을 실시하였고, 1차 설문지 대상자 중 기독 장애청소년 7명을 선정하여 심층 인터뷰한 결과를 수집 및 질적 분석을 실시하였다. 문헌연구는 사전준비 과정에서부터 글쓰기 단계, 최종 수정단계에 이르기까지 지속적으로 병행하여 이루어졌다.

(1) 양적 분석

① 연구 대상자

장애청소년의 기독교 상담 원리 제시를 위한 1차 작업으로 필자는 질적 분석의 한계인 일반화가 가능하지 않은 점을 보강하기 위해 대구, 경북, 경남, 강원 지역에 거주하는 장애청소년 268명, 비장애청소년 214명 총 482명의 청소년을 대상으로 하여 설문지를 배부하였고 그 결과를 도출하기 위해 양적 분석을 실시하였다. 특히 양적 분석 대상자인 장애청소년은 읽기, 쓰기, 생각하기가 가능하고 학교와 사회생활에 특별한 어려움이 없는 장애청소년이다. 연

---

5) Ibid. 33.

구대상자의 연령별, 성별, 학력별, 종교별, 장애유형별 분포는 다음
과 같다.

〈표 Ⅰ-1〉 연구 대상자의 연령별, 성별, 학력별, 종교별, 장애유형별 분포

		장애인	비장애인	계
성	남	106	75	181
	여	162	139	301
연령	18	33	28	61
	19	110	98	208
	20	42	16	58
	21	33	6	39
	22	17	19	36
	23	17	33	50
	24	9	12	21
	25	7	2	9
학력	중졸	32	–	32
	고졸	88	52	140
	대재	147	162	309
	대졸	1	–	1
종교	불교	32	34	66
	무교	57	63	120
	개신교	136	97	233
	가톨릭	43	20	63
장애유형	지체장애	244	–	
	청각장애	8	–	
	기타장애	16	–	
계		268	214	482

총 482명의 응답자 중 장애인은 268명이고 비장애인은 214명이
다. 장애인 중 남자는 106명, 여자는 162명이고, 비장애인 중 남자
는 75명, 여자는 139명이다. 연령은 청소년 기본법에 의거하여 18
세부터 25세까지의 대상이 포함되었는데, 응답자 중 장애인, 비장
애인 모두 19세가 가장 많았다. 학력에서는 장애인과 비장애인에
게서 차이가 나타나 비장애인 중에서는 중졸자가 한 명도 없는데

장애인 중에서는 중졸자가 32명인 것으로 나타났으며, 장애인, 비장애인 모두 대학 재학생이 가장 많았다. 종교 부분에서 개신교와 가톨릭을 포함한 기독교인은 장애인 179명, 비장애인 117명이었고, 비기독교인은 장애인 89명, 비장애인 97명이었다. 비기독교인 중에 종교가 없는 사람은 장애인 57명, 비장애인 63명으로 전체의 75.10%가 종교를 가지고 있으며 그중 81.76%인 296명이 기독교인인 것으로 나타났다. 장애 유형별로는 지체장애인 244명(91.04%), 청각장애인 8명(2.98%), 기타장애인 16명(5.98%)으로 나타났다.

② 검사도구

㉠ 스트레스 수준

Cline 등6)이 개발한 표준화된 시각적 상사척도(Visual Analogue Scale: VAS)를 사용하였다. VAS는 10cm의 수평선을 이용하여 왼쪽 끝 0cm인 0점은 "전혀 없다"로 오른쪽 끝 10cm인 10점은 "매우 높다"라는 지침을 주었으며, 대상자 자신이 느끼는 스트레스 정도와 부합되는 지점을 표시하도록 하였으며 점수가 높을수록 스트레스가 높음을 의미한다.

㉡ 스트레스 반응양식 척도

스트레스 반응양식을 측정하기 위해 1977년 미국 워싱턴대학교 간호대학 스트레스 반응 관리 연구소에서 개발한 Symptom of Stress(SOS)를 이소우가 번역한 척도를 사용하였다. 총 척도는 94항목이고, 각 항목은 0점(전혀 없다)부터 4점(매우 자주 있다)까지의

---

6) M. E. Cline et al. "Standardization of the Visual Analogue Scale," *Nursing Research* 41, no. 6(1992): 378 – 380.

5점 척도이며 10개의 하위 척도로 분류되어 있다. 94문항의 점수를 합하여 문항수를 나눈 평균 점수로 총 스트레스 반응 정도를 파악하고 각 하위 척도별 평균 점수도 각 문항의 점수의 합을 문항수로 나누어 구한 점수를 사용하였다. 그리고 점수가 높을수록 스트레스 반응이 자주 나타나는 것을 의미한다. 10개의 하위 척도는 ① 말초혈관증상군(7문항) ② 심폐증상군(15문항) ③ 중추신경계증상군(5문항) ④ 위장계증상군(9문항) ⑤ 근육긴장증상군(9문항) ⑥ 습관적 행동 형태군(15문항) ⑦ 우울 증상군(8문항) ⑧ 불안 증상군(11문항) ⑨ 정서적 불안정(분노)군(8문항) ⑩ 인식력 장애군(7문항) 등이다.

본 연구에서 SOS 총 척도는 Cronbach's α 계수는 .98이고 하위 척도 10개의 계수는 .84～.95이었다.

ⓒ 스트레스 대처방식 척도(The ways of Coping Checklist)

Flokman과 Lazarus가 개발한 대처방식척도(The ways of Coping Checklist)를 사용하였다. 이 척도는 김정희와 이장호[7]가 요인을 분석한 것을 다시 김정희가 수정, 보완하였다. 4점 척도로서 총 62문항으로 이루어져 있으며 문제해결 대처, 사회적 지지 추구, 정서대처, 소망적 사고 등 4개의 하위요인으로 나누었다.

본 연구에서 문제해결 대처의 Cronbach's α는 .89이며, 사회적 지지 추구 Cronbach's α는 .85이며, 정서대처의 Cronbach's α는 .68이며, 소망적 사고 Cronbach's α는 .76이다.

---

7) 김정희, 이장호, "스트레스 대처방식의 구성요인 및 우울과의 관계," 행동과학연구 7(1985): 127-138.

ⓔ 자기 효능감

자기 효능감이란 개인이 결과를 얻는 데 필요한 행동을 성공적으로 수행할 수 있는 기술에 대한 신념을 말하며, 자기 효능감 척도는 She-rer들이 제작하고 홍혜영[8]이 번역한 것을 사용하였다. She-rer들에 의해 개발된 자기 효능감 척도는 총 23문항으로 두 개의 하위척도, 즉 일반적 자기효능 17문항과 사회적 효능 6문항으로 구성되어 있다.

본 도구는 Likert식 5점 척도로서 "매우 그렇다"가 5점, "전혀 그렇지 않다"가 1점으로 점수가 높을수록 자기 효능감이 높음을 의미한다. 도구의 개발 당시 일반적 자기효능에 대한 Cronbach's α는 .86, 사회적 자기효능에 대한 Cronbach's α는 .71로 제시되었으며, 본 연구에서는 도구의 일반적 자기 효능에 대한 Cronbach's α는 .90, 사회적 자기효능에 대한 Cronbach's α는 .77이다.

ⓜ 대인관계 능력

대인관계능력이란 개인이 자각하고 있는 사회적 지지의 정도로서 대인관계능력 척도는 Schlein과 Guerney가 개발한 'Relationship Change Scale'을 문선모[9]가 번안한 대인관계 변화척도를 사용하였다. 본 도구는 총 25문항의 Likert식 5점 척도로서 "매우 그렇다"가 4점, "전혀 그렇지 않다"가 0점으로 점수가 높을수록 대인관계 능력이 높음을 의미한다. 본 연구에서 도구의 Cronbach's α는 .96이다.

---

8) 홍혜영, "완벽주의 성향, 자기 효능감, 우울과의 관계연구"(석사학위논문, 이화여자대학교, 1995).

9) 문선모, "인간관계 훈련 집단상담의 효과에 관한 연구"(석사학위논문, 경남대학교, 1980).

ⓗ 간이정신 검사(Korean Manual of Symptom Checklist－90－Revision: SCL－90)

이 검사는 9개 증상차원, 90개 문항으로 구성되어 있으며 각 문항은 각각 1개의 심리적인 증상을 대표하고 있다. 이 검사는 4단계로 응답하게 되어 있고 각 증상 점수의 합이 클수록 정신건강이 좋지 않음을 나타낸다. 간이정신 진단검사의 각 증상 척도는 신체화(Somatization), 강박증(Obsessive－Compulsive), 대인 예민성(Interpersonal Sensitivity), 우울증(Depression), 불안(Anxiety), 적대감(Hostility), 공포・불안(Phobic Anxiety), 편집증(Paranoid Ideation), 정신증(Psychoticism)으로 구성되어 있다. 이 검사의 Cronbach's α는 .98로 높게 나타났으며 9개 각각의 하위 척도의Cronbach's α는 다음과 같다. 즉 신체화 Cronbach's α=.95, 강박증 Cronbach's α=.87, 대인 예민 Cronbach's α=.91, 우울증 Cronbach's α=.93, 불안 Cronbach's α=.93, 적대감 Cronbach's α=.90, 공포・불안 Cronbach's α=.90, 편집증 Cronbach's α=.85, 정신증Cronbach's α=.88로 나타났다.

ⓢ 종교적 문제해결 척도(Religious Problem Solving Scale: RPSS)

RPSS는 Pargament에 의해 제작되었다. 본 연구에서는 강현숙[10]이 번역하고 방미숙[11]이 과거시제로 바꾼 것을 사용하였다. 응답은 Likert 방식의 5점 척도로서 "전혀 그렇지 않다"가 1점, "매우 그렇다"가 5점이다.

RPSS는 총 18문항으로 종교적 대처양식에 따라 자기중심적(self－

10) 강현숙, "중년기 교인의 스트레스와 그에 따른 종교적 문제해결 유형에 관한 연구"(석사학위논문, 연세대학교, 1990).

11) 방미숙, "문제에 대한 종교적 대처양식과 그 효율성" (석사학위논문, 연세대학교, 1994).

direction), 의존적(depending), 협력적(collaborative) 척도로 구성되어
있다. 본 검사의 신뢰도는 Cronbach's α=.76이었고, 각 하위척도
의 신뢰도는 자기중심적 하위척도 Cronbach's α=.91, 협력적 하위척
도 Cronbach's α=.94, 그리고 의존적 하위척도 Cronbach's α=.88로
매우 좋은 신뢰도를 나타내었다.

③ 절차

장애청소년과 비장애청소년 모두에게 일상생활 스트레스 수준,
스트레스 반응 양식, 스트레스 대처방식, 자기 효능감 및 대인관계
능력, 정신건강, 종교적 대처에 관한 설문지를 배부했다. 장애청소
년들의 설문지에 대한 응답은 장애인 직업훈련 기관, 특수학교의
경우 해당학교 교사, 필자의 장애청소년 방문, 장애인 사역자의 도
움으로 실시하였다. 비장애청소년의 경우는 학교, 교회 등 필자 및
지인의 직접 방문으로 실시하였다. 검사 기간은 2005년 11월~12
월까지이다. 비장애청소년들의 설문지 작성 소요시간은 평균 40분
이었고, 장애청소년들의 설문지 작성 소요시간은 평균 1시간이었다.

(2) 질적 분석

① 사전 준비
㉠ 예비조사

본 연구를 위해 필자는 1차 사전조사 대상자 중 두 명을 인터뷰
하고, 여기서 얻은 자료를 근거로 질문을 작성하여 차후 연구의
토대로 삼았다. 예비조사에서의 참여자 인터뷰는 2006년 1월 초~
3월 초까지 각 2회씩 인터뷰함으로써 이루어졌다. 인터뷰 지침에

대해서는 지도교수로부터 Feedback을 받았다.

ⓒ 연구 참여자 선정

연구 참여자 모집은 양적 분석 대상자 중 필자가 개인적으로 알고 있는 사람들의 소개로 7명의 참여자가 모집되었다. 즉 연구 참여자 모집은 필자의 개인적 연결망을 통하여 근접성과 편의성을 활용하여 이루어졌다고 볼 수 있다. 필자는 장애청소년 중에서도 그 대상을 기독교인으로 한정을 하였는데, 그 이유는 본 연구의 주목적이 장애청소년을 위한 기독교 상담 원리의 제시이기 때문이다. 필자와는 인터뷰 시 같은 기독교인이자 장애인이라는 이유로 대부분의 참여자들과 공감적 분위기를 이룰 수 있었음을 경험할 수 있었다.

② 자료수집

㉠ 심층 인터뷰(in-depth interview) 방법

인터뷰란 Guba와 Lincoln에 의하면 목적을 가진 대화이다. 심층 인터뷰는 질적 분석의 자료수집 방법으로서 다른 사람의 가치를 존중하며 공감을 갖는 것이 필요하다. 먼저 필자는 인터뷰과정에서 자기 인식을 점검하고, 가치판단을 중지하며, 개방적이고 수용적인 자세를 가져야 한다.[12)]

필자는 이에 따라 개방적 태도로 인터뷰에 임하였다. 질문의 순서에 대해서도 고정된 방식을 취하지 않고 주로 참여자의 흐름을 존중하면서 인터뷰를 진행하였으며, 필자가 미리 생각하지 못한 자료들을 참여자로부터 우연히 얻을 수 있는 가능성도 고려하여 개

---

12) 신경림 등, **질적 연구 용어사전**(서울: 현문사, 2003).

방적인 태도를 유지하였다. 이처럼 인터뷰는 고정된 방식이 아니라 참여자의 진술에 따라 이루어졌다. 참여자의 개별적 특성이 드러나는 주제에 대해서는 가끔 강화 기법을 사용하기도 하였으나 주로 라포 형성과 자연스러운 접촉, 의사소통에 역점을 두어 진행하였다. 인터뷰에 참여하기로 결정한 사람들이어서 개방적이고 솔직하였다고 생각하지만 시간관계상 탐색이 제한되는 경우가 있었음은 불가피하였다. 인터뷰 내용은 허락을 받고 녹음하였고 녹음을 거부한 참여자의 경우는 기록을 하였다.

질적 분석, 특히 토대 이론의 특성상 필자가 사전에 검증하려는 가설은 가지고 있지 않았다. 다만 인터뷰의 흐름을 자연스럽게 하고 참여자로 하여금 인터뷰에 흥미를 유발하기 위해 처음 질문을 준비하였다. 특히 최근의 생생한 이야기를 살리기 위해서 구조화된 인터뷰(structured interview)보다도 비구조화된 인터뷰(unstructured interview)를 사용하였다. 그리고 어느 정도의 주제와 목록을 가진 인터뷰 지침법(interview guide)을 활용하였다. 그러나 필자는 탐색할 범주와 영역에 대한 대략적 지침은 여러 가지만 주로 개방적 태도를 유지함으로써 참여자로부터 자료를 수집하는 데 방해되지 않도록 하였다. 또한 현상과 관련하여서는 추적질문(probing)을, 인터뷰가 이미 진행된 다른 사례들과 비교하기 위해서 때로는 대조질문(constant question)을 사용하였다. 이러한 질문은 사례 간 유사점과 차이점을 밝히는 데 도움이 되었다.

인터뷰는 주로 참여자가 다니는 학교나 훈련기관의 빈 강의실에서 진행한 경우도 있었고, 보행이 불가능한 연구 참여자의 경우는 전화 인터뷰, 청각 장애인의 경우는 사이버 인터뷰를 진행하였다.

인터뷰 시간은 보통 한 시간 반에서 두 시간이었다. 전사한 자료는 A4 10매이고, 보통 A4 15매였다.

참여자의 인터뷰로부터 전사한 내용을 부호화하고 여러 차례 검토하면서 이들이 실제 행하고 있는 생활과 그들의 신념을 크게 구분할 수 있었다. 이 점은 매우 중요하다고 보는데, 이 차이로부터 중요한 내용과 의미가 도출될 것이기 때문이다.

ⓒ 인터뷰 질문 범주

필자가 인터뷰할 때의 질문 범주는 다음과 같다. 질문의 카테고리는 선행연구를 통해 밝혀진 우리나라 청소년들의 주 스트레스원인 가족문제, 교육문제, 자신 문제, 환경 문제, 대인관계를 묻는 일반적인 질문과 더불어 신앙생활이 스트레스 해소에 주는 영향과 스트레스를 받았을 때 종교적으로 어떻게 대처하는지에 대한 질문을 하였다.

ⓐ 장애발생 시기는 언제인가?, 장애인으로서의 삶은 어떠한가?

ⓑ 교육을 어디까지 받았는가?, 받았다면 본인이 원하는 만큼의 교육을 받았는가?, 다른 형제들과 비교했을 때 교육의 정도는 어떠했는가?, 교육의 정도가 적절치 못했다면 그 이유는 무엇이라고 생각하는가?, 학교에서 선생님, 또래집단과의 관계 속에서 장애인의 생활은 어떠했는가?

ⓒ 부모, 형제와의 관계는 어떠한가?, 가족에게 섭섭했던 일, 미안한 일, 고마운 일은 어떤 일이 있는가?, 당신은 가족에게, 가족은 당신에게 어떤 의미를 갖고 있는가?

ⓓ 사람을 사귈 때 어떤 면을 제일 중시하는가?, 사람과 관계를

맺을 때 제일 장애가 되는 것은 무엇인가?, 당신의 주변인들에게 당신은 어떤 사람인 것 같은가?

ⓔ 요즘 가장 스트레스가 되는 일은 무엇인가?, 스트레스를 받으면 주로 어떤 증상이 나타나는가?, 스트레스 상황에서 어떤 행동을 취할 때 가장 기분이 좋아 지는가?

ⓕ 신앙생활을 한지 얼마나 됐는가?, 신앙을 가진 것이 당신의 삶과 스트레스 해소에 어떤 도움이 되는가,? 당신에게 있어서 하나님은 어떤 분이신가?

③ 자료 분석 방법 및 해석

㉠ 자료 수집 및 분석 절차

자료 수집 및 분석절차는 다음과 같이 진행되었다.

1단계: 녹음 및 기록된 자료들을 텍스트로 전사(transcribe)하여 원자료(raw data)로 사용하였다. 인터뷰 내용은 연구 참여자의 동의 하에 녹음되었다. 녹음을 거부한 경우는 3명이었는데 이 경우는 진행노트(process note)를 사용하였다. 연구 참여자의 사생활과 익명성을 보장하기 위하여 녹음 내용을 필자 자신이 직접 전사하였는데, 이 작업 자체가 상당히 시간과 노력을 요하는 과정이었다. 자료는 인터뷰 당시 녹음한 내용을 그대로 전사하였으며, 녹음하지 못한 세 사례에 대해서는 인터뷰 당시 사용한 진행노트를 인터뷰 직후 가능한 빠른 시간 내에 기록하여 충분히 내용을 확보하였다.

2단계: 원자료의 개념화를 위하여 자료를 매 줄마다 읽어서 문장과 그 의미에 대해 개념의 명명화를 하였다. 이는 개방코딩에 해당되는 작업이며, 사례마다 지속적으로 비교와 질문을 통하여 유

사한 개념들을 분류, 비교, 범주화하였다. 이 과정은 이후의 과정
에 기본적인 가장 중요한 절차이다.

3단계: 중심현상을 발견하는 작업이 진행되었는데, 이는 장애청
소년은 장애로 인한 주변 환경과의 관계 속에서 겪는 스트레스가
원인이 되고 결과적으로는 이러한 현상으로 인한 주변 환경과의
괴리감이 장애청소년들의 주요 스트레스의 원인이라는 것을 발견
할 수 있었다. 이 작업 후 중심현상을 중심으로 어떠한 인과적 조
건, 맥락적 조건, 중재적 조건, 작용 / 상호작용 전략과 결과가 나오
는지를 재배치하는 과정이 진행됐는데 이 부분 역시 많은 시간과
시행착오, 사고(思考)를 요하는 과정이었다.

4단계: 사례 간 여러 유형의 공통점과 차이점을 발견하고, 이야
기 개요를 발견하는 작업이다.

ⓛ 자료 분석 방법

자료 분석은 Strauss와 Corbin이 제시한 개방코딩, 축코딩, 선택
코딩에 따라 이루어졌다. 토대 이론에서는 연구자의 이론적 민감성
(theoretical sensitivity)이 매우 중요한데, 이는 자료 속에서 중요한
것을 찾아내고 그것에 의미를 부여하는 연구자의 능력을 가리킨다.
여기에서 묻는 질문들은 '이 자료가 무엇에 관한 것인가', '여기서
무슨 일이 일어나고 있는가?', 분명히 다른 집단과 구분되는 것으
로서 '이 사람들이 다루는 중심적인 문제는 무엇인가?', '그 문제
를 어떻게 해결하는가?' 등이다. 필자는 이론적 민감성을 위하여
연구 기간 내내 문헌자료 이외에도 TV, 신문, 잡지 기사, 인터넷
자료 등을 항시 접하였고, 메모, 도표 등을 활용하였다. 그밖에 비

참여자 장애청소년, 장애청소년을 둔 부모들, 형제들과도 대화하고 의견을 청취하였다.

분석에서 질문하기와 비교하기는 기본적인 방법이다. 본 연구에서는 '무엇이 장애청소년들이 비장애청소년들과 같은 경험을 하더라도 스트레스를 더 받게 하는가?', '같은 장애청소년이라도 긍정적인 사고방식과 부정적인 사고방식을 갖게 영향을 끼치는 요인은 무엇이 있는가?', '장애에도 불구하고 자신의 장애를 수용하며, 적극적인 삶의 태도를 갖게 하는 힘은 어디에 있는가?' 등 질문하기를 계속하였다.

비교하기는 범주를 밝히고 개발하는 데 필수적인 것으로 Flip－Flop기법, 둘 이상의 현상에 대한 체계적인 비교, 붉은 깃발 흔들기(Waving the Red Flag) 등의 기법이 있다. 먼저 Flip－Flop기법은 사건이나 사물, 작용/상호작용에 대한 다른 관점을 얻기 위하여 '안에서 밖으로 뒤집는 것'이나 '위아래를 바꾸는 것'을 통해서 연구하는 것을 말한다.[13] 예를 들면 참여자 중에는 '나도 네 일에 관심 안 가질 테니까 네도 나한테 관심 갖지 마'라고 하는 경우가 있다. 이를 뒤집으면 네가 나한테 관심을 가져주면 나도 너한테 관심을 가질 수 있다는 이야기이다. 이는 장애인의 입장에서 보면 비장애인들과의 상호관계에 있어서 그들의 장애인에 대한 선입견이 관계의 통로를 막고 있다는 것이다. 그러나 이것을 다시 생각해 보면 장애인들의 그런 생각도 비장애인들과 다를 바 없는 선입견이다. 따라서 서로에 대한 선입견은 관계 시작의 장애물이며, 그 장애물이 제거된다면 비장애인과 장애인 사이의 연결통로는 열릴

---

13) A. Strauss and J. Corbin, **근거이론의 단계**, 신경림 역(서울: 현문사, 2001).

가능성이 높음을 말해준다.

둘 이상의 현상에 대한 체계적인 비교는 한 가지 사건을 경험에서 회상된 것이나 문헌에 있는 것과 비교하는 것이다. 예를 들면 장애인의 일반학교 교육이 부정적인 측면만 있는 것은 아니며 긍정적인 측면도 있기 때문에, 참여자가 말하는 부정적인 측면을 문헌이나 다른 참여자들이 제시하는 긍정적인 측면들과 비교하는 것이다. 이러한 작업을 통하여 일반학교 교육의 긍정적인 측면에 상당한 공통점이 있다는 것을 알 수 있었으며, 참여자의 성격이나 교사와의 관계, 또래와의 관계에 따라 긍정적인 측면의 종류나 성격이 달라질 수도 있음을 알 수 있었다.

붉은 깃발 흔들기는 연구자 자신이나 연구 참여자의 편견, 가정(假定), 믿음이 분석에 끼어들고 있는지를 알아차리는 것이다. 우리 모두는 우리가 살고 있는 문화와 시대, 성별, 경험, 훈련의 산물이기 때문에 편견에서 완전히 벗어난다는 것은 가능하지 않다. 그러나 한 걸음 물러나서 어느 정도의 객관적인 시각으로 '여기에서 무슨 일이 일어나고 있는가?'를 질문해야 한다. 즉 '늘', '결코', '절대'라는 단어를 들을 때마다 붉은 깃발을 흔들어야 한다.[14] 예를 들면, 교육관련 스트레스에 대한 질문을 받은 한 참여자가 '일반적으로 생각해 봐도 그렇지 않겠어요? 가르쳐 봤자 뭐 변화가 있겠나 싶으니까 일반학교보다 특수학교가 공부를 잘 안 가르쳐 주잖아요, 그래서 제 지식이 부족해요'라고 말하는 경우 그가 말하는 '일반적으로 생각해 봐도 그렇지 않겠어요?'라는 데에서 붉은 깃발을 흔들어야 한다. 그는 오히려 자신의 주관적인 생각을 이야

---

14) Ibid.

기 하고 있는 것이 아닌가? 또 '가르쳐봤자 뭐 변화가 있겠나 싶으니까'에서도 붉은 깃발을 흔들어 주어야 한다. 이러한 과정에서 배워야 할 것은 상황이나 말을 당연한 것으로 받아들여서는 안 된다는 것이었다.

각 코딩 절차에 대한 설명을 상술하면 다음과 같다.

ⓐ 개방코딩(open coding)

개방코딩은 자료를 통하여 개념을 발견하고 명명하여 유사하거나 의미상 관련이 있다고 생각되는 사고나 사건, 물체, 작용/상호작용을 하위범주로 묶은 후 범주화하는 과정이다. 개념은 단순히 이름을 명명하는 것만으로는 어떤 일이 일어나는지 알 수 없기 때문에 분석도구를 이용하여 속성과 차원에 따라 발전시키며, 하위범주는 언제, 어디서, 왜, 어떻게 일어날 수 있는가에 대한 정보를 나타냄으로써 범주를 보다 구체화한다. 특히 개념화할 때 참여자 자신의 단어에서 따온 체험코드(in vivo codes)를 활용하기도 하였다. 개념을 범주로 무리 짓는 일은 중요한데, 왜냐하면 이를 통해서 작업단위의 숫자를 줄일 수 있기 때문이다. 또한 범주는 분석적 힘을 가지고 있어 설명하고 예측하는 잠재력을 갖게 된다.

개방 코딩을 통하여 이론 구축의 기초 및 초기 구조를 갖게 되는데, 이는 여러 절차 중 가장 중요한 절차로 생각된다. 본 연구에서 필자는 인터뷰한 내용을 한 줄 한 줄 읽어가면서 의미 있다고 생각되는 진술에 개념을 명명하였고, 또 연관되어 떠오르는 가능한 생각들을 메모하여 참고하였다.

개념 명명의 예를 들면,

가족이 없으면 나도 없기 때문에⋯⋯(장진우)[15] – <u>가족이 없으면 나도 없음</u>
인간은 어차피 자기와 다르면 경계심부터 갖잖아요.(박사랑) – <u>경계심 갖기</u>

또 의미 있다고 생각되는 진술자의 단어에서는 자유연상을 활용하여 그것이 갖는 의미를 놓치지 않으려 하였고 단어가 상징하는 의미를 확장하여 사고가 축소되지 않게 하였다. 예를 들면 '전 파리 같은 놈이에요'라는 연구 참여자의 말에서 '파리'라는 단어가 주는 의미에 대해 깊이 자유연상을 하였다. '파리'라는 말은 우선 더럽다는 것이고, 이리저리 옮겨 다닌다는 의미이다. '파리'이기 때문에 사람들이 싫어하고 쫓아 버리려고 한다는 의미로 들린다. 이런 방식으로 의미와 상징에 유의하였고, 개념 명명에서도 체험 코드를 활용하였으며, 보다 추상적인 하위범주, 더 추상적인 범주 개발에 유의하였다.

ⓑ 축코딩(axial coding)

축코딩은 한 범주의 축을 중심으로 범주를 속성과 차원의 수준에서 하위범주와 연결시키는 과정이다. 축이라고 불리는 이유는 코딩이 한 범주의 축을 중심으로 일어나며 속성과 차원의 수준에서 범주들을 연결시키기 때문이다. 축코딩은 패러다임에 의한 범주분석과 과정분석이 있으며, 이러한 구조와 과정을 통합시키는 분석과정이 현상과 연관된 다양한 조건, 작용 / 상호작용 전략 그리고 결과를 밝혀 준다. 패러다임 모델에 의한 범주분석은 인과적 조건

---

15) 연구 참여자 이름은 가명임.

(causal condition), 중심현상(phenomenon), 맥락적 조건(contextual condition), 중재적 조건(intervening condition), 작용/상호작용(action/interaction) 전략, 결과(consequences)를 통해 왜 현상과 연관된 문제, 사건, 쟁점이 위치하고 일어나는지 파악하게 해 준다. 인과적 조건은 현상에 영향을 미치는 사건이나 일을 말하며, 중심현상은 작용/상호작용에 의해 다루어지고 조절되는 중심생각이다. 맥락적 조건은 현상에 속하는 속성으로 어떤 특정한 현상에 대응하기 위해 취해지는 구체적인 조건이며, 중재적 조건은 어떤 현상에 속하는 보다 광범위한 구조적 전·후 관계로서 맥락적 조건에서 취해진 작용/상호작용 전략을 조장하거나 강요하도록 한다. 작용/상호작용은 현상에 대처하거나 다루기 위해 취해지는 의도적이고 고의적인 행위이며, 결과는 작용/상호작용의 결과물이다. 과정분석은 자료에서 작용/상호작용을 살펴보고 이것이 시간의 흐름에 따라 어떻게 변화하고, 중재적 조건에 의해 영향을 받아 어떻게 변화하는지를 보여 주며 각각의 단계로 구성되어 있다.

ⓒ 선택코딩(selective coding)

선택코딩은 범주를 통합시키고 이론을 정교화하는 과정이다. 이 과정에서 통합은 오랜 시간에 걸쳐 일어나는 지속적인 과정으로 연구자와 자료 간의 상호작용을 통해 이루어진다. 선택코딩의 첫 단계는 핵심범주를 결정하는 것으로 핵심범주를 밝히고 개념의 통합을 촉진하는 기법으로 이야기 개요(Story Line) 적기, 도표, 메모 정리, 검토하기가 있다.

본 연구에서는 모든 범주들 간의 관계를 통합적으로 설명할 수

있는 포괄적인 중심현상으로 핵심범주를 명명하고 서술적으로 이
야기 개요를 적었다. 또 이론구축을 위하여 핵심범주를 중심으로
범주 간 전·후 관계가 어떻게 형성되며 연결되는지를 가설적 관
계진술을 통하여 제시하였다.

ⓒ 자료해석

자료해석은 근거자료 및 문헌자료에 근거하여 심리·사회적 해
석 및 신학적 해석, 기독교 상담학적 해석을 실시하여 제시하였다.

2) 연구방법론에 대한 평가

질적 분석은 객관적, 통계적, 가설 검증적인 양적 분석과 달리 주
관적, 통찰력, 발견적, 해석적이다. 질적 분석은 Guba와 Lincoln이
제시한 네 가지 기준, 즉 사실적 가치, 적용성, 일관성, 중립성을 따
를 때 충족된다 하겠다. 이는 신빙성, 신뢰도, 적합성, 즉 전이가능
성, 감사가능성, 확증성, 확인 가능성에 해당된다. Guba와 Lincoln
에 의한 연구의 4대 평가기준은 다음과 같다.16)

<표 I -2> 질적 분석 및 양적 분석에서의 평가 기준

판단 / 평가기준	질적 분석	양적 분석
진실성(turth value)	신뢰도(credibility)	내적 타당도
적용성(applicability)	전이가능성(transferability)	외적 타당도
일관성(consistency)	의존성(dependability)	신뢰도
중립성(neutrality)	확증성(confirmability)	객관도

---

16) 신경림 등, 9.

진실성이란 현상을 얼마나 생생하고 충실하게 기술하고 해석하였는가의 문제이다. 본 필자는 장애청소년들과의 인터뷰 내용을 충실히 서술하고자 하였고, 가능한 참여자들의 경험을 잘 나타낼 수 있도록 체험코드를 활용하였다. 그러나 인터뷰 방법은 실재적 사실과 참여자의 주관적 실재 사이에 기본적인 한계가 존재한다고 본다. 이를 보충하기 위하여 보조적으로 장애인 사역을 하고 있는 목회자 및 장애인 복지사 등과 인터뷰하였으며, 많은 인터넷 자료, 문헌 자료, 기사 자료 등을 참고하였다. 따라서 다양한 자료가 확보되는 삼각 검증법(triangulation)을 활용하였다. 또한 참여자가 아닌 다른 장애청소년들에게도 연구 결과를 보여 주어 '맞다. 꼭 내 얘기 같다', '진짜 그렇다'라는 반응을 들을 수 있었다.

적용성이란 양적 분석의 외적 타당도에 해당되는 개념인데, 연구 결과가 일반화될 수 있는가를 측정하는 것이다. 이것은 독자들이 연구결과를 읽고 자신의 경험에 비추어 보았을 때 의미 있고 적용이 가능한 것인지를 의미한다. 질적 분석에서 양적인 일반화는 의미가 없다. 오히려 표본수가 적더라도 통계적이 아니라 이론적으로 표본추출을 하는 것이다. 따라서 질적 분석에서는 특수 집단에 소속된 대상자도 그 집단을 나타낼 수 있고 그 대상자가 실세계에 대한 자료를 잘 묘사할 수 있다면 그는 적합한 연구 참여자가 될 수 있다.[17] 본 연구에서는 가능한 다양한 방법으로 장애청소년들을 대상으로 자료를 수집하였고 그 자료들이 그들의 삶의 경험을 표현한 것이며 그 자료로부터 연구결과를 도출한 것이기 때문에 적합성의 기준을 충족한다고 본다.

---

17) 최양숙, 43.

　일관성이란 연구자가 사용한 분명한 경로(decision trail)를 다른 연구자 역시 따라갈 수 있을 때 확보될 수 있는 것이다. 다른 연구자도 연구자의 자료, 시각, 상황에 따라 유사한 결과에 이를 수 있다고 보겠다. 양적 분석에서는 연구절차의 일관성, 안정성, 의존성을 말하며, 질적 분석에서는 경험의 중요성과 인간 상황의 독특성을 강조한다. 본 연구에서는 인터뷰 지침에 관하여 지도교수로부터 자문을 받았고, 연구 결과에 대해서도 박사과정 3인, 교수 2인과 논의과정을 가졌다. 이러한 과정은 연구의 일관성에 기여하였다고 본다.

　중립성이란 연구과정과 결과에서 편견이 배제되어야 함을 의미한다. 양적 분석에서는 신뢰도와 타당도가 높을 때 이 기준이 충족되며, 질적 분석에서는 확증성으로 진실성, 적용성, 일관성, 즉 앞의 세 기준이 확립될 때 도달되는 것이라고 볼 수 있다.[18] 본 연구에서는 토대 이론 방법론의 절차와 분석과정에 따라 필자가 사전에 어떤 결과나 관점을 증명하려는 의도 없이 진행하였으며, 자료를 조작하지 않고 실제 상황을 왜곡하지 않으려 노력하였다.

---

18) Ibid.

제2장 연구사적 고찰

1. 장애인에 관한 연구사

신학 분야에서 장애인에 대해 다룬 연구를 보면, 주로 장애인 선교와 교육, 치유에 많은 관심을 두었다는 것을 볼 수 있다. 우선, 장애인 선교를 다룬 연구에는 조인연의 "한국교회의 장애인 선교에 대한 문제점과 그 해결방안"[19]이 있다. 조인연은 이 논문을 통해 한국교회의 장애인 선교의 문제점은 오늘날의 교회가 장애인들이 불신앙과 제한성을 초월해서 하나님 나라를 경험하게 하는 데 관심을 기울이지 못했고, 한국교회의 선교의 주목적은 양적 부흥에만 있었으며 개인의 전인격적 구원에 대해서는 관심을 갖지 못했다는 점을 지적하고 있다. 조인연은 이러한 문제점에 대한 해결방안으로 '교회만 성장하면 된다'라는 성장 제일주의에서 벗어나 장애인 선교에 관심을 갖고 적극적으로 실천해야 하며, 장애인 선교에 있어서도 그들의 복지사업에 힘쓰는 것도 중요하지만 더욱 중요한 것은 장애인들의 영혼이 하나님께 나와서 예수 그리스도를 믿음으로 말미암아 구원을 받게 해야 한다는 점을 강조한다.

장애인 문제를 기독교 상담 입장에서 다룬 김화수의 "장애인 선교를 위한 목회상담 가능성 연구"[20]가 있다. 김화수는 이 논문을 통해 장애인 선교를 위해서는 교회나 비장애인들의 노력도 필요하지만 무엇보다 중요한 것은 장애인 자신이 재활의지를 가져야 함을 강조한다. 그 이유는 비장애인들의 인식의 변화도 장애인들이

---

19) 조인연, "한국교회의 장애인 선교에 대한 문제점과 그 해결방안"(석사학위논문, 목원대학교, 1995).

20) 김화수, "장애인 선교를 위한 목회상담 가능성 연구"(석사학위논문, 한신대학교, 1998).

확실한 재활 의지와 적극적인 개혁의지를 보일 때, 더욱 잘 일어
날 수 있다고 보기 때문이다. 따라서 목회자는 상담을 통하여 장
애인의 재활의지를 심어 주는 것뿐만 아니라 비장애인의 의식을
고쳐주는 계몽운동을 하는 데 앞장서야 한다고 한다.

장애인 문제를 교육적인 면에서 다룬 연구를 살펴보면 그 강조
점이 장애인과 비장애인의 통합교육[21]에 있음을 알 수 있다. 그
연구 중의 하나로 박신경의 "함께 사는 삶 - 우리 사회의 완전성의
회복"[22]이라는 글이 있다. 박신경은 통합교육을 해야 하는 이유를
장애인의 문제는 장애인 혼자만의 노력으로는 해결될 수 없으며,
장애인들과 비장애인들이 서로 같은 공동체 안에서 함께 어울리며
의사를 교환하는 가운데 장애에 대한 상호적 이해가 이루어지며
그런 노력이 장애인 문제해결의 기초가 됨을 들고 있다.

그리고 이러한 통합교육을 일반 학교 교육에서 뿐만 아니라 교
회 안에서도 이루어져야 함을 강조하고 있다. 또한 박신경은 장애
인들만 따로 모여 예배드리고 교육하는 것은 어떤 의미에서 보면

---

21) 통합교육이란 장애유아와 정상유아를 같은 장소, 같은 시간에 보육하는 형태를 말하는 것이
다. 우리말로 통합이라고 번역된 Integration은 그 근원을 라틴어 또는 그리스어에서 찾아볼
수 있다. 즉 entagoros는 '건드려지지 않은, 손상 없는, 온전한, 결점 없는, 전체의' 뜻을
가지고 있으며, Integer에서 발전한 Integratio는 '완전성의 회복'이라는 뜻으로 이것이 19,
20세기를 거치며 Integration이라는 단어로 발전되었다. 브레멘 대학의 G. Feuser 교수는
장애인 통합에 대한 정의를 "통합은 장애인과 비장애인의 평등함을 성취하는 것이다. 즉 모
두가 개인의 건강과 교육을 실현하기 위하여 개인적으로 필요한 도움과 원조를 받을 수 있
는 상태를 말한다. 이를 위해서는 이를 가능케 하는 사회적 관계를 획득하도록 노력해야 하
고 동시에 그 방법들의 체계적인 도입이 요구 된다"라고 했다. 김영길, "장애인 문제에 대
한 교회의 대책과 역할 - 장애인과 더불어 함께하는 교회"(석사학위논문, 장로신학대학교,
1993), 122 - 123.
22) 박신경, "함께 사는 삶 - 우리 사회의 완전성의 회복," 교육교회 165(1990): 79 - 90. 기
독교의 입장에서 장애인 통합교육에 대해 다룬 연구에는 정무성, "장애인 교육은 통합적으
로 돼야 한다," 목회와 신학 82(1996): 65 - 70: 조용록, "장애인을 위한 목회방안 연
구"(석사학위논문, 한세대학교, 1998), 43 - 45가 있다.

진정한 장애인 선교가 아님을 지적하면서 완전한 교회 공동체의 모습은 개인이 지닌 결점이나 장애에 관계없이 우리 모두 하나님의 형상을 입은 그분의 자녀들로서, 주께서 허락하신 생명과 자유로운 삶으로의 존엄성과 권리를 평등하게 지닌 존재들로서 서로를 용납하는 공동체로 본다.

장애인 문제를 기독교 치유사역과 연관시켜 연구한 논문에는 조채연의 "장애인 치유사역에 관한 연구"가 있다.[23] 조채연은 논문을 통해 장애인 치유사역과 관련된 이론들을 살펴보고 한국교회 장애인 치유사역의 현황 및 문제점을 진단해 보았으며 치유사역에 관한 구체적인 내용들과 앞으로의 전망과 대책을 위한 실제적인 모형연구를 제시했다. 그는 오늘날의 장애인 치유사역은 예수 그리스도의 치유의 목적, 즉 장애인의 치유는 단순한 육체의 장애를 치유해 주는 것에 그쳐서는 안 된다고 말한다. 또한 조채연은 예수의 치유사건은 장애인들을 치유함으로 인간으로서의 가치를 인정받을 수 있게 하고 추방당한 자신의 사회로부터 다시 환원할 수 있는 전인적인 해방 사건이었다고 표현한다. 따라서 오늘날의 치유사역도 장애인들을 과거의 숙명적인 저주의 굴레에서 해방시키고 육체와 영혼의 소생을 통해 그들에게 살 가치와 목표를 부여해 주신 전인적인 부분에서 이루어진 예수의 치유사역이 이루어져야 한다는 것이다.

지금까지 살펴본 연구사에 따르면, 신학 분야 특히 기독교 상담에서 이루어지고 있는 장애인에 대한 연구는 거의 이루어지고 있지 않으며, 혹 이루어지더라도 발달단계에 따른 특성에 대한 고려

---

23) 조채연, "장애인 치유사역에 관한 연구"(석사학위논문, 목원대학교, 1995).

없이 장애인이라는 큰 테두리 안에 포함되어 연구되어지고 있음을 볼 수 있다. 이는 심리학이나 특수교육, 사회복지 분야에서 이루어 지고 있는 장애인에 대한 연구가 발달 단계에 따라 나타나는 특성 을 고려해서 이루어지고 있는 것에 비하면 아직 연구 상태가 미비 한 상태라고 볼 수 있다.

2. 스트레스 대처방식에 관한 연구사

청소년의 스트레스 대처방식에 대한 연구는 최근 활발하게 이루 어지고 있으나 아직까지 연구가 많이 부족하며, 대부분이 청소년의 학업성취와의 관계를 살피고 있어 청소년의 스트레스 대처방식에 영향을 주는 변인들에 대해서도 거의 밝혀져 있지 않은 실정이다.

우선 우리나라 청소년의 스트레스에 대한 연구는 학업, 학교생 활, 가정문제, 부모문제, 친구와의 문제, 자신의 문제(신체적 건강, 용모, 성격, 성문제 등), 교사와의 문제, 학교 환경 및 사회문제, 진 로문제 등에 대한 내용을 다루고 있으며 이들 청소년 스트레스의 요인별 수준을 비교한 결과, 학업 등 학교생활과 관련된 스트레스 가 대부분 높은 수준을 차지하고 있었다.

중·고·대학생들을 대상으로 한 윤혜정[24]의 연구에서는 중·고 등학생의 경우 학교, 가족, 사회적 관계, 자신의 영역 중에서 학교

---

24) 윤혜정, "청소년의 일상적 스트레스와 사회 관계망 지지 지각"(석사학위논문, 서울대학교, 1993).

영역의 스트레스 수준이 가장 높게 나타났고, 이경희[25]가 중·고
등학생을 대상으로 스트레스 경험 유무를 조사한 결과 중·고등학
생 모두의 경우에서 학업 성적 문제가 가장 높은 빈도수를 차지하
였으며, 박중기[26]의 중학생을 대상으로 한 연구에서도 학업문제,
교우문제, 교사문제 등 주로 학교생활을 하면서 겪는 스트레스가
높은 수준으로 측정되었다.

청소년이 생활 속에서 경험하는 스트레스는 아주 다양하다. 김
정겸[27]은 청소년이 가장 많이 지각하는 스트레스가 친구와의 관계,
성적, 시험, 자기 자신, 부모와의 관계가 순서로 나타났으며, 여학
생이 남학생보다 성적, 친구에 관련된 스트레스를 더 많이 경험하
고 있다고 하였다. 황정규[28]는 동성친구와의 관계, 학업성적, 선생
님과의 관계, 부모와의 관계, 신체 변화 등에서 청소년이 스트레스
를 많이 느끼며, 스트레스 유형 중 강도와 경험 빈도가 모두 높은
생활 사건은 학업성적과 관련된 것이 많고, 남학생보다는 여학생이
더 많이 경험하고 있다고 하였다. 김창기[29]에 의하면, 청소년들은
사회문제, 진학문제, 이성문제, 가정문제, 용돈문제 등의 순서로 스
트레스를 많이 경험하며, 남자가 여자에 비하여 진학 문제에 예민
한 반응을 보인다고 하였다. 백양희, 최외선[30]은 농촌 고교생을 대

---

25) 이경희, "청소년의 스트레스에 관한 연구"(박사학위논문, 숙명여자대학교, 1995).

26) 박중기, "중학생의 스트레스 요인과 대처유형에 관한 연구"(석사학위논문, 강원대학교, 1998).

27) 김정겸, "고등학생들의 스트레스에 관한 연구"(석사학위논문, 고려대학교, 1987).

28) 황정규, "한국학생의 스트레스 측정과 형성," **서울대학교 사대논총** 41(1990): 25 - 66.

29) 김창기, "청소년들의 스트레스 요인 및 적응방법에 관한 고찰"(석사학위논문, 건국대학교, 1992).

30) 백양희, 최외선, "농촌 고등학생들의 스트레스," **대한가정학회지** 107(1996): 33 - 47.

상으로 스트레스 지각수준을 파악한 결과, 학업문제, 장래문제, 생활태도문제, 교우문제, 자신감 문제, 가정 문제 순서로 나타났음을 밝혔다. 박용자[31]는 이러한 청소년기의 특성과 사회 여건을 고려하여 청소년기의 스트레스 유발 요인을 이성교제, 진로, 학교생활, 주거환경, 외모, 경제문제, 가정환경, 자아문제, 사회문제, 성문제, 종교문제, 건강 및 죽음에 대한 분석 등 12개의 영역으로 구분하였다.

청소년의 스트레스 대처방식에 관한 연구는 최근 활발히 진행되고 있으나, 아직 연구도 부족한 편이며 학자들 간의 의견도 상이하다.

Peterson과 Spiga는 사춘기에 대한 스트레스 연구를 특별히 효과적인 시기로 보았는데 이는 학생들이 부딪히는 스트레스에 대한 반응들을 쉽게 관찰할 수 있고, 또한 이때의 반응을 보고 이후의 스트레스에 대한 반응성(responsiveness)을 대개 예측할 수 있다고 보기 때문이다. 이들이 제시한 사춘기의 스트레스는 발달론적 입장을 취하고 있으며 발달이란 개인의 신체적, 인지적, 행동적 정신적 요인의 작용과 동시에 사회적, 물리적 환경과의 상호작용이 개입된 복잡한 과정임을 시사한다. 나아가 사춘기의 스트레스에 대한 준비 정도, 개인의 예민성, 사회적 지지 정도에 따라 영향을 받으며 개인이 갖는 자기존중(self-esteem), 개인의 능력과 더불어 청년에 대한 사회의 기대 등도 포함되어야 한다는 관점을 취하고 있다.

스트레스 대처방식에 대한 연구를 좀 더 상세히 살펴보면, 우선 성별에 따른 청소년의 스트레스 대처방식의 차이에 대한 연구에서

---

31) 박용자, "청소년의 성격과 스트레스 인지에 관한 연구"(석사학위논문, 숙명여자대학교, 1989).

는 연구결과가 일관되게 나타나지 않았다. 일반적으로 스트레스 대처방식에 있어서 남자는 문제 중심적 대처방식을 여자는 정서 중심적 대처방식에 더 능숙할 것이라 간주되어 왔는데, 실제 연구에서도 이러한 통념을 지지하는 결과가 발표되었다.[32] 그러나 Billings와 Moos의 연구에서는 여자들이 정서 중심적 대처방식을 남자보다 많이 사용하기는 하나 문제 중심적 대처방식을 사용하는 데 있어서는 남녀 간에 차이가 없었으며, Endler와 Parker의 연구에서도 같은 결과가 나타났다. 또, 이와는 반대로 Folkman과Lazarus의 연구에서는 일과 관련된 부분에서는 남자들이 문제 중심적 대처방식을 더 많이 사용하나 정서 중심적 대처방식에 있어서는 남녀 간에 차이가 없었다. 그리고 성별에 따른 스트레스 대처방식의 차이가 뚜렷하게 나타나지 않은 연구결과들도 보고되고 있다. 이처럼 성별에 따른 스트레스 대처방식의 차이는 연구마다 서로 다른 결과를 보이고 있다. 그리고 스트레스 대처방식이 개인주의－집단주의 성향의 영향을 받는가에 대해서는 아직 연구되지 않았으나, 개인주의－집단주의 성향의 특성을 살펴보면 청소년의 스트레스 대처방식에 영향을 줄 것이라 생각된다. Hui 등[33]에 의하면 개인주의 성향이 높은 사람은 집단의 목표보다 개인의 목표를 우선시하며, 독립심이 높고 타인에 대해 관심을 갖지 않으려는 가치성향을 나타내는 데 반해 집단주의 성향이 높은 사람들은 자신이 속한 집단에 미칠 영향을 감안하여 의사결정을 하며 개인의 감정, 사고, 시간

---

32) 김창대, "우울과 스트레스 대처양식"(석사학위논문, 서울대학교, 1995).

33) C. H. Hui and H. C. Trandis, "Individualism－Collectivism: A Study of Cross－Cultural Researchers," *Journal of Cross－Cultural Psychology* 17(1986): 225－248.

등도 서로 주고받는 것을 기대한다고 하였다. 이영희 등[34]의 연구에서는 개인주의 가치관이 높은 집단에서는 개인의 능력, 성취 등을 중요시하고, 개인의 독특성과 자율성을 강조하며, 개인의 사생활과 자유가 최대한 보장되어지는 반면, 집단주의적인 사람은 집단의 요구에 충실하며 자신이 속한 집단에서 소속감과 보상을 받는다고 하였다. 그러므로 집단에 대한 소속감과 집단으로부터 인정받고자 하는 욕구를 가진 청소년과 집단보다는 자기 자신의 자유와 의지를 더 중요시하는 개인주의 성향을 가진 청소년들 사이에는 스트레스 대처방식의 차이가 있을 것이다. 또한 선행연구에서 가족은 청소년의 스트레스 대처에 영향을 미치는 중요한 사회적 지지 요인임을 보고하고 있는데, 이런 맥락에서 볼 때 부모의 별거와 이혼이 청소년의 가족구조에 영향을 미쳐, 결과적으로는 스트레스 대처방식에 차이를 가져올 수도 있을 것이라 사료된다.[35] 특히 스트레스 대처방식에 대한 김만지[36]의 연구에서는 아버지 학력이 중졸 및 대졸 이상인 경우 스트레스 대처에 대한 계수 값이 통계적으로 유의하게 나타나 아버지 학력이 청소년의 스트레스 대처방식에 높은 영향을 미치는 요인임을 보여 주었다.

---

34) 이영희 등, **한국대학생의 가치성향과 상담효과**(서울: 집문당, 1995).

35) 최희진, "일반청소년과 비행청소년이 지각하는 가족기능도와 그에 따른 스트레스 대처방식"(박사학위논문, 경희대학교, 2004), 20.

36) 김만지, "청소년의 가족관련 스트레스와 사회적 지지가 대처방식에 미치는 영향," **대한가정학회지** 40, no. 3(2002): 55 - 66.

3. 종교적 대처, 정신건강에 관한 연구사

지금까지 종교는 많은 면에서 오해를 받아왔다. 프로이드는 종교적 믿음을 환상(illusion)으로 간주하고, 이를 강박적인 것으로 보아 '병리적인 것'으로 여겼다. 그리고 많은 심리학자들은 종교에 대한 이러한 프로이드의 부정적인 이해를 대부분 받아들였다.[37] 이러한 경향은 미국의 경우 하나님, 신앙, 영성과 같은 개념이 치료과정에서 중요하다고 인정하는 정신의학자들과 심리학자들이 단지 29%에 불과하다는 조사에서도 보고되고 있다.[38] 김은영[39]은 종교의 병리적 측면에 초점을 맞추는 이러한 부정적 시각이 기본적으로 질병의 치유에 초점이 맞추어져 있는 서양의 정신의학적 시각에 기인되며, 또한 영성(spirituality)에 대한 무지와 실증주의적 사고에 바탕으로 하여 그 선입관에서 원인이 있다고 보았다.

현재 미국에서는 심리학이 다문화적 문제들(multi – culture issuess)을 다루는데 더 많은 관심을 기울여야 된다는 주장들이 많이 제기되고 있다.[40] 그에 대한 결과로 심리학 윤리강령(The new Ethical Principles of Psychology)과 미국심리학회의 행동강령(Code of Conduct of the American Psychological Association)에는 사람들에게 존재하

---

37) R. B. Kosek, "The Contribution of Object Relations Theory in Pastoral Counseling," *The Journal of Pastoral Care* 50, no. 4(1995): 372.

38) A. B. J. Jenson, "Religiosity of Psychotherapists: A National Survey," *Psychotherapy* 27(1990): 3 – 7.

39) 김은영, "전인치유를 위한 영성적 목회심리치료 연구"(석사학위논문, 연세대학교, 1999).

40) J. K. Caldwell and C. Robitschek, "Spirituality Versus Religiosity: Relationships to Life Satisfaction," *Paper Presented at the Annual Meeting of the American Psychology Association* August(1997).

는 차이점들이 내담자의 심리적 기능에 영향을 미칠 때, 심리학자는 그들의 서비스 능력을 확고히 하기 위해 훈련과 경험, 그리고 조언과 슈퍼비전을 받는 것을 의무화하고 있다. 그 일환으로 치료적 상황에서 이와 관련된 문제들을 파악하는 데 도움이 될 수 있도록 정신장애의 진단 및 통계편람 제4판(Diagnostic and Statistical Manual of Mental Disorders: DSM－Ⅳ, APA, 1994)에 진단시안을 추가하였는데, V62. 89 조항에 '종교적이나 영적인 문제'(Religious or Spiritual Problem)라는 진단을 포함하고 있다. 이는 바로 종교적 문제나 영적 문제가 정신건강을 위해 논의되어야 한다는 점과, 종교를 가진 내담자에게 있어서 이것이 매우 중요한 사안이라는 점을 의미하는 것이라고 볼 수 있다. Stewart와 Gale[41] 역시 내담자의 종교는 인종, 윤리, 사회적 계층, 문화 그리고 성별만큼이나 중요한 것으로 고려되어져야 한다고 주장한다.

우리나라에서도 최근 규모와 체계가 갖추어져 있는 교단이나 교회에서 이미 교인들을 대상으로 상담실을 설치하거나 상담 프로그램을 실시하는 등 상담에 관심을 기울이고 있으며, 많은 신학대학에서도 심리학 관련 과목들을 가르치고 있다. 하지만 이 분야에서 훨씬 앞선 미국에서조차 상담 장면에서 뿐만 아니라 임상장면조차도 내담자의 종교적 상태에 대한 구체적인 평가가 정의되어 있지 못하고 있는 실정을 감안할 때[42] 우리나라는 말할 나위가 없겠다.

---

41) S. P. Stewart and J. E. Gale, "On Hallowed Ground: Marital Therapy with Couples on the Religious Right," *Journal of Systemic Therapies* 13(1994): 16－25.

42) B. Reosenkoetter, L. I. Newman, and J. Zarski, "A Validity Estimate of the Religious Status Interview," *Paper Presented at the Annual Meeting of the American Psychology Association* August(1997).

그럼에도 불구하고 국내에서도 이 주제에 대한 관심을 가지고 종
교성과 정신건강에 대한 연구들이 이루어져 왔다. 지금까지 국내에
서 이루어진 종교와 정신건강의 관계에 관한 연구들을 살펴보면,
종교성향과 스트레스 대처방식에 관한 연구,[43] 종교성향과 정신건
강의 관계,[44] 종교성향에 따른 삶의 의미와 종교적 만족도 및 심
리사회 성숙성[45], 기독교인의 신앙성숙도와 삶의 만족도 및 자아
현실성과의 관계[46], 기독교인의 종교성향에 따른 자아분화의 죄책
감[47]에 관한 연구들이 있다. 그러나 이러한 일련의 연구들은 종교
성향이 정신건강과 관련된 여러 변인들과 관련성이 있음을 밝히고
있지만 어떻게 한 변인이 다른 변인에 영향을 미치는가 하는 인과
론적인 측면에서 검토되지는 않았다.

---

43) 이광형, "기독청소년의 스트레스에 대한 종교적 대처 연구"(석사학위논문, 연세대학교, 1996).

44) 박재연, "종교성향과 정신건강간의 관계연구"(석사학위논문, 연세대학교, 1996), 26.

45) 한재연, "기독교인의 종교성향에 따른 삶의 의미와 종교적 만족도"(석사학위논문, 고려대학
교, 1992): 정현숙, "종교성향과 심리사회 성숙성 간의 상관성 연구"(석사학위논문, 서울신
학대학교, 1995).

46) 이종문, "기독교인의 신앙성숙도와 삶의 만족도에 관한 연구"(석사학위논문, 고려대학교,
1995): 김성중, "기독교인의 신앙성숙도와 자아실현성과의 관계 연구"(석사학위논문, 고
려대학교, 1996).

47) 심수명, "기독교인의 종교성향에 따른 자아분화와 죄책감"(석사학위논문, 고려대학교, 1993).

제3장 이론적 고찰

1. 스트레스

1) 스트레스의 개념

스트레스(stress)라는 용어는 영어권에서 15C경부터 압력(pressure), 또는 물리적 압박(physical strain)의 뜻으로 쓰여 지기 시작했으며, 17C경 그 의미는 공학이나 건축 분야로부터 일반화되기 시작하여 역경 또는 곤란의 의미로 받아들여지다가 20C에 질병이나 정신질환, 생활상의 부적응 행동의 원인으로 수용되기 시작하였다. 심리적 스트레스에 대한 주된 관심사는 스트레스가 생기는 조건과 그 과정으로, 스트레스에 대한 연구는 일반적으로 반응으로서의 스트레스, 자극으로서의 스트레스, 역동적 상호작용으로서의 스트레스 등 세 관점에서 접근된다.[48]

첫 번째 관점은 반응으로서의 스트레스(stress as a response)이다. 이것은 생물이나 의학계에 널리 퍼져있는 개념으로, 스트레스를 신체적, 생리적, 정서적 또는 행동적 평형 상태의 붕괴나 변화에 대해 항상성을 유지하려는 반응으로 정의된다.[49] Selye는 스트레스를 신체에 가해진 어떤 요구에 대하여 신체가 항상성을 유지하기 위해 수행하는 일반적이고도 불특정적인 신체적 반응으로 보았으며, 특히 신경 내분비계의 변화과정으로 나타나는 유기체의 적응과정

---

48) J. W. Mason, "A Historical View of the Stress Field: Part Ⅱ," *Journal of Human Stress* 1(1975): 22 – 35.

49) E. L. Sorensen, *Children's Stress and Coping: A Family Perspective*(New York: The Gilford Press, 1993).

을 일반적 적응증후(GAS: General Adaption Syndrome)라고 하면서 이것은 경고(alarm), 저항(resistance), 소진(exhaustion)의 과정을 거친다고 주장하였다. 스트레스 초기 단계는 경고반응으로 이것은 위기에 처했을 때의 위급 반응이다. 이 시기의 최초 반응은 흥분이며 자율신경계는 두통, 발열, 피로감, 근육통, 식욕감퇴, 허탈감 등의 생리적 증후를 보인다. 이 시기는 신체적 저항력이 저하된 상태인데 이때 스트레스를 일으키는 자극상황이 지속되면 두 번째 단계인 저항 단계로 들어선다. 이 기간에는 호르몬 분비로 저항력이 높아지고 스트레스 초기에 있었던 두통 등의 증후는 사라지며 긴장현상이 나타난다. 그러나 스트레스가 장시간 계속되면 더 이상 저항이 어려워지는 탈진상태에 이른다. 이 단계는 유기체가 더 이상 스트레스에 저항하지 못하는 단계로서 적응능력의 상실을 의미한다. 즉 열상(burn out) 단계에 이르는 것이다. 정상인은 저항반응 수준이 높고 지속적인 데 반해 계속되는 스트레스에 의해 저항력이 약해진 현대인은 경고반응에서 곧바로 열상단계로 이를 수 있다.[50]

스트레스원(stressor)에 대한 반응으로서의 스트레스는 다양한 스트레스 요인이 결국 유사한 스트레스 반응을 유발한다는 사실을 입증했지만, 스트레스를 스트레스 반응증후를 유발하는 사상(事象)이라고 정의하여 스트레스 요인 자체 특성을 변별적으로 잘 기술하지 못했다. 또한 스트레스에 대한 유기체 반응의 최종 과정인 생리적 측면에만 초점을 두고 이에 선행하는 심리 및 사회적인 측면을 소홀히 한다는 점에서 문제가 있다.

---

50) 김병성, "중학생의 성공·실패 지각에 따른 귀인 유형과 스트레스 수준 및 대처양식과의 관계"(석사학위논문, 한국교원대학교, 2000), 29.

두 번째 자극으로서의 스트레스(stress as a stimulus)이다. 이것은 행동주의 입장에서 비롯된 것으로 스트레스를 인간에게 영향을 미치는 객관적이고 기술 가능한 사건, 자극으로 보는 입장으로 Homeles와 Rach의 이론이 대표적이다. 자극에는 외적인 환경 조건으로로부터 생리적 현상까지 다양하며 주로 생활사건(life event)에 초점을 두는데, 이렇게 생활사건을 스트레스로 본 연구들은 폐병, 당뇨병, 관절염, 암, 심장병, 사고 우울증, 정신 분열증, 신경증, 학업 부진 등과 같은 신체적·심리적 장애 반응과 스트레스 간에 유의미한 상관이 있다는 것이다.[51] 이 입장은 사건을 스트레스로 받아들이는 것에 개인차가 있음을 간과하고 있다는 데 문제가 있다.

세 번째 관점은 자극과 조절인자 사이의 역동적 상호작용으로서의 스트레스(transactional model of stress)이다. 이 모델은 환경 내의 자극 특성과 이에 대한 반응의 매개체로서 개인의 특성을 강조하는데, 개인은 환경의 자극 요소와 그 반응을 직선적으로 매개할 뿐만 아니라 개인의 지각, 인지나 스트레스에 대한 대처 능력 등의 특징도 환경의 주요한 일부분이 되며 환경에 영향을 준다는 역동적인 상호작용의 입장이다. 외적 자극만큼 개인의 특성이나 상태가 중요한 변수가 된다고 보며 스트레스-반응과의 관계를 매개하는 여타 변인들의 역할과 매개 과정에 주목한다. Mechanic은 스트레스를 생활의 요구에 대한 개인의 무력감의 지각으로 정의했고, Lazarus는 개인적인 인지 평가가 사건을 스트레스로 결정한다고 하였다. 또한 Rahe와 Arthur는 지각 평가의 체계를 통하여 사건이 걸

---

51) D. V. Perkins, "The Assessment of Stress Using Life Events Scales," in *Handbooks of Stress*, edited by Goldberger and Brezntiz(New York: The Free Press, 1982).

러지는 것을 강조하면서 주관적인 특수한 지각을 주장하였다. 비록 스트레스의 양적인 측정이 부족하지만 스트레스로 인한 질병이나 행동상의 문제는 유기체의 취약한 상태나 스트레스를 부적절하게 다스리는 대처과정과 같은 다른 여건들이 관련된다는 것에 초점을 맞춘다. 특히 인지적 스트레스 이론가들은 <그림Ⅲ-1>과 같이 스트레스 사건과 심리적 부적응 사이의 과정을 일차 평가와 이차 평가가 인과관계로 연결된 스트레스 모델을 제시한다.[52]

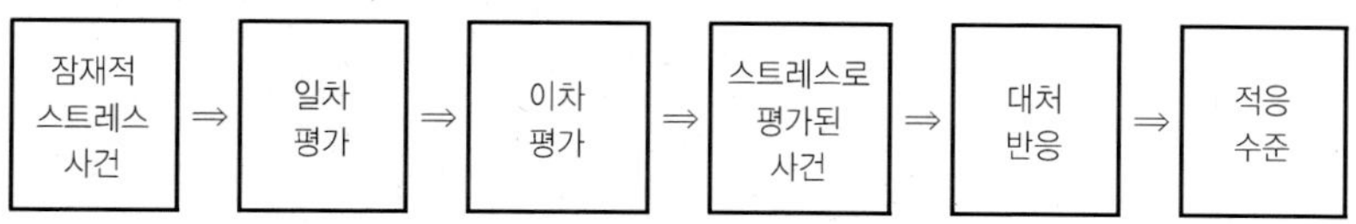

〈그림 Ⅲ-1〉 인지적 스트레스 모델

위 과정에서 스트레스 사건은 부적응과 직접 연결되는 것이 아니라 개인의 스트레스 사건에 대한 지각과 이에 효율적으로 대처할 수 있는 개인의 사용 가능한 자원에 의해서 조절된다. 결국 상호 작용적 관점에서의 심리적 스트레스는 개인이 가진 자원을 초과하여 안녕을 위협한다고 평가되는 환경과 개인 사이의 특정한 관계인 것이다.[53]

Fleming, Baum과 Singer는 스트레스를 외부 환경으로부터의 위협이나 위협에 대한 지각과 반응을 포함하는 과정으로 설명했다. 즉 한 개인이 내적 또는 외적 요구가 그의 자원을 강제로 요구하

---

52) 정동화, "아동의 학교 스트레스와 그에 따른 부적응에 대한 사회적 지지의 완충효과"(박사 학위논문, 고려대학교, 1996), 38-45.

53) R. S. Lazarus and S. Folkman, *Stress, Appraisal and Coping*(New York: Springer publishing company, 1984).

거나, 자신의 자원 소유 정도를 초과하면 개인은 그 상황을 위협으로 느끼게 되며 이러한 스트레스는 스트레스에 대한 개인의 대처 과정에 영향을 준다는 것이다. 따라서 이들은 모든 사람에게 스트레스를 일으키는 사건이란 있을 수 없으며 동일한 사건에 대해서도 개인이 처한 상황이나 소유한 자원에 따라서 개인이 느끼는 스트레스의 정도나 양태를 다르다고 보았다.

국내 연구에서도 이주은[54]은 스트레스를 경험하는 것은 개인의 성격 특질이 많이 작용하고 자신이 지각하는 지원(support)이 주관적 안녕감에 더 많은 영향을 미친다고 보고하고 있다. 여기서 중요한 것은 환경보다는 개인의 스트레스 수준에 대한 지각 및 인지적 평가 수준에 의해 스트레스 강도가 결정된다는 것이다.

이상의 스트레스에 관한 여러 가지 정의들을 종합해 보면 첫 번째 관점은 반응으로서의 스트레스로서 상황에 대한 유기체의 생리적·심리적 반응에 초점을 두며, 두 번째 관점은 자극으로서의 스트레스로 특정 유형의 자극을 경험하는 것을 스트레스라고 본다. 세 번째 관점은 역동적 상호작용으로서의 스트레스로 스트레스를 개인과 환경과의 역동적인 상호작용으로 본다. 이것은 자극으로서의 스트레스 개념과 반응으로서의 스트레스 개념을 포함하며 스트레스에 대한 포괄적인 개념의 틀을 제시해 준다.[55]

스트레스에 대한 개념은 일반적으로 부정적인 의미를 지니고 있다. 그러나 스트레스의 긍정적인 측면에 대해 언급한 Quick[56]은

---

54) 이주은, "스트레스 지원이 주관적 안녕에 미치는 영향"(석사학위논문, 연세대학교, 1996).

55) 최해연, "정서중심적 대처의 재개념화: 기능적 유사성에 대처차원의 구분"(석사학위논문, 서울대학교, 2000).

56) J. C. Quick and J. D. Quick, *Organizational Stress and Preventive Management*(New

스트레스가 부정적으로 작용할 때 이를 역기능 스트레스, 긍정적으로 작용할 때를 순기능 스트레스라고 칭하였다. 어느 정도의 적정한 스트레스는 오히려 순기능적 역할을 한다는 것으로 이것은 스트레스가 지나치게 낮거나 높으면 건강이나 작업에 역기능적으로 작용하는 반면, 적정 수준으로 유지되면 건강과 작업에 긍정적으로 작용한다는 점을 시사한다.[57]

2) 대처방식

스트레스와 대처는 매우 밀접한 관계이다. 스트레스를 경험하는 사람들은 보편적으로 이를 격감시키거나 완충시키려고 한다. 대처에 대한 정의는 매우 다양한데, 정신분석 이론 및 자아 심리학 입장은 대처를 현실적이고 융통성 있는 사고로 문제를 해결해서 스트레스를 해소시키는 행위로 정의하였으며, 한 개인의 자원을 부담시키거나 초과하는 내적인 요구와 갈등을 다루어 가는 활동 지향적이며 정신 내적인 노력,[58] 직접적으로나 간접적으로 스트레스를 주는 사건이나 상황에 대해 개인이 행하는 모든 반응[59] 또는 스트레스원으로부터 받는 피해를 최소화하기 위한 개인의 노력[60]으로

York: McGraw-Hill, 1984).

57) 이주은, 61.

58) S. Folkman, "An Approach to the Measurement of Coping," *Journal Occupational Behavior* 3(1982): 96.

59) R. L. Silver and C. B. Wortman, "Coping with Undesirable Life Events," in *Human Helpless: Theory and Applications*, edited by J. Garber and M. E. P. Seligman(New York: Academic Press, 1980).

60) R. S. Lazarus, "The Stress and Coping Paradigm," in *Model for Clinical Psychop*

정의되기도 하였다.

가장 일반적인 수준에서 스트레스 대처란 직접적으로나 간접적으로 스트레스를 주는 사건이나 상황에 대해 개인이 행하는 모든 반응을 포함하는 것으로 정의한다.

이 정의에 의하면 대처에는 부적 자극에 대한 학습된 반응뿐 아니라 위협에 대한 본능적이거나 반사적인 반응도 포함된다. 이러한 정의에 따라 대처로 보는 전통적 관점은 첫째, 대처를 긴장해소와 심리적 균형회복을 목적으로 하는 방어기제, 혹은 자아 과정으로 보는 관점과 둘째, 대처를 하나의 특성으로 파악하여 성격이나 기질적 특성에 따라 일관된 태도와 대처 행동을 가정하는 특성적 관점, 그리고 상황에 따라 사용되는 대처의 전략을 범주화하는 상황적 접근이 있다. 그러나 이 정의는 너무 광범위하게 설정되었다. 따라서 어떤 연구자들은 스트레스에 대한 대처로서 의도적이고 목적적인 반응만을 포함시키고, 반사적이거나 자동적인 반응을 제외하였다. 대신 이들은 대처가 전통적 관점인 환경을 지배한다는 것뿐 아니라 스트레스에 대한 인내, 수용, 회피도 포함된다는 것을 지적하였다. 즉 대처는 성공적인 노력에만 제한되는 것이 아니라 그 효율성과 관계없이 스트레스를 관리하려는 모든 목적적인 시도를 포함한다는 것이다. 이것을 '상호거래적 대처 모델'이라고 한다. 이 모델에서 대처는 개인의 자원을 초과한다고 평가되는 어떤 특별한 내적·외적 요구를 다루려는 인지적이고 행동적인 노력을 끊임없이 변화시키는 과정이다.

---

athology, edited by C. E. Eisdorfer et a(New York: S. P. Medical & Scientific Book, 1981), 177-214.

스트레스 대처유형에 관한 가장 대표적인 연구로 Folkman과 Lazarus는 스트레스 상황에 대한 인지적 평가에 따라 개인이 취하는 대처 행동을 크게 두 가지로 구분했는데, 문제 상황에 직면했을 때 개인이 행하는 대처 노력을 그 기능에 따라 분류한 문제 중심적 대처와 정서 지향적 대처가 그것이다.

문제 중심적 대처는 개인이 문제되는 행동을 변화시키든지 환경적인 조건을 변화시켜 스트레스의 근원에 힘을 작용하려는 노력이고, 정서 지향적 대처는 스트레스와 관련되거나 스트레스로부터 초래되는 정서 상태를 통제하려는 노력이다. 따라서 문제 중심적 대처는 문제해결이나 개인과 환경간의 관계를 변화시키려는 책략이 포함된다. 반면에 정서 지향적 대처는 스트레스의 원인을 회피하거나 스트레스 상황을 인지적으로 재구성하여, 자아나 상황의 긍정적 측면이 선별적으로 주의를 기울이는 것을 통해 이루어지는 대처방식이다. 더 나아가 Billings와 Moos는 대처를 문제 지향적 대처와 정서 지향적 대처뿐 아니라 평가지향적 대처(appraisal focused coping)로 구분하였다. 그리고 Pearlin과 Schooler는 대처를 유사하게 상황을 변화시키려는 반응, 스트레스의 의미를 변화시키려는 반응으로, Guttman은 능동적 대처, 수동적 대처, 신비적 대처로 Brown과 Heath는 회피 대처와 비회피 대처로 구분하였으며 Pargament는 개인과 하나님과의 관계를 중심으로 종교와 뚜렷한 관계를 가지는 대처유형을 자기중심적 대처유형, 의존적 대처유형, 그리고 협력적 대처유형으로 분류하였다.

위의 연구들을 종합하면 대체로 스트레스 대처유형은 크게 문제 중심적이며, 직접적인 해결 양식과 상황의 변화를 포함하는 적극적인 대처양식 그리고 정서적 통제, 수용, 억제, 회피, 의미의 재정의 등을 포함하는 소극적 대처양식으로 나누어진다.

그런데 이러한 대처양식은 한 가지 유형으로 고정되어 나타나지 않는다. 개인의 인지적 평가에 따라 또 상황에 따라 그 접근 방식이 달라진다. 즉 대부분 사람들은 문제 대처에 있어서 적극적 대처와 소극적 대처 중 하나를 취하면서도 다른 하나를 보완해서 사용하거나 혹은 두 가지를 동시에 사용하기도 한다.

3) 청소년과 스트레스

청소년기는 아동기와 성인기 사이에 있는 발달단계로서, 연령을 기준으로 했을 때 12-25세로 보고 신체적 성숙도를 기준으로 했을 때는 성적 성숙이 이루어지는 때를, 그리고 심리적 성숙도를 기준으로 했을 때는 자아정체감이 확립되는 시기를 청소년기로 본다. 따라서 청소년기는 어느 시기보다도 스트레스를 경험할 가능성이 높고 그 성격도 독특하다고 할 수 있다.[61]

청소년기의 특징은 신체·생리적 측면, 인지적 측면, 사회적 측면, 정서적 측면으로 나누어 볼 수 있다. 첫째, 신체·생리적 측면에서 청소년기는 신장과 체중, 골격, 생식 기관의 발달 그리고 호르몬의 변화가 급진적으로 발달된다. 둘째, 인지적 측면에서 청소년기는 아동기와 다르다. 청소년기의 인지작용은 Piaget가 분류한 '형식적 조작기'에 해당한다. 그래서 추상적 사고, 가설적·연역적

---

61) 정옥분, **청년발달의 이해**(서울: 학지사, 1998), 7.

사고가 가능하고, 체계적이고 조합적인 사고, 이상주의적인 사고를 한다.[62] 셋째, 정서적 측면에서 볼 때 극단적인 정서 변화는 한때 성(性)선의 변화나 내분비선의 변화 혹은 신체적 변화에서 기인되는 것으로만 이해되었으나 최근에는 역할의 변화와 그에 따른 적응문제의 복잡성에도 그 원인이 있는 것으로 이해되고 있다.[63] 이 시기에는 타인의 작은 언어에도 쉽게 분노하고, 얼굴을 붉히며 웃거나 슬픔에 잠긴다. 또한 외부에 정서를 표출하기보다는 내부에 숨겨지거나 방어에 의해 감추어지기에 혼자 있기를 좋아하고, 모든 것을 자기중심으로 판단하여 정서 반응이 일어나기 때문에 대체로 비판적이고 반발이 심한 정서 반응을 나타낸다.[64] 넷째, 사회적 측면에서 청소년기에는 동료집단과의 동조행동이 두드러지게 나타나며, 가정 중심의 보호적 생활습관을 탈피하고 인간관계에서도 혈육에서 탈피하여 동료집단과 맺어지며, 자기의식의 소중함을 지각하고, 부모 의존적, 종속적 관계에서 벗어나 독립적인 개인으로 인정해 주기를 바라면서 소속감의 바탕도 가정과 부모에서 동료와 이성 등 사회집단으로 변화된다.[65]

청소년기에는 새로운 성장과 발달에 따른 결과로써 긴장과 스트레스가 발생하며, 성장과정에서 요구되는 과제의 수행에 필요한 경험들을 배울 때에도 스트레스가 발생한다고 한다. 그 요인을 정리해 보면 다음과 같이 말할 수 있다.

---

62) Ibid.

63) 박순영, **"청소년들의 스트레스 수준과 대처양식에 관한 연구"**(석사학위논문, 강원대학교, 1998), 8-14.

64) 황응연, 이기돈, **발달심리학**(서울: 배영사, 1992).

65) 김성태, **발달 심리학**(서울: 법문사, 1985)에서 재인용.

첫째, 청소년기는 급격한 생리적, 심리적, 사회적인 변화가 일어나는 시기인 동시에 개인의 독립과 책임이 요구되는 시기이기 때문이다. 청소년(adolescence)이라는 용어는 라틴어의 'adolescere'에서 유래한 것으로 '성장' 또는 '성숙으로의 성장'을 의미한다. 청소년기의 정의는 시대의 변천에 따라 달라지는데 Hall[66]이 '청소년기'(adolescence)라는 용어를 사용한 이래 이 연령기의 중요성이 부각되었다. 발달과정상 청소년들은 아동기에서 성인기로 넘어가는 과도기에서 심리적, 신체적, 생리적, 인지적 변화를 경험하면서 '나는 누구인가?', '나는 어느 시점에 있는가?', '나의 갈 곳은 어디인가?' 등의 자아 정체감을 찾아야 한다. 그리고 그들에겐 이러한 과업 자체가 스트레스 요인이 된다.[67]

둘째, 청소년기는 사회적인 압력, 요구와 적응과 독립, 책임에 대한 압박 때문이다. 빠른 사회 변화와 현실 속에서 불확실한 미래, 치열한 경쟁, 성적, 이성 관계, 표피화한 대인간계, 기성인과의 세대차이 등의 적응적 요구를 겪기 때문이다. Cameron은 청소년기는 가정, 학교, 동료 집단에서의 상이한 역할 요구로 인해 불가피한 스트레스원을 지닌다고 보았다.[68]

셋째, 청소년기는 기존 사회질서와 규범의 붕괴, 가치관의 혼돈, 새로운 문화의 유입과 적응, 학교생활에서 부딪히는 과중한 성취압력, 맹목적인 부모의 기대와 요구, 비인간적인 인간관계 등 여러

---

66) G. S. Hall, *Adolescence*(New York: Appleton, 1904).

67) J. Cohen, "Health Care, Coping and the Counselor," *Journal of Counseling and Development* 56(1978): 616–620: R. S. Lazarus, "Thought the Relations Between Emotion and Cognition," *American Psychologists* 37(1980): 1019–1024.

68) 최해림, "스트레스와 대학생," **성심생활** 4(1985): 19–31.

가지 사회 심리적 압력 때문에 다른 어떤 집단보다 심각한 스트레스를 경험하고 있기 때문이다. 게다가 이들 연령층은 감정의 기복이 심하고, 다원적 가치에 대한 고려가 부족하며, 사물 및 현상을 이성보다는 감성에 치우쳐 판단할 경향이 크고, 과격하고 격렬한 행동을 표출하기 쉬운 특수한 발달단계에 놓여 있기 때문에 다른 연령 집단보다 독특한 스트레스를 경험하고 표출하는 경향이 있다.[69]

이러한 청소년의 스트레스는 학력, 인종, 사회 경제적 지위 등 여러 가지 배경 변인과 관련을 맺고 있다. Turner와 Noh[70]는 하류계층일수록 자녀는 스트레스를 많이 경험한다고 하였는데, 이는 부모의 학력과 소득이 낮고, 비전문 직종에 종사할 때 부부간의 갈등이 높게 되어 결국 자녀에게 부모는 관여적 및 지지적 양육행동에 부정적인 영향을 미치게 되어 자녀가 스트레스를 지각하게 될 것이라고 하였다. Gad와 Johnson[71]은 저소득층의 청소년이 인종에 관계없이 높은 수준의 부정적 생활 변화를 경험하는 것으로 제시하였다. 또한 한미현, 유안진[72]도 부모의 교육수준이 대졸 이상일수록 가정환경 영역, 교사학교 영역, 주변 환경 영역에서의 스트레스가 낮게 나타났으며, 소득이 높을수록 가정환경 영역과 교사학교

---

69) 강영자, "일상생활에서 스트레스원과 대처방안에 관한 일반청소년과 비행청소년의 비교연구"(박사학위논문, 상명여자대학교, 1996), 11 - 21.

70) R. J. Turner and S. Noh, "Class and Psychological Vulnerability among Women: The Significance of Social Support and Personal Control," *Journal of Health and Social Behavior* 24(1983): 2 - 15.

71) M. T. Gad and J. H. Johnson, "Correlates of Adolescent Life Stress as Related to Race, SES, and Levels of Perceived Social Support," *Journal of Clinical Child Psychology* 9(1980): 13 - 16.

72) 한미현, 유안진, "한국아동의 일상적 스트레스 척도의 개발," **대한가정학회지** 104(1995): 49 - 64.

영역에서 스트레스 지각 수준이 낮은 것으로 밝혀졌다. 또한 신은
영과 김경연[73]의 연구는 부모의 불화, 이혼 문제로 청소년은 스트
레스를 받고 심한 경우 적응상의 문제를 갖는다고 밝혔다. 따라서
스트레스와 관련된 변인으로는 소득, 부모의 학력, 직업, 어머니의
결혼 만족도, 양육태도 등을 들 수 있다.

Laster는 청소년기의 자율적 자기통제 능력의 결여, 가치 체계에
대한 무조건적 대처 등이 스트레스에 놓일 위협을 증가시킨다고
하였다.[74]

청소년기의 스트레스에 대한 궁극적인 해결책은 청소년기에서
경험하는 스트레스의 본질을 이해하여 그들의 적응과정에 도움을
주는 것이다. 더욱이 청소년기의 적응양상에서 청소년기 이후의 적응
을 예언할 수 있다는 관점에서 스트레스에 대한 이해는 중요하다.[75]

4) 장애청소년과 스트레스

스트레스는 그 강도에 따라 개인에게 긍정적으로 작용할 수도
있고, 부정적으로 작용할 수도 있다. 적절한 강도의 스트레스는 생
활에 활력을 주고 도움이 되지만 과도한 스트레스는 신체적, 정신
적으로 부적응의 문제를 유발할 수 있다.[76] 김광일 등[77]에 의하면,

---

73) 신은영, 김경연, "아동이 지각한 스트레스 사건, 사건의 경험빈도, 그리고 스트레스 수준," **대한가정학회지** 110(1996): 33 - 47.

74) 강수방, "청소년의 성격 특성과 스트레스 대처 행동과의 관계"(석사학위논문, 서울여자대학교, 1987), 11 - 14.

75) 최해림, 19 - 31.

76) D. Anda et al. "Stress, Stressor's and Coping among High School Students,"

청소년 특유의 스트레스로 인하여 고등학교에 재학 중인 청소년들의 약 90%가 적어도 한 가지 이상의 적응곤란(가정문제, 대인관계 문제, 학교생활 등)을 호소하고 있으며, 약 30% 정도가 심리적인 장애(신경증, 우울증, 성격장애, 정신분열증 등)라고 할 수 있을 만큼의 뚜렷한 적응장애를 보이고 있어 청소년들이 경험하고 있는 스트레스가 과도함을 알 수 있다. 특히 심한 스트레스와 대처 능력의 부족은 청소년의 자살,[78] 우울증[79]과 약물남용[80]과 같은 부적응 문제들의 원인으로 작용하기도 하며, 스트레스가 행동 문제와 학업 수행의 어려움뿐만 아니라 심리, 정서적 장애와 깊은 관계가 있다고 주장한다.[81]

더구나 장애청소년들은 일반 청소년보다 급속한 사회의 변화와 다양한 환경에 대처하고 적응하는 데 더 큰 어려움을 겪기 때문에 경험하는 스트레스의 강도 또한 더 클 수 있다. 더욱이 장애청소년들은 비장애인들의 장애에 대한 고정관념과 차별화로 인해 더

Children and Youth Services Review 22(2000): 441 - 463.

77) 김광일, 김재환, 원호택, **간이정신진단 검사 실시요강**(서울: 중앙적성 출판사, 1984).

78) R. Cohen-Sandler, A. L. Berman and R. A. King, "Life Stress and Symptomatology: Determinants of Suicidal Behavior in Children," *Journal of American Academy of Child Psychiatry* 21(1982): 178-186.

79) W. Fredich, R. Reams, and J. Jacobs, "Depression and Suicidal Ideation in Early Adolescents," *Journal of Youth and Adolescence* 11(1982): 403-407.

80) C. Bruns and C. S. Geist, "Stressful Life Events and Drug Use among Adolescents," *Journal of Human Stress* 9(1984): 135-139: M. T. Gad and J. H. Johnson, 13-16.

81) B. E. Compas, P. G. Oroson, and K. E. Hrant, "Adolescent Stress and Coping: Implications for Psychopathology During Adolescence," *Journal of Adolescence* 16(1993): 331-349: J. E. Dise-Lewis, "The Life Events and Coping Inventory: An Assessment of Stress in Children," *Psychosomatic Medicine* 50(1988): 484-499: A. Fontana and J. E. Dovidio, "The Relationship Between Stressful Life Events and School Related Performances of Type A and Type B Adolescents," *Journal of Human Stress* 10(1984): 50-54.

심한 스트레스를 받을 가능성이 크다.[82] Turner와 McLean[83]은 신체 장애인들은 장애가 없는 통제 집단보다 심리적 스트레스와 우울 장애 위험이 더 높다는 것을 발견하였다. 장애를 가진 사람들은 우리 사회에서 잠재적으로 무시 받는 경향이 있는데, 이런 경향으로 인해 그들은 평균보다 높은 스트레스를 경험한다고 하였다. 특히 장애청소년들은 그들이 지닌 장애 때문에 놀림이나 따돌림을 당하기 쉽고, 연령에 적합한 활동이나 또래 집단과의 상호작용에서 소외되고, 사회적 고립감이나 부적절감을 경험하게 되며,[84] 이런 경험으로 인해 부정적인 자아개념을 가지게 되고 대인관계에서 어려움을 보이며, 높은 수준의 스트레스를 보이게 된다. 또한 이러한 어려움들 때문에 적응의 문제를 갖게 된다.[85]

효과적으로 적응하는 사람들은 스트레스를 삶의 한 요소로 받아들이며, 적절한 스트레스 대처 방법을 통하여 생활의 활력을 유지하도록 노력한다. 하지만 장애청소년들은 장애 특성으로 인해 비장애인들보다 더 많은 스트레스를 받을 가능성이 있다. 따라서 장애청소년들이 계속적인 스트레스를 받는다면 신체적·정서적 질병을 야기할 가능성도 있다. 즉 과도한 스트레스로 인해 정신적 질병 상태를 초래하고 만성적인 긴장은 신체적 변화와 인지적인 왜곡을

---

82) J. Annison, "The Experience of Disability," in *Disability: A Guide of Health Professionals*, edited by J. Annison et al(Melbourne: Nelson, 1996), 297 – 316.

83) R. I. Turner and P. D. McLean, "Physical Disability and Psychological Distress," *Journal of Rehabilitation Psychology* 34(1989): 225 – 242.

84) 이유선, "사회적 지지와 자기자각이 장애청소년의 학교생활에 미치는 영향: 서울 시내 중학교 특수학급 학생을 중심으로"(석사학위논문, 이화여자대학교, 1996), 22 – 26.

85) L. Murphy and S. Corte, "School – Related Stress and the Special Child," *Special Parent/Special Child* 6(1990): 1 – 8.

초래할 수 있다.[86]

특히 장애청소년은 신체적인 면, 즉 신체적인 미적 아름다움에 특별히 깊은 관심을 기울이기 때문에 더욱 심한 심리적 갈등으로 인하여 스트레스를 경험하게 된다. 사춘기 때는 누구나 이성에 대해 호기심과 매력을 가지기 마련이며, 성인이 되어야 한다는 기대 속에서 앞으로 결혼이나 경제적인 독립도 해야 한다는 욕구를 가지게 된다. 그러나 장애청소년은 장애로 말미암아 이러한 기대가 모두 좌절되어 버리지나 않을까 하는 갈등에 빠지게 된다. 따라서 정상적인 청소년도 아동의 세계에서 어른의 세계로 넘어가는 과도기적인 사춘기에 적응하기 어려운 것을 생각한다면 장애청소년은 그 적응이 더욱 어렵고 스트레스 큰 것은 당연한 결과라고 하겠다.

2. 자기 효능감

1) 자기 효능감의 개념

개개인의 특성을 설명하고 예언하는 데 중요한 요인으로서 최근에 사회인지 이론에서 관심이 고조되고 있는 개념이 자기 효능감 (self − efficacy)이다.

자기 효능감에 대하여 정의하기를 Bandura[87]는 "개인이 어떤 과

---

86) 김영교, "부모와 아동의 스트레스 대처양식과 아동의 우울 및 불안과의 관계"(석사학위논문, 연세대학교, 1995), 9 − 14.

87) A. Bandura, "Self − Efficacy: Toward a Unifying Theory of Behavioral Change,"

제를 수행하는 데 있어서 일정 수준의 목표를 달성하는 데 필요한
활동을 조직하고 실천할 수 있는 자신의 능력에 대한 믿음의 정
도"라고 정의하였다. Gist & Mitchell[88]는 자기 효능감이란 '지각된
효능성'(perceived efficacy), '자기 효능성에 대한 신념 또는 기
대'(belief or expectation)로써 과제 수행에 필요한 동기, 인지적 원
천, 행동의 방향을 결정하는 개인의 능력에 대한 판단이라고 하였
다. 다시 말하면 주어진 어떤 상황이나 사상을 처리하기 위해 개
인이 가지고 있는 인지적인 자원이나 동기 혹은 다양한 행동과정
을 동원할 수 있다는 자기 자신에 대한 판단 및 신념으로 보았다.
허경철[89]은 자신이 얼마나 유능한지, 능력이 있는지, 효능 있는 사
람인지를 생각하고 있느냐와 같은 '자신이 자신에 대해 느끼고 있
는 유능성, 효능성, 자신감'을 의미한다고 하였다. 김남성[90]은 '자
신이 어떤 행동을 능히 해낼 수 있다고 기대할 때, 행동 변화가
일어나서 어떤 행동을 해낼 수 있다는 개인의 기대감'으로 보았다.

　이상의 정의를 요약하면 자기 효능감은 특정한 활동을 수행할
수 있는 능력에 대한 개인적인 판단이므로 성취 장면에서 자신의
능력에 대하여 개인이 갖는 기대라고 할 수 있다. 이러한 관점에
서 자기 효능감은 자기효능기대, 지각된 자기효능 또는 자기효능신

　Psychological Review 84(1977): 191－215: A. Bandura, "Human Agency in
Social Cognitive Theory," *American Psychologist* 44(1989): 1175－1182.

88) M. E. Gist and T. R. Metchell, "Self－Efficacy: A Theoretical Analysis of Its
Determents and Malleability," *Academy of Management Review* 17, no. 2(1992):
183－211.

89) 허경철, "Bandura의 자기 효능감 발달 이론과 자주성 함양을 위한 교수－학습 방법," **한
국교육** 18(1991): 71.

90) 김남성, **인지적 행동수정**(서울: 교육과학사, 1985), 8.

념 등의 용어와 동일한 의미로 사용되고 있다.

Bandura와 Schunk[91] 는 효능감 평가는 능력에 대한 자기지각, 요구되는 노력, 외부적 도움의 양, 과제 어려움, 수행이 이루어지는 상황조건, 그리고 성공과 실패의 일시적 패턴과 같은 요인들의 상대적 기여를 가늠하는 것을 포함하는 추론과정이라고 주장하였다. 동시에 자기 효능감은 새로운 정보와 경험이 획득될 때 변화될 수 있는 역동적 구성개념이다. 특정과제를 수행했을 경우 반복적으로 성공을 한다면 자기 효능감을 증가시키는 반면, 반복적으로 실패를 한다면 자기 효능감의 감소를 가져온다. 그 결과 각 개인이 갖는 자기 효능감은 강도에서 다르고 크기에서 다르며 일반화 정도에서 차이가 있다. 높은 자기 효능감을 지니고 있는 사람들은 다양한 상황에서 그들이 지닌 기술을 잘 활용할 수 있는 것과 반대로 자기 효능감이 낮은 사람들은 제대로 활용하지 못한다. 보다 분명한 주장은 효능감 기대와 결과기대를 구분해야 한다는 것이다. Bandura[92]의 주장에 의하면 효능감 기대란 특정행동을 성공적으로 수행할 수 있다는 신념인 반면, 결과 기대는 특정행동이 어떤 결과를 가져올 것이라는 개인의 판단이다.

자기 효능감은 귀인, 동기 혹은 성취동기, 자아존중감, 통제의 소재와 구별된다. 동기에 대하여 Schunk[93]는 목표 지향적 행동이 유발되고 유지되는 과정인 반면, 효능감은 생활의 어떤 측면에 대해

---

91) A. Bandura and D. H. Schunk, "Cultivating Competence, Self-Efficacy, and Intrinsic Interest Through Proximal Self-Motivation," *Journal of Personality and Social Psychology* 41(1981): 586-598.

92) A. Bandura, 191-215.

93) D. H. Schunk, "Goal Setting and Self-Efficacy During Self-Regulate Learning," *Educational Psychologist* 25, no. 1(1990): 71-86.

통제를 행사하는 능력에 대한 개인의 신념에 해당된다고 하였다. 동기는 탐색적 행동으로부터 야기되는 신기한 자극에 전적으로 의존한다. 대조적으로 자기 효능감은 직접적 경험이나 중재된 경험에 의해 전달되는 다양한 근원의 정보로부터 생성되며, 동시에 수행과 독립적으로 정의되고 측정되는 특징을 갖는다. 자기 효능감은 신념이라는 점에서 결과가 내적요인 또는 외적요인에 의해 결정되는지에 대한 신념인 통제소재(locus of control)와 유사하나 일반화된 신념이 아니라 특정상황에서 특정 행위에 대한 신념이라는 점에서 차이가 있다. 또 이것은 자아에 대해 개인이 갖고 있는 개념이라는 점에서 자아개념과 밀접한 관련이 있다. 그러나 자아개념은 자기 자신에 대한 종합적인 개념이라고 할 수 있으나, 자기 효능감은 특정한 과제나 영역에 대한 자기의 능력과 관련된다는 점에서 구별된다. 또 자기 효능감은 자기존중감도 유사하나, 자신의 가치에 대한 평가가 자기 존중감이라면, 자기 효능감은 자기의 능력에 대한 평가라고 Bandura와 Adams[94]는 말한다.

Sherer 등[95]은 사람은 누구나 자기능력에 대한 일반적인 지각을 지니고 있다고 가정하고 과거의 다양한 상황에서의 개인의 경험은 개인이 새로운 상황에 처했을 때 일반적인 기대를 형성하게 하고 그것은 일반적인 자기 효능감으로서 수행에 영향을 준다고 가정하였다.

---

94) A. Bandura and N. E. Adams, "Analysis of Self-Efficacy Theory of Behavioral Change," *Cognitive Therapy and Research* 1(1997): 287-308.

95) M. Sherer et al. "The Self-Efficacy Scale: Construction and Validation," *Psychological Reports* 51(1982): 663-671.

2) 자기 효능감의 발달적 측면

　인생의 각 발달단계에서 개인이 처해 있는 환경에 자기의 삶을 성공적으로 다루는 방식은 다양하다. 사회인지 이론은 자기 효능감의 발달적 변화를 전 생애에서의 작인의 진화라는 면에서 분석한다고 Bandura[96])는 주장한다. 삶의 과정은 끊임없이 변화하는 사회의 다양한 영향들과의 상호작용에 의해 형성된다. 사람들이 살아가는 환경은 사람들의 인생과정을 결정하는 상황적인 실체가 아니라 개인적 발달과정을 형성하는 데 역할을 담당하는 상호작용적인 다양한 연속물이다. 개인의 효능감에 대한 신념은 그들의 발달적 과정에 영향을 미치는 환경을 조직하고 창조하며 다루는 방식에서 중요한 역할을 한다.

　Bandura[97])에 의하면 자기 효능감은 반복된 과제관련 경험을 통하여 점진적으로 발달한다고 한다. 즉 학습자들 자신이 실제 그 과제를 수행해 본 경험, 또래 학생의 대리경험의 관찰, 다른 사람의 언어적 설득, 자신의 정서적 각성과 생리적 상태 등의 자기 효능감에 대한 정보에 기초하며 자기 효능감이 발달한다는 것이다.

　그중에서 가장 중요한 것은 수행 성취인데 개인이 자신의 수행 결과를 해석하는 방식은 차후의 수행에 영향을 주게 될 개인의 신념과 자기 효능감에 영향을 준다. 성공은 숙달 기대를 상승시키고, 실패는 부정적 기대로 수행을 약화시킨다. 대리적 경험, 언어적 설

---

96) A. Bandura, *Social Foundations of Thought and Action: A Social Cognitive Theory*(N.J.: Prentoce-Hall, Englewood Cliffs, 1986).

97) Ibid.

득, 생리적 각성 등은 수행만큼 영향을 주지는 않지만 자기 효능감 기대와 밀접한 관계를 갖는다.[98]

Bandura[99]에 의하면 자기 효능감은 인간의 동기, 감정, 행동을 결정하는 데 있어서 인지적 과정, 동기적 과정, 정서적 과정, 그리고 과제 선택의 과정을 통해서 영향력을 행사한다. 인지적 과정은 새로운 행동을 습득하고 유지하는 데 중요한 역할을 한다. 개인은 특정한 행동이 특정한 결과를 초래했을 때 그 관계에 대해 재해석을 하는 인지적 과정을 통해 인과관계를 파악하고 삶에 영향을 주는 미래의 사건들을 예측하는 데 적용한다. 개인의 능력에 대한 인식, 사회적 비교, 피드백, 지각된 통제 가능성, 분석적 판단 등이 인지적 과정을 통해 자기 효능감에 영향을 준다.

허경철[100]은 행동의 결과 그 자체보다는 행동이 결과에 대한 인지적 평가 결과가 더 중요한 행동의 결정요인이라 보았다. 성취결과에 대한 원인을 능력부족보다는 노력부족이나 전략부족으로 인지할 때 후속상황에서 동기는 저하되지 않는다는 것이다. 또 사람은 환경의 선택과 구성을 통해서 자신의 생활을 변화시킬 수 있다. 높은 자기 효능감은 유리한 환경을 만들고, 환경에 대처할 수 있게 하며, 효능감에 대한 판단은 행동과 환경의 선택에 영향을 미친다. 이와 같이 자기 효능감은 과제선택과정을 통해서 동기, 감정, 행동을 결정하는 데 영향을 미친다.

---

98) 봉갑요, "자기조절 학습 프로그램이 독해 부진아의 자기 효능감과 독해력 향상에 미치는 영향"(박사학위논문, 서울여자대학교, 2005), 34.

99) A. Bandura, "Self-Efficacy Mechanism in Human Agency," *American Psychology* 37(1982): 122-147.

100) 허경철, 76-78.

Bandura[101]의 사회인지 이론에 의하면 사람들은 자기 창조적 사고를 통하여 자신의 행동을 중재하고 자기반성을 통하여 자신의 경험과 사고과정을 평가한다. 이러한 자기의 능력 또는 노력의 결과에 대한 개인의 신념은 개인의 행동 방식에 강력한 영향을 주기 때문에 지식, 기능, 또는 기존 능력과 같은 것들이 후속 결과를 거의 예언하지 못하는 경우가 발생하기도 한다. Abelson[102]은 개인의 신념이 새로운 현상을 해석하고 후속결과를 중재함으로써 여과장치를 만드는 것이라는 사회인지 이론을 지지한다. 결국 개인의 능력에 대한 신념은 과제의 선택과 해결과정에서 사고와 행동에 영향을 주기 때문에 자아신념, 즉 자기 효능감은 성취수준에 강력한 결정변인이 된다.

학습자의 사고나 행동이 환경의 영향력을 많이 받고 있음은 주지의 사실이다. 개인의 힘은 사회에 뿌리를 두고, 사회 문화적 영향력 안에서 작용하기 때문에, 개인의 사회체계와 환경의 생산자일 뿐 아니라 생산물이기도 한다. 학습자의 환경과 이에 대한 인지는 자기 효능감 발달의 중요한 변인이 된다. 그런데 사회인지 이론은 자기에 대한 지각이 단지 행동으로부터 출발한다고 가정하는 이론들보다 더 발달적 영향을 포함한다. 개인이 어떤 일을 발생시킬 수 있음을 인식하고 자기를 행위자로 볼 때 개인적 자기를 획득하게 되는데, 언어를 획득함에 따라 자기인식(self-recognition)과 자기지각의 발달을 가속화시킨다. 이때 환경과의 상호작용이 확대되는데 가족과 또래집단 그리고 학교의 영향이 매우 크다.

---

101) A. Bandura, *Social Foundations of Thought and Action: A Social Cognitive Theory.*

102) R. Abelson, "Difference between Belief Systems and Knowledge System," *Cognitive Science* 3(1979): 355-366.

어떤 청소년은 다행스럽게도 가정에서나 학교에서의 독자적인 수행에 고무되고 격려를 받으면서 자신에 대한 효능감을 긍정적으로 느낄 기회를 자주 갖는 반면, 어떤 청소년은 어려서부터 자기 스스로 자신의 역량을 발휘할 기회가 주어지지 않고 시키는 대로 함에 익숙해져 있어서 자기 성취에 대해 지각할 기회가 주어지지 않을 수도 있다. 또한 학교에서 청소년들은 교사의 피드백을 지각한다. 청소년들은 학급에서 친구들과의 관련된 수행으로부터 자신과 친구를 높고 낮은 성취자로 평가하는 법을 배우기 시작하며 그들 자신에 대한 피드백을 제공받는다. 청소년들은 성장하면서 성공과 실패 등 다양한 경험을 하게 된다. 가정에서도 학업에 초점을 두는 부모는 학생에게 지적 활동을 중심으로 피드백을 전달한다.

이상에서 살펴본 바와 같이 자기 효능감은 성장하면서 상당히 변화한다. 어려서는 대부분 가족과의 상호작용을 통해서 자기 효능감을 획득하지만 자라면서 사회적 학습이 또래들 사이에서 일어난다. 동년배는 비교적인 효능감 평가와 검증에 대해 가장 정보가 풍부한 참조점을 제공해 준다. 가족, 학교, 또래 집단과의 관계를 통해서 청소년들의 지식과 기술이 계속적으로 검증되고, 평가되고, 사회적으로 비교된다. 자기 효능감에 대한 청소년들의 신념은 그들의 지적 성장뿐만 아니라 사회적, 발달 과정에서 중요한 영향을 미친다.

3) 자기 효능감의 형성과 증진

정보처리 효능은 인지적인 중앙 처리 프로그램과 개인의 행동소

행 능력에 따라 정보를 통합한다. 처리된 효능정보는 그때 개인의 행동선택을 조절하고 노력을 들인다. Bandura[103]는 심리 치료적인 처치는 개인 효능이 야기되는 것으로 정보를 변환하는 수단이 된다고 가정하였다.

개인은 획득한 정보를 바꿈으로써 자기 효능감이 변화하고, 행동변화를 가져온다. Badura는 효능정보의 원천을 다음과 같이 네 가지 주요 범주로 분류하였는데 구체적으로 그 적용분야의 연구결과를 토대로 살펴보면 다음과 같다.[104]

첫째, 수행성취는 그들이 개인의 직접적인 경험에 근거하고 있기 때문에 가장 신뢰할 만한 효능기대의 원천이다. 성공적인 경험은 숙달이나 혹은 효능기대를 증가시킨다. 특히 목표설정과 과제 수행은 자기효능의 한 가지 기능임을 보여 왔다.[105] 과제 수행성취는 자기 효능이 자존감[106]과 관련이 있음을 보여 주고 있다. 실제 수행경험은 효능감을 판단함에 있어 가장 신뢰 있고 영향력 있는 정보원이다. 성공경험은 효능감을 높이고, 반복적인 실패경험은 효능감을 낮춘다. 특히 처음부터 실패하거나 노력부족도 아니고 혐오적인 외적 환경의 영향력이 없는 경우에 실패하면 더욱 효능감을 낮추어 버린다. 그러나 반복적으로 성공경험을 하여 자기 효능감이

---

103) A. Bandura, *Social Learning Theory*(N.J.: Prentoce-Hall, Englewood Cliffs, 1977).

104) A. Bandura, "Self-Efficacy: Toward a Unifying Theory of Behavioral Change.", 191-215.

105) A. Bandura and D. Cervone, "Differential Engagement of Self-Reactive Influences in Cognitive Motivation," *Organizational Behaviors and Human Decision Processes* 38(1983): 93-113: E. A. Locke et al. "Effect of Self-Efficacy, Goal, and Task Strategies in Task Performance," *Journal of Applied Psychology* 69(1984): 241-251.

106) V. Gacas and M. L. Schwalbe, "Beyond the Looking-Glass Self: Social Structure and Efficacy-Based Self Esteem," *Social Psychology Quarterly* 46(1983): 77-78.

강하게 발달하면, 가끔씩 있는 실패 경험은 자신의 능력 판단에 큰 효과를 끼치지 않는다. 자기의 능력을 확신하는 사람들은 상황적 요인, 빈약한 전략 등으로 실패의 원인을 귀인시키는 경향이 있다.

둘째, 대리경험은 관찰학습을 포함한 것으로 자기 자신과 유사한 타인들의 행동을 관찰하고 이들 행동들의 후속 결과들은 관찰자들의 효능기대를 높이거나 낮출 수 있다. 대리 경험은 한 개인이 다른 사람이 하는 것을 관찰한 다음 그 개인도 관찰한 내용을 수행할 수 있다고 사람을 설득하고, 같은 결과가 가장 쉬운 결과가 될 것이라는 것이다. 또 상징적인 모델링과 참여 모델링은 공포의 자기 효능지각에 영향을 미친다.[107] 다른 사람의 관찰을 통한 대리경험은 관찰자로 하여금 자신도 그 과제를 수행할 수 있는 정보를 제공해 준다.[108] 그리고 선행경험이 없어서 자신의 능력을 분명히 알고 있지 못한 경우 자기와 비슷한 모델의 수행결과에 따라 자신의 수행결과를 추론하게 된다. 또 대부분 자신의 능력에 대한 충분한 정보를 갖고 있지 못하기 때문에 타인의 수행결과를 통하여 자기 효능감을 측정하게 된다.

셋째, 언어적인 설득은 여러 가지 제안을 통하여 사람을 유인하고, 그들이 성취하기를 원하는 것을 성취할 수 있도록 하는 능력을 가진다고 믿는다. 이러한 방법으로 유도하는 효능기대는 효능지각을 소멸하는데, 불일치한 경험의 힘 때문에 약하게 된다고 가정한다.

---

107) A. Bandura et al. "Test of the Generality of Self-Efficacy Theory," *Cognitive Therapy and Research* 4(1980): 39-66: M. Brian and G. T. Wilson, "Treatment of Phobic Disorders Using Cognitive and Exposure Method: A Self-Efficacy Analysis," *Journal of Counseling and Clinical Psychology* 48(1981): 886-899.

108) D. H. Schunk, "Progress Self-Monitoring: Effects on Children's Self-Efficacy and Achievement," *Journal of Experimental Education* 51(1983): 89-93.

언어적인 설득이 광장공포증에 대한 효과적인 치료임을 보여 주었지만, 수행성취보다는 덜 효과적임을 보여 주었다.[109] 개인은 타인의 언어적 제안이나 권고, 격려 등의 언어적 설득을 통해 자기 효능감에 대한 정보를 얻기도 한다. 타인의 긍정적인 언어적 설득은 자기가 과제를 달성할 수 있는 능력을 가지고 있다는 것을 믿게 한다. 이런 설득을 받은 사람은 자기의 능력을 의심하는 사람보다 더 많이 지속적으로 노력하는 경향이 있다. 이런 언어적 설득이 결과적으로 성공적인 결과를 가져오면 전략 사용과 효능감을 향상시킬 것이다. 그러나 비현실적으로 높게만 설득하여 결국 실패 경험을 갖게 하면 설득자를 불신하게 될 것이며 학습자의 자기 효능감도 손상시킬 것이다.

넷째, 정서적, 신체적 각성은 긴장이 많고 힘든 상황에서의 신체적인 상태이다. 높은 각성상태나 정서적으로 흥분하게 되면 성취력이 저하되므로 긴장과 불안, 동요를 없애야만 성공을 기대할 수 있는 가능성이 더 많아진다는 것을 알게 됨으로써 자기 효능감을 형성하게 된다. 개인은 자신의 생리적 지표들을 통하여 자기에 대한 효능감 정보를 얻기도 한다. 높은 각성상태는 수행을 쇠퇴시키기 때문에 개인이 혐오적인 각성에 대해 당황하지 않을 때 성공할 수 있을 것이라고 기대한다. 각성 외에 피로, 두통, 고통 같은 신체적인 비효능성을 나타내는 지표들을 통해서 자기 효능감에 대한 정보를 얻기도 한다.

위와 같은 정보들은 자동적으로 효능감에 영향을 주는 것이 아니라 개인에 의해 인지적 평가를 거치게 된다.[110] 효능성에 대한

---

109) 봉갑요, 37.

평가를 하는 데 있어서 개인은 자신이 지각하는 능력 수준, 투여한 노력의 정도, 과제의 난이도, 상급자의 도움, 그리고 다른 상황적 요인들과 실패의 형태, 모델과의 유사성, 설득자의 신뢰도 등과 같은 개인적 요인과 상황적 요인을 함께 고려한다.

한편 자기 효능감은 향상될 수 있다고 보는 것이 Bandura의 기본적인 생각이며 그는 구체적으로 자기 효능감을 증진시키는 방법을 제시하고 있다.[111] 이 방법들은 앞에서 제시한 효능감에 대한 정보원과 동일한데, 자신의 성취에 따른 직접적인 성공경험을 통해서, 자신과 비슷한 모델이 성취하는 것을 관찰함으로써 증진시킬 수 있으며 권위자의 "열심히 해 봐. 나는 네가 할 수 있다고 믿어"라는 언어적 설득 또는 사회적 설득은 효능감을 증진시킬 수 있다. 그리고 스트레스를 유발하는 상황에서 자신의 생리적 지표의 원인을 자신이 그 상황에 잘 대처하지 못한 결과로 해석할 경우에는 오히려 효능감이 떨어지게 된다.

3. 정신건강

1) 정신건강의 개념

건강에 대한 개념은 계속 변하고 있어 명확한 개념의 정의를 내

---

110) A. Bandura, *Social Foundations of Thought and Action: A Social Cognitive Theory.*
111) A. Bandura, "Self-Efficacy: Toward a Unifying Theory of Behavioral Change,", 191-215.

린다는 것은 어려운 문제이다. 이와 더불어 정신건강의 개념을 정의함에 있어서도 정신건강은 인간 고유의 특성과 깊은 관련이 있으며 문화와 생활양식에 따라 다르게 정의되어질 수 있고, 정신건강을 측정할 수 있는 적당한 기준이 마련되어 있지 않아 전문가들조차도 명확하게 정의를 못 내리고 있다.

정신건강이란 용어는 원래 정신질환의 유무를 지칭하기 위해 정신병리학적인 개념에서 시작되어 정신적으로 건강하지 못한 상태나 질병의 예방 및 치료의 목적으로 사용되었다. 그러나 현재는 궁극적으로 정신적 건강을 유지하여 향상시키는 것까지를 포함하는 포괄적 의미를 지닌 것으로 다각적인 측면에서 보편적인 용어로 그 개념을 정의하고 있다.[112]

International Preparatory Commission은 정신건강이란 다른 사람과 조화되는 신체적·지적·정서적인 면에서 최적으로 발달된 상태라고 정의하였고, 미국 정신 위생위원회(The National Committee for Mental Hygiene: NCMH)는 정신건강이란 다만 정신병에 걸리지 않은 상태만이 아니라 만족스러운 인간관계를 이루고 유지해 나가는 능력을 의미한다고 정의하였다. 또한 국제정신위원회(International Committee for Mental Hygiene)는 "충분한 만족감을 가지고 자기 자신이나 자기의 생활을 받아들이고 친구로서, 공동체의 일원으로서 타인에게 수용되며, 정당한 확신과 욕구를 가지고 자기 스스로와 사회를 위하여 사회적 역할을 수행하는 사람이야말로 건강한 정신의 소유자"라는 견해를 제시하고 있으며, 영국의 NHS

---

112) 최옥순, "중학생의 개인적 특성, 가정 및 학교 환경과 정신건강과의 관계"(박사학위논문, 단국대학교, 2004), 6.

Health Advisory Service가 정의하는 정신건강은 심리적·정서적·지적으로 발달할 수 있는 능력, 상호 간에 만족스러운 대인관계를 형성하고 발전시키며 유지할 수 있는 능력, 타인을 인식할 수 있고 공감할 수 있는 능력, 발달 과정으로써의 심리적 고통을 활용하여 향후 발달을 방해하거나 손상시키지 않는 능력을 포함하고 있다.[113]

정신건강에 대한 여러 학자들의 의견을 살펴보면, Freud는 건전한 성격은 여러 욕구 간의 갈등, 충동과 도덕 간의 갈등을 무리 없이 해결할 수 있을 만큼 자아가 강한 상태에서 이루어진다고 하면서, 정신건강을 위해서는 무의식적 동기의 자각과 통찰을 기초로 한 자기 통제가 중요하다고 하였다. Mead는 정신건강이란 실제로 개인을 강화하는 정서적, 사회적, 심리적 힘, 즉 생활하면서 경험한 사건들, 생활의 스트레스와 압력들, 사회가 개인에 대하여 수립한 기대들을 포함한 비율의 총체로써 결정되는 것이라고 하였으며, Adler는 건전한 성격의 징표로써 사회 공동체감, 즉 대인관계의 측면을 강조하였다.[114]

우리나라의 경우 민성길[115]은 정신건강을 정신적으로 병적인 증세가 없을 뿐 아니라 자기 능력을 최대한 발휘하고 환경에 대한 적응력이 있으며 자주적이고 건설적으로 자기 생활을 처리해 나갈 수 있는 성숙한 인격체를 갖추고 있는 상태라고 설명하였으며, 조은숙[116]은 정신건강이란 현실 생활에서 언제나 독립적으로 건전하게 무엇이든 해결해 나갈 수 있어야 하며 따라서 병마에 휩쓸리지

---

113) 임규혁, "학생의 정신건강에 대한 교사의 인식도 분석," **교육문제 연구** 14(2001): 4.
114) 이영숙, "고등학생의 문제행동과 정신건강과의 관계"(석사학위논문, 한양대학교, 1996), 18.
115) 민성길, **최신정신의학**(서울: 일조각, 1992.)
116) 최옥순, 7.

않는 저항력과 성숙, 그리고 원만한 사회생활을 할 수 있는 상태
와 바람직한 적응 등 균형 잡히고 건강하고 통합된 성격을 말한다
고 하였다.

이외에 사회 및 행동과학 분야에서는 심리, 사회적 안녕감(sense
of psychological and social well − being), 적응적 기능(adaptive functi-
oning), 긍정적 대인관계(positive interpersonal interactions), 자신감
(feeling of confidence), 사회적 유능감(social competence), 스트레스
대처능력(ability to cope with stress), 적응 유연성(resilience) 등으로
표현되어 왔다.117)

이상의 의견을 종합해 보면, 강조점은 조금씩 다르지만 대체로
정신적으로 건강한 사람은 자신과 환경에 대해 현실적인 판단을
하며, 자신의 약점과 단점을 있는 그대로 수용하여 외부 가치보다
내부의 가치에 의해 더 지향되고, 주변 환경에 적절히 적응할 뿐
만 아니라 능동적으로 개선해 나가며, 성격의 부조화를 이루지 않
고도 스트레스와 좌절을 이겨낼 수 있는 조화롭고 통합된 성격체
로서, 인간관계가 원만하고 자기실현을 위해 노력하는 사람으로 보
고 있음을 알 수 있다.

2) 정신건강의 기준

많은 정신건강 연구자들은 정신건강의 판단 준거를 세우고자 연
구를 진행해 왔다. Allport는 타인과 따뜻한 관계, 정신적 안정, 자

---

117) A. E. Kazdin, "Adolescent Mental Health: Prevention and Treatment Programs,"
American Psychologist 48(1993): 127 − 141.

아확대, 자기 객관화, 현실적인 지각, 통정된 생활철학 등의 여섯 가지 기준을 제시하고 있으며, Wolman은 정서적 균형, 사회적 적응, 성취도 기능, 자존감, 인지적 기능 등의 다섯 가지로 제시하였다.[118]

그러나 현재 가장 보편적으로 사용되고 있는 것은 Marie Johoda가 제시한 6가지 평가지준으로 자신에 대한 태도(attitude toward the self), 성장·발달·자아실현(growth·development and self-actualization), 내적인 일체감이나 동일성, 즉 통합성(integration), 사회적 영향으로로부터의 독립, 즉 자율성(autonomy), 현실지각력(undistorted perception of reality), 환경 적응능력(environmental mastery)이다.[119]

Marie Jahoda의 정신건강 평가 기준은 주로 경험적 상황에서 부딪히게 되는 문제들을 다루고 있어 다양한 기준들을 하나로 통합하거나 일정한 기준으로 조직하는 것에는 중점을 두지 않은 것이다. 그럼에도 불구하고 Marie Jahoda의 정신건강에 대한 평가기준은 정신건강에 대한 학문적 논의에서 매우 중요시되며 관련 논쟁들 중 최선의 요약으로 평가받고 있다.[120]

3) 청소년의 정신건강

호주에서 발표된 연구에서 Nancarrow[121]는 많은 청소년들이 일반적인 정신건강 문제로 인해 힘들어한다는 보고를 하였다. 이 연

---

118) 최옥순, 9.

119) 임규혁, 5-7.

120) Ibid.

121) M. Nancarrow, *Adolescent Health in Hunter Region: A Survey of Student Perce ption and Concerns*(Australia: University of Wollongong, 1993).

구에 따르면 약 53%의 청소년들이 우울증에 대해 걱정하고 있으며, 50%의 청소년들이 정서적인 혼란을 경험한 것으로 나타났다. 또한 48%가 그들 자신 또는 그들의 삶에 대해 부정적인 감정을 가지고 있는 것으로 보고되었다. 이런 정신건강 문제는 보편적인 것으로 사회 유능감의 부족, 미래와 인생의 목표에 대한 불확실성, 낮은 자기 현실감 그리고 또래 집단과의 친화력 부족 등이 주요 원인으로 작용한 것으로 나타났다.[122]

우리나라의 경우 중학생을 대상으로 한 김혜영[123]의 연구에서 우울·불안 10.1%, 신체증상 10.1%, 위축 10.6%의 비율이 임상적 치료를 요하는 것으로 나타났으며, 임규혁[124]의 연구에서 중학생을 대상으로 정신건강을 측정한 후 정상, 경증, 중증의 세 집단으로 나누어 학업성취의 누진적 경험과의 관련성을 살펴본 결과 정상집단이 46.8%, 경증집단은 30.5%, 중증집단은 22.7%로 나타남으로써 절반 이상의 학생이 정신건강상의 문제나 장애를 갖는 것으로 나타났다. 고등학생을 대상으로 한 김광일 등[125]의 연구에서도 고등학생의 46.3%만이 정신건강 수준이 높았으며 적절한 치료를 필요로 하는 정신질환의 빈도가 31.05%에 해당했고, 윤용복[126]의 연구에서 불안, 우울 등의 심리적 불편감을 호소하는 중·고등학생이 상당수 있는 것으로 나타났다.

---

122) P. L. Elickson et al. "Forgotten Ages, Forgotten Problems: Adolescents Health," *Rand*(1993): 1-41.

123) 김혜영, "초기 청소년이 지각한 부모양육 행동이 심리사회적 부적응에 미치는 영향 연구" (박사학위논문, 이화여자대학교, 2000), 51.

124) 임규혁, "학업성취의 누적적 경험과 정신건강," **교육문제 연구** 4(1991): 23-90.

125) 김광일 등, "고등학교 재학생의 정신건강 실태조사 I," **정신건강 연구** 1(1993): 1-40.

126) 윤용복, "중·고등학생의 운동태도와 정신건강 실태"(석사학위논문, 충남대학교, 1999), 28.

또한 김귀봉 등[127]의 최근 연구에 따르면 한국 청소년들은 다양한 정신건강 문제들을 빈번하게 경험한 것으로 나타났다. 이 연구에서 약 78%의 청소년들이 근심을 경험하였고, 55%가 불안, 42%가 우울 그리고 39%가 수면 장애 등으로 인해 고생한 적이 있는 것으로 나타났으며 이러한 정신건강 문제의 원인으로 학교생활을 포함한 다양한 일상생활 속에 내재된 스트레스 요인을 지적하였다.

청소년기는 신체적 성장, 호르몬 분비로 인한 성적 변화, 인지 능력의 발달 등 생리학적으로 커다란 변화의 시기이다. 동시에 정신적으로 자아의식이 생기면서 부모로부터 독립과 권위에 대한 비판과 반항적인 태도를 보이게 되고 그로 인해 독자적인 사고와 태도를 가지려는 노력을 하게 된다. 또한 아동기에 비해 지적, 감정적 작용이 복잡하고 다양하게 나타나 공상이 많고 자기가 좋아하는 사람과 동일시하려는 경향이 있으며 자기에 대한 과대평가(우월 또는 자만심)와 과소평가(열등감)가 교차하고 마음의 동요가 심하다.[128] 이에 비해 정신건강 측면에서는 정신 작용의 조화가 결여되어 성격의 붕괴와 상실감 및 갈등을 경험하는 수가 많다.

다시 말해 청소년기는 생물학적, 심리적으로 많은 변화가 갑자기 일어나는 시기로 신체적으로 성호르몬의 왕성한 분비로 인한 이차 성징의 발현과 성적 욕구의 증가로 인해, 성적인 관심이 증가하고 충동적이며 다소 공격적인 성향이 나타난다. 심리적으로 과거 일방적으로 의존적이던 부모와의 관계에서 벗어나 정신적으로

---

127) 김귀봉 등, "청소년의 부정적 건강행동과 심리적 변인간의 상관 모형." **한국 스포츠 심리학회지** 11(2000): 133 - 150.

128) 최옥순, 11.

독립하고 싶어 하고, 자신의 자아 정체감을 형성하려는 의도가 강해진다. 친구관계의 중요성이 커지면서 자신이 인정받을 수 있는 또래 친구그룹을 형성하게 된다. 또한 자신의 신체 이미지에도 집착하여 자신 및 남에게 보여 지는 신체 이미지를 몹시 중요하게 여기게 된다. 이런 변화를 겪는 가운데 현실과 자신의 이상 사이의 괴리감으로 인해 심리적으로 힘들어하고 기분의 변화가 심해지고 부모 및 권위체제에 반항적인 태도를 나타내기도 하기 때문에 주변 사람들과의 마찰이 흔히 야기되기도 한다.

청소년기의 발달기적 특성으로 인해 나타날 수 있는 정신건강 문제는 크게 주체성 문제와 감정상의 문제로 나누어 볼 수 있다. 주체성의 문제는 주체성 장애와 위축 및 자살기도로 나누어 볼 수 있는데 주체성 장애는 청소년기에 가장 흔히 볼 수 있는 문제로 이로 인해 위축현상을 나타내 현실로부터의 도피 수단으로 약물을 복용하기도 하며, 학교를 결석하거나 중퇴하기도 하고, 가장 극단적이고 최종적으로는 자살기도를 하기도 한다. 감정상의 문제로는 슬퍼 보이고 친구들로부터 떨어져 위축되며 행동 면에서 지연을 일으킬 수 있는 우울증의 증상을 보이기도 하고, 조울증과 우울증이 섞여 나타나는 조울증의 증상을 보이기도 하며, 월경의 시작과 더불어 소녀에게서 흔히 일어나는 신경성 식욕 부진증을 보이기도 한다.129)

청소년기의 정신건강 문제가 나타나는 양상은 매우 다양하며 일상생활에 심각한 지장을 초래하는 심리장애의 형태로 나타날 수 있다. 청소년기의 대표적인 정신병리로는 청소년 우울증, 정신증적

---

129) 정인숙, "청소년기의 정신건강," **교사논단**(1989): 122 - 125.

장애, 행동장애, 물질 남용 등을 들 수 있다. 또한 흥미가 없어지고 식욕감퇴와 체중감소 혹은 증가, 불면 혹은 수면 과다 등 기본적인 신체 기능에 변화가 있으며 쉽게 피로해지고, 사고력이나 주의집중력의 감퇴 등과 함께 스스로가 무가치하게 느껴지고, 심한 죄책감을 호소하며, 죽음과 자살에 대해 생각을 하기도 한다.[130] 또한 현실적으로 위협이 될 수 없는 상황에 대해서도 크게 불안감을 갖게 되어 생활에 지장이 되는 불안증과 우울한 기분이 지속되면서 식욕감퇴, 체중감소, 불면, 사고력이나 집중력의 감퇴, 죄책감 등을 느끼는 우울증은 정서장애의 대표적인 유형이다. 자살 충동은 청소년들 중 특히 높은 빈도로 나타나고 있는데 심한 정서적 혼란과 심리적 고통에서 도피하는 방법으로 자살에 대해 생각을 하는 경우가 많으며,[131] 장기간에 걸친 적응문제로 심리적으로 탈진된 상태에서 가족이나 친구 등 심리적으로 지원을 기대했던 사람들로부터 단절을 경험할 때 자살을 시도하는 경우가 많다.[132]

청소년기는 아동기에서 성인기로 넘어가는 중간지점으로 적응문제가 표현되는 양상에서도 이러한 전환기적 성격을 반영하고 있다. 즉 사춘기에 들어서면서 성인의 심리장애의 양상이 점차 자리 잡기 시작하지만 한편으로는 청소년기의 심리적 특성과 연결 지을 수 있는 독특한 양상을 보이기도 한다. 심리적 부적응이 표현될 수 있는 형태는 크게 나누어 불안, 우울 등의 내적인 증상이 주가 되는 정서장애(emotional disorder)와 내적인 긴장, 갈등을 밖으로

---

130) 이시형, **청소년 정신건강지수 개발 연구**(서울: 삼성생명 건강 연구소, 1997).
131) 윤성림, "자살생각 경험을 지닌 청소년의 심리적 특성"(석사학위논문, 연세대학교, 1990), 20.
132) 신민섭 등, "우울증과 충동성이 청소년들의 자살행위에 미치는 영향," **한국심리학회지** 10, no. 1(1991): 286-297.

표면화하여 표현하는 행동장애(behavior disorder)의 두 가지를 생각할 수 있는데 청소년기 이전의 아동들에게서는 이 두 유형이 비교적 뚜렷하게 구분되어 나타나지만 청소년들에게서는 불안, 우울 등이 정서적 증상과 반항적인 행동 혹은 비행 등의 행동장애가 뒤섞여서 나타나는 경우도 많다.[133)

청소년기의 정신장애로 첫째, 신체화 장애를 들 수 있다. 이는 청소년의 심리적 갈등이나 스트레스가 신체의 증상으로 나타나는 것으로 신경계 증상, 위장과 심폐 및 여성 생식기계 기능 장애 등 다양한 신체적 증상을 보이나 의학적 및 신경학적 검사결과는 기질적인 원인을 보이지 않는다. 이러한 증상에 대한 원인은 아직까지 알려지지 않았으나 정신 역동적으로는 신체증상은 대화의 한 방편으로 감정의 표현, 책임의 회피, 갈등의 상징화에 의해 나타나는 것이며 기타 유전, 가족적 요인 및 환경적 영향과도 관계있는 것으로 보고 있다. 또한 신체화 증상 표현에 문화적, 사회적인 영향도 있다고 보이 지며 회피성 성격, 편집성 성격, 강박적 성격, 히스테리성 성격, 반사회적 성격을 가진 사람에게서 잘 나타난다고 한다.[134)

둘째는 강박장애로 강박장애는 개인의 삶에 불편함을 주고 개입하는 강박적 상황에 대한 반응으로 지속적이고 원치 않는 생각이나 관념(강박사고)이 반복적이고 반추적인 행동(강박행동)을 보이는 것으로 특징 지워진다. 즉 불합리한 것을 알면서도 그것이 불안이나 긴장을 감소시키기 때문에 반복적 사고나 반복적인 행동을 보

---

133) 한국청소년연구원, **청소년 심리학**(서울: 한국청소년연구원, 1992), 186－188.
134) 민성길, 24.

이게 된다. 가령 심한 증상이 1% 이내로 보여 지는 경우에도 이들 대부분은 심한 불안장애나 좀 더 심각한 정신분열의 초기 증상으로써 나타날 경우가 있으며,[135] 유의할 점은 비장애인에게서도 불안이 심하거나 긴장될 때 일시적으로 강박증이 나타날 수 있다는 것이다. 이런 증상의 근본 원인은 대체로 긴장을 유발하는 심한 열등감이나 죄책감에서 온다고 보며, 사춘기 변화의 결과로 증가되는 성적인 충동, 자위 등은 죄책감을 초래하며 때에 따라서는 강박적 반응을 초래하게 한다. 특히 우리나라에서는 청소년들이 강박적 성향이 높은 것으로 나타났는데 이는 학업성취에 대한 과중한 부담감과 실수에 대한 불안감이 복합적으로 작용한 결과라고 하겠다.[136]

셋째는 기분장애로 이는 과거 우울증이나 조울증으로 알려진 정신질환의 새로운 명칭으로서 우울과 조울증을 포함하며 기분의 상태가 부적절하게 높거나 부적절하게 낮은 경우를 말한다. 우울증은 아마도 정신과적인 영역에서 가장 흔한 것이고 통계적으로 보아도 불안보다 많은 것으로 알려져 있는데 영국의 한 역학조사에 의하면 14-15세 일반 청소년의 약 40%가 인터뷰 중 우울한 기분을 보고한 것으로 나타나 청소년들에게 우울증은 아주 보편적으로 경험되고 있음을 알 수 있다.[137] 청소년기의 우울은 가면우울(masked depression)이라고도 하는데, 이는 우울이 정신신체증상, 청소년 비행, 알코올 남용, 무단결석, 분노발작, 공포증, 일에 몰두함, 성적 문란 등의 형태로 나타나는 것으로 이러한 우울증은 여자가 남자보다

---

135) 한국청소년개발원, **청소년 문제론**(서울: 도서출판 서원, 1996), 63.
136) 한국청소년연구원, 186-188.
137) Ibid, 189.

두 배 정도 높고 환경이 좋아지면 점차 호전되는 경우도 많다.[138]

넷째는 불안장애로 불안은 위험에 대한 반응이며 위험에 대한 경계신호이다. 불안은 그 원인이 알려지지 않았다는 점에서 두려움과는 다른 것으로 인지할 수 있는 원인 없이 미래를 향한 불편한 감정이라고 규정할 수 있다. 불안장애는 분리불안 장애, 과잉불안 장애, 회피 불안장애로 나누어 볼 수 있는데 분리불안 장애는 자기가 애착을 이룬 사람으로부터 멀리 떨어지는 것에 대한 심한 불안을 느끼는 것으로 어렸을 때는 직접적인 신체적 분리를 두려워하지만 청소년기에는 심리적인 분리를 두려워하는 것으로 바뀌며 이로 인하여 청소년기에 부모로부터 독립을 성취하지 못하게 한다. 청소년들은 학교 공포증이나 등교 거부증, 시험 공포증 등으로 나타날 수 있다. 과잉불안장애는 주위의 많은 것에 대하여 매우 비현실적이고 과잉걱정을 하는 경우로 현실적으로 능력이 있으면서도 실패에 대한 걱정이 많으며 여러 가지 공포도 많다. 회피 불안장애는 사회적인 상황을 두려워하고 피하며 특히 잘 모르는 사람과의 만남이나 대면을 피하는 등 사회상황으로부터 위축적인 행동이 두드러져 대인관계 경험과 형성에 큰 지장을 초래하는 경우를 말한다.[139]

다섯째는 정신분열증을 비롯한 기타의 정신증으로 현실검증능력의 이상과 전반적인 인격의 붕괴를 수반하는 심각한 정신병적 상태를 말한다. 정신분열증은 15세를 고비로 발생률이 급증하여 청년기에 가장 높은 발생률을 보인다. 주요 증상으로는 주변의 현실

---

138) 민성길, 24.
139) 최옥순, 14.

을 정확하게 지각하고 이해하는 능력에 크게 장애가 있으며, 환청, 망상 등을 보이게 되고, 사고의 논리성이 와해되어 조리가 없고 논리적으로 혼란되어 있으며, 감정표현 등이 부적절하고 상식적으로 이해할 수 없는 기이한 행동을 하기도 한다. 또한 다른 사람과 의미 있는 관계를 맺지 못하고 사회적으로는 극도로 위축되고, 자신의 내적 세계 안에만 몰입하는 경향을 보이기도 한다.[140] 최근에는 청소년들이 약물을 많이 남용함으로써 우선 약물에 의한 정신병적인 정신착란의 상태가 아닌지 살펴보아야 한다. 그러나 이런 약물이나 뇌염, 혹은 기타 기질성 원인 없이 갑작스럽게 정신병적 상태가 심한 스트레스와 심각한 심리적인 상처와 관련되어서 나올 수 있다. 단기 반응성 정신증은 뚜렷한 정신사회적인 스트레스와 관련되어 일어나는 경우이므로 정신사회적인 스트레스가 제거되면 곧 회복되는 경우가 대부분이다.

이상에서 살펴본 바와 같이 청소년기는 발달단계상 과도기에 놓여 있음으로 인해 정서적인 면을 포함하여 여러 가지 면에서 혼란을 초래하게 되고 이로 인해 여러 가지 정신건강 문제가 나타날 가능성이 높음을 알 수 있다.

4) 장애와 정신건강

선천적이든 후천적이든 일단 장애인이 되면 신체적 장애뿐만 아니라 정신적, 심리적으로 받는 타격이 크다. 특히 선천성 장애의

---

140) 한국청소년연구원, 197.

경우 유아기부터 성장과정에서 받는 정신적, 심리적 타격이 누적되어 인격형성에 어떠한 공통적 심리현상을 갖게 된다.

인간이란 생후 5～6개월부터 1세 정도 사이에 자신의 신체를 발견하고 자아의식이 쌓이기 시작한다고 한다. 하지만 성장하는 과정에서 자신의 신체가 다른 아이와 비교해 볼 때 이상한 결함이 있다는 것을 자각하게 되면 자신의 신체는 다른 아이에 비하여 왜 현저하게 이상한가라는 의문과 그 의문에 대한 반응은 초기인격형성에 중요한 영향을 미치게 된다.[141]

또한 이러한 의문을 갖게 되는 동시에 그로 인한 신체적 장애를 의식하게 된다면 그 충격과 고민은 말할 수 없이 크다. 그래서 장애를 수치스럽게 느껴 사람들 앞에 나서기를 꺼려하고 불안감과 열등의식을 갖게 된다.

일반적으로 인간은 누구나 생득적, 소질적 성격특성을 갖고 있으며 이러한 잠재적 소질은 환경과의 상호교섭과정에서 인격이 형성된다.[142] 하지만 장애인은 장애로 인한 심각한 심리적 충격으로 정상적인 인격형성에 저해요인이 발생하며 때로는 왜곡된 성격, 비뚤어진 마음가짐과 신체장애 이상으로 사회생활에 어려움을 가져올 수도 있다.

장애인이든 비장애인이든 공통적으로 인간의 심리는 개인적으로 차이가 크고, 같은 인물이라고 하더라도 시기와 장소에 따라서 반응이 다르게 나타나는 수가 많다. 또한 장애인의 경우도 개인차가 큰 것이고 지체장애, 시각장애, 청각장애, 언어장애 등 장애별 심

---

141) 이근창, "장애인의 심리재활에 관한 연구," **한국사회복지논총** 4(1995): 48.
142) Ibid.

리적 특성이 있기 마련이지만 심신 어느 부위에 장애를 가지고 있다는 점에서 나타나는 공통적인 심리현상을 임상심리학은 다음과 같이 보고 있다.[143]

① 인간관계의 긴장

장애인은 새로운 사람과 관계를 맺으려고 할 때 자기 방어적이며, 경계심을 갖고 상대방을 대한다. 이는 자신이 상대방에 의해서 거부될지도 모른다는 두려움에 기인하는 것으로 볼 수 있으며, 이러한 두려움으로 인해 관계의 형성을 장애인 쪽에서 먼저 시작하는 경우는 극히 드물다고 볼 수 있다. 따라서 장애인의 기저에 이러한 의식이 깔려 있기 때문에 장애인이 인간관계를 만들려고 할 경우 정신적 긴장이 높아지고 스트레스를 강하게 받는 경향이 있으며, 장애인의 모든 행동이 소극적으로 되는 경향이 있다.

② 불안감

불안도 정신이나 행동·신체에 지대한 영향을 준다. 특히 불확실성의 시대에 살고 있는 현대인이라면 정도의 차이는 있지만, 누구나 미지의 세계에 대하여 다소 불안감을 갖고 있으며, 심할 경우 불안신경증, 정신 신체증 등 치료를 필요로 하는 경우도 있다. 이는 현대를 살아가는 장애인들에게도 예외일 수 없다. 오히려 장애인은 자신의 현재와 미래에 대하여 비장애인 이상으로 불안과 고민을 하는 경우가 적지 않다.

---

143) Ibid. 48 - 50.

③ 열등의식

현대 사회의 사람들 대부분은 열등의식을 느끼며 살아가고 있다. 아무리 사회적 지위가 높고, 경제적으로 남보다 월등하고, 용모가 뛰어나며, 성공했다고 자부하는 사람들까지도 내면 깊숙한 곳에는 열등의식이 존재하고 있다는 것이다.

열등의식이란, 체력, 용모, 능력 등을 남과 비교할 때 열등하다고 생각하거나 자신을 스스로 무가치한 인간으로 비하시키며 자신을 낮추어 평가하는 감정이다. 한마디로 자아 개념이 건전하지 못하고 자존감이 낮아진 상태이다. 하지만 비장애인의 경우는 그들이 갖고 있는 약간은 자기도취적인 우월 의식으로 인해 그러한 열등의식을 극복할 수 있다. 하지만 장애인은 장애 때문에 지나친 열등의식을 가져 인격형성과 대인관계에 있어서 문제가 야기된다.

④ 욕구불만

인간에게는 여러 가지 기본적 욕구라는 것이 있어서 그것이 행동의 원동력이 되며 또 반드시 충족되어야 한다. 그런데 욕구충족을 시도하는 과정에서 강한 장애가 나타나거나 그 만족도가 전면적으로 또는 부분적으로 저해되어 욕구충족행동이 저지되어 버릴 때에 욕구불만 상태가 생긴다.[144] 그러나 장애인의 경우는 자신의 욕망을 자제하지 못함으로 인한 불만보다는 장애로 인한 행동제한이나, 신체미의 손상, 체형의 불균형, 의사소통의 제한 등으로 인하여 마음속에 욕구불만이 잠재하는 경우가 많으며 때로는 불시에 그 욕구불만이 폭발하는 경우도 있다.

---

144) 김중대, **정신위생학**(서울: 형설출판사, 1984), 53.

⑤ 불행감

선천적 장애이든 중도장애인이든 심신에 어떤 장애를 갖게 되었다는 사실은 불행한 일이 아닐 수 없다. 오직 그 불행을 어떻게 극복하고 일어서느냐가 문제일 뿐이다. 하지만 장애인에게 있어서 장애를 갖고 있다는 그 자체의 불행감을 떨쳐버린다는 것이 결코 용이한 일은 아니다. 따라서 장애인은 늘 마음 한구석에 자신은 불행하다는 의식을 갖게 된다.

⑥ 의존감

장애인은 어려서부터 장애로 인하여 행동상 가족이나 다른 사람의 도움을 많이 받으면서 자란다. 따라서 주위의 보호나 도움을 반복하여 받게 되는 장애인의 습관은 도움을 받는 것을 당연한 것으로 여기게 되고, 성격상 적극성이나 자발성이 줄어들고 타인에 대한 의존성이 증대하게 된다.

⑦ 장애부정의 욕구

대다수의 장애인은 공통적으로 장애를 부정하고 싶은 욕구를 강하게 갖고 있다. 이러한 심리는 자신도 모르게 숨어서 은둔하고 싶은 충동을 일으키는가 하면 위장행동을 하게 되는데 이에 따라 행동반경이 더욱 작아지고 이상행동이 나오며 원만한 대인관계 형성에 어려움이 생긴다.

이상 위에서 살펴본 바에 의하면, 장애인의 공통적 심리현상은 장애인에게 두 가지의 심리적 문제를 안겨다 주는 경향이 있음을 알 수 있다. 그 하나는 정서면에서의 문제이고 다른 하나는 자기 개념상의 문제이다. 정서면에서의 경우 지적인 면에서는 충분히 이해되는 것도 감정·정서면에서의 제약 때문에 이상행동이 나올 수가 있고 인간관계가 불편하며 사회생활에 어려움이 발생한다. 특히 불안, 욕구불만, 불행감 등의 중첩누적은 정서면에서 커다란 문제를 일으키게 된다.

자기개념상 문제의 경우는 긍정적 자기수용, 자기자각, 자기실현을 달성하는 데 문제가 생긴다. 따라서 장애인의 부정적인 심리현상을 긍정적으로 변화시킬 수 있도록 가족이나 사회가 도와주어야 한다. 그래서 장애인들이 자신이 가지지 못하고 잃어버린 것에 대한 집착에서 벗어나 자신이 가지고 있는 것에 대한 존귀함을 깨닫고 그 기능을 최대한으로 발휘하여 적극적인 자기실현의 생활을 해나갈 수 있도록 해야 한다.

4. 종교적 대처

1) 종교적 대처의 개념

종교적 대처라는 개념은 정신건강이라는 개념과 마찬가지로 다차원적인 개념이다. 대처는 인지적 평가와 행동으로 구성되는 과정이다. 다시 말해 특정 상황에 놓였을 때 다양한 평가와 행동을 드러낼 수 있는 것이다.

(1) 종교적 대처의 중요성

스트레스 대처에 대한 연구 과정에서 종교적 대처에 대한 이론은 학문으로 정립된 정도가 다소 미비했다. 왜냐하면 종교적 대처는 Guttman이 설정한 능동적 대처, 수동적 대처, 신비적 대처 중 신비적 대처에 포함되어 문제 지향적 행동이 아닌 회피적·의존적 대처로서 부정적인 방향으로만 규정되었기 때문이다. 즉 종교적 대처는 수동적인 생활양식으로서 풀기 힘든 문제에 대처함에 있어서 요소와 힘에 의존하는 경향을 증가시킨다는 것이다. 이는 신을 믿는다는 것이 스스로 할 수 있다는 의식을 단념해버리는 것과 동일시됨으로써 기인한다는 것이다.

그러나 최근에는 대처에 대한 종교의 긍정적인 역할을 규정짓는 시도가 계속되고 있다. 그것은 "인간을 어떻게 보느냐"에 대한 물음에서 시작된다. 전에는 인간을 육체와 정신을 갖춘 존재로 보고 생물학적, 심리학적 분석을 하였다. 그러나 기독교적 입장에서 볼 때, 하나님의 형상으로 지음 받은 인간은 하나님과 교제를 나눌 수 있는 특권을 부여받은, 즉 육체적, 정신적, 영적 요인들이 통합되어 있는 전인(whole man)이다.

Tournier는 인간의 구조는 몸, 마음, 영혼의 세 영역으로 구분된다고 했다. 몸은 육체의 영역으로서 인간이 본능적으로 행동하고 음식을 소화하고 늙어가며 병들기도 하는 부분이다. 마음(정신)은 의지, 지성, 감정 등 심리학적 영역으로서 정신경험을 하고 사물을 느끼며, 생각, 논의, 결정의 기능을 한다. 영혼은 하나님과 인간 사이의 인격적인 관계로서 인격적 신에 의해 인격적으로 지음 받은 인간은 인격적 접촉을 요구한다.

따라서 생물학적, 심리학적 분석만으로는 인간 생활에서 수없이 야기되는 복잡한 문제를 해결하기에 충분하지 못하다. 뿐만 아니라 이 세 영역은 서로 관련되어 있으며 서로들 다른 두 영역에 영향을 주어 몸이 병들면 마음과 영혼이 영향을 입는다고 한다. 이 세 영역은 자연적 요소와 초자연적 요소의 두 세계로 구분되며 인간은 이 두 세계에 동시에 소속되어 있고, 동시에 각각 다른 영역에 영향을 준다. 그런데 자연의 세계는 과학적인 방법으로 연구의 대상이 될 수 있으나, 초자연의 세계는 연구되지 않는다. 그러므로 Tournier는 인간 이해의 방법을 과학적인 방법과 초월적인 것의 둘을 조화시키고 있다. 이와 같이 Tournier는 인간구조를 기능적인 필요에 의해서 몸, 마음, 영혼의 세 영역으로 구분하나 인간 이해의 방법에서는 하나의 합일체로 본다.

Frankl은 인간의 차원적 존재론을 통해 인간존재를 세 차원으로 나누었다. 인간에게는 육체적 차원, 정신적 차원, 영적 차원이 있는데 이 세 가지는 서로 분리될 수 없는 전체성과 통일성을 유지하고 있다. 그런 까닭에 영적인 차원을 제외한 심리학적인 차원에서의 인간 이해는 모순을 갖게 된다. 즉 인간이 경험하는 모든 사건들은 궁극적인 의미와 질문으로 탈바꿈하는 문을 제공하며 결국에는 영적인 문제에 모이게 된다는 것이다. 따라서 육체적, 정신적 자원뿐만 아니라 전인성의 중심으로 영적 자원을 이용하여 스트레스에 대처해 나가는 것은 중요하며, 진정한 의미의 전인적 회복을 달성할 수 있는 것이다.

결국 인간은 종교적 존재로서 종교는 삶의 의미와 목적을 갖게 하고 인간으로서 온전함을 추구하고자 하는 성숙에 도움을 주는 등 개인의 삶에 있어서 중요한 역할을 한다. 그러므로 스트레스 대처와 적응에 있어서의 종교적 역할의 중요성을 몇 가지로 정리할 수 있다.

첫째, 종교는 의미의 원천으로서 다른 어떤 것으로 해답을 줄 수 없는 질문에 해답을 제공해 주는데, 이러한 현상은 비극적인 사건이나 위기에 있어서 더욱 두드러진다.

둘째, 종교는 사건을 예언하고 통제하려는 욕구를 만족시켜 준다. 즉 기도나 예배의식 그리고 교리나 행동강령에 순종함으로써 미래의 일들을 통제할 수 있도록 기제나 절차들을 제공한다. 이것을 외적 통제형식(extrinsic form of control)이라고 한다. 또한 종교는 하나님이 이 세상을 통제하고 있으므로 모든 세상일이 잘 될 것이라는 믿음에 의해 미래의 일들을 예측하고 통제하려는 욕구를 만족시켜 주는데 이를 내적 통제형식(intrinsic form of control)이라고 한다.

셋째, 종교는 자아 존중감(self-esteem)을 유지하고 또한 증가시켜 준다. Frankl은 "삶의 의미란 무엇인가?"라는 물음에 대해 납득할 수 있는 대답을 발견하는 것은 결국 종교적으로 되는 것을 의미한다는 아인슈타인의 말을 인용하면서, 궁극적인 의미, 즉 초월적 의미는 궁극적 존재에 대한 신뢰인, 하나님에 대한 신앙을 전제로 한다고 하였다. 하나님에 대한 신앙은 "하나님이 나를 사랑한다"(God loves me)는 믿음에 의해 무조건적인 존중감을 증가시켜 주며, 교회 안에서 성도들 간의 교제나 사회 속에서 도덕적인 사람이 되므로 조건적인 존중감을 갖게 해 준다.

그러므로 종교는 삶의 의미를 깨닫게 함으로 영적 성장과 발전을 위한 기회를 제공하여 자기 존중감을 유지하고 증진시키는 역할을 한다.

2) 스트레스와 종교적 대처양식

스트레스 대처는 종교적 대처의 중요성을 바탕으로 새롭게 연구되고 있다. 그 대표적인 사람이 Pargament이다. 1988년 Pargament 등은 종교적 대처양식을 문제해결 과정에서 하나님을 배제하고 스스로 해결해 나가려는 자기 주도형, 문제해결을 전적으로 하나님께 맡기고 자신은 수동적으로 남아있는 의존형, 문제해결을 할 때 하나님의 뜻을 찾으며 함께 적극적으로 해결해 나가려는 협력형으로 나누었다.[145) 그리고 1998년 연구에서는 다음 표와 같이 다양한 대처 방법을 제시하였다.

---

145) K. I. Pargament et al. "Religion and Problem-Solving Process: Three Styles of Coping," *Journal for Scientific Study of Religion* 27(1988): 90-104.

〈표 Ⅲ-1〉 다양한 종교적 대처 방법[146]

- 호의적 종교적 평가: 스트레스를 종교적 관점에서 긍정적으로 재정의 한다.
- 하나님의 벌로 평가: 스트레스를 죄에 대한 하나님의 벌로 재정의 한다.
- 악마의 짓으로 평가: 스트레스를 악마의 행위로 재정의 한다.
- 하나님 능력으로 평가: 스트레스 상황에 영향을 미칠 하나님의 능력으로 재정의 한다.
- 공협적 종교적 대처: 문제해결에 하나님의 뜻을 찾으며 함께 해결하려고 한다.
- 유예적 종교적 대처: 하나님이 해결해 주리라 믿고 수동적으로 기다린다.
- 자기 주도적 종교적 대처: 하나님의 도움을 기대하지 않고 혼자서 해결하려고 한다.
- 종교적 초점: 종교에 초점을 맞추어 스트레스원으로부터 위로를 찾으려 한다.
- 영성적 지원 추구: 하나님의 사랑과 배려를 통해 위로와 확신을 추구한다.
- 종교적 정화: 종교적 행위나 의식을 통해 영성적 정화를 추구한다.
- 영성적 관련: 초월적 세력과의 관련 의식을 추구한다.
- 영성적 불만 토로: 하나님께 불만과 혼란을 토로한다.
- 성직자나 공동체로부터의 지원 추구: 공동체 구성원이나 성직자의 따뜻한 사랑과 배려를 통해 위로와 확신을 추구한다.
- 종교적 도움: 타인에게 영성적 지원과 위로를 주려고 한다.
- 대인간의 종교적 불만 토로: 성직자나 공동체 구성원들에게 불만과 혼란을 토로한다.
- 종교적 용서: 종교적 관점에서 진정한 용서를 베풀려고 한다.

그 후에 종교적 대처방법에는 긍정적 종교적 대처와 부정적 종교적 대처가 있다는 것을 가정하여, 다양한 대처 방법을 표집 하여 요인 분석한 결과, 긍정적 종교적 대처와 부정적 종교적 대처라는 두 가지 종류의 대처유형이 있다는 사실을 밝혀냈다. 요인분석 결과 개발된 종교적 대처척도의 긍정적인 종교적 대처유형과 부정적인 종교적 대처유형은 다음 표와 같다.

---

146) 제석봉, "종교적 대처와 정신건강," **종교연구** 26(2002): 32.

〈표 Ⅲ-2〉 종교적 대처척도의 긍정적 및 부정적 종교적 대처유형147)

*** 긍정적 종교적 대처유형:**
1. 하나님과의 더욱 강한 유대를 찾는다(영성적 연결)
2. 하나님의 사랑과 배려를 찾는다(영성적 지원)
3. 분노를 가라앉힐 수 있도록 하나님께 도움을 청한다(종교적 용서)
4. 하나님과 함께 나의 계획을 행동으로 옮기도록 노력한다(공협적 종교적 대처)
5. 이러한 상황에서 하나님께서 나에게 어떻게 힘을 불러일으켜 주실지 찾는다(호의적인 종교적 재평가)
6. 하나님께서 나의 죄를 용서해 주기를 청한다(종교적 정화)
7. 종교에 초점을 맞추어 내 문제에 대해 근심하기를 중지한다(종교적 초점)

*** 부정적 종교적 대처유형:**
8. 하나님께서 나를 버린 것이 아닌가 하고 근심한다(영성적 불만)
9. 나의 신심이 부족하여 하나님께서 벌하는 것이라 느낀다(하나님 벌로 재평가)
10. 내가 한 행동에 대해 하나님이 벌한 것이라 생각한다(하나님 벌로 재평가)
11. 하나님의 사랑에 대해 회의가 든다(영성적 불만)
12. 교회로부터 버림받았다는 걱정이 든다(대인관계에서의 종교적 불만)
13. 악마의 짓으로 이러한 일이 발생했다고 생각한다(악마의 짓으로 재평가)
14. 하나님의 능력에 회의가 든다(하나님 능력의 재평가)

　Pargament는 긍정적 종교적 대처유형으로는 스트레스 상황에 처했을 때 하나님을 찾고, 용서를 구하고, 문제를 해결할 때 자신의 뜻보다는 하나님의 뜻을 찾으며 적극적으로 해결방안을 모색하고, 종교적 관점에서 사태를 재평가하고, 종교에 초점을 맞추는 것을 제시했고, 하나님이나 교회 공동체로부터 버림받았다고 생각하고, 하나님의 벌이나 악마의 짓으로 평가하고, 하나님의 능력이나 사랑에 회의를 표하는 것이 부정적인 종교적 대처유형인 것으로 제시했다.

　Pargament는 기독교인이 문제에 대처하는 양상을 하나님과의 관계에서 세 가지 종교적 대처양식으로 나누었다. 즉 자기중심적 문제대처(self-directing), 의존적(depending) 문제 대처, 그리고 협력적(collaborative) 문제 대처이다.

---

147) Ibid. 32.

먼저 자기중심적 문제 대처양식은 문제해결에 대한 책임을 자신에게 있다고 생각하며, 따라서 자기가 적극적으로 대처한다. 의존적 문제 대처양식은 문제해결에 대한 책임을 모두 하나님에게 전가시켜 버린다. 협력적 문제 대처양식은 개인 하나님 모두 수동적인 참여자가 아니라 하나님이 주신 자원으로 능동적인 자세로 해결하는 대처이다. 각각 구체적으로 살펴보면 다음과 같다.

(1) 자기중심적(self – directing) 문제 대처양식

자기중심적 문제 대처는 하나님이 직접적인 개입을 하지는 않지만 그렇다고 반종교적(anti – religious)인 것은 아니다. 오히려 하나님을 자신들이 삶을 헤쳐 나갈 수 있도록 자유와 자원(freedom and resources)들을 부여해 준 존재로 여긴다. 즉 하나님은 나를 이곳 지구 위에 던져 놓고 스스로 문제를 해결할 수 있도록 힘과 기술들(strength and skills)을 부여했다고 생각한다. 그러므로 문제해결이 책임은 자기 자신에게 있고, 문제해결 과정에서 개인은 매우 적극적인 태도를 취한다.

(2) 의존적(depending) 문제 대처양식

의존적 문제 대처는 자기중심적 문제 대처양식과 대조를 이루는 것으로 문제에 대한 책임을 하나님께 전가시키고 사람보다 하나님이 문제해결의 원천이라고 생각한다. "모든 문제를 하나님께 맡기고 내가 무엇을 해야 되는지에 대한 지시만 기다리라"는 신념을 갖고 있다. 즉 적극적으로 문제를 해결하려고 노력하기보다는 하나님의 역사하심을 통하여 나타날 해결을 수동적으로 기다린다.

그러므로 의존적 문제 대처양식의 관점에서 보면, 사람보다는 하나님이 문제해결의 원천(source)이 된다. 모든 일은 하나님의 섭리 안에서 이루어지므로 문제의 책임과 해결도 하나님에게 있다는 관점이다. 이들은 외부적 규범이나 믿음 또는 권위에 의존하는 종교성향을 지니고 교리적 정통성이나 신이 통제한다는 강한 의식을 지니고 있다.

(3) 협력적(collaborative) 문제 대처양식

협력적 문제 대처양식은 "하나님은 나의 동반자이며, 나와 함께 하시고 내게 힘을 주신다"는 신념으로 문제해결의 책임이 개인과 하나님 양자 모두에게 있다는 것이다. 이것은 개인과 하나님 모두 수동적 참여자가 아니라 문제해결을 위해 함께 힘쓰는 적극적인 공헌자이다. 즉 하나님은 성령의 내적 목소리를 통하여 사람으로 하여금 합당한 일을 하도록 촉구하시는 것이다. Hart에 의하면 이러한 양식을 신약성경에서 찾을 수 있다. 그는 바울을 인용한다. "내게 능력 주시는 자 안에서 내가 모든 것을 할 수 있느니라"(빌 4:13) 이 양식은 기도를 많이 하는 사람, 강한 종교 성향(religious salience)을 지닌 사람일수록 많이 취하는 것으로 하나님과 친근한 상호관계에 기초한 내면화된 종교성향이라고 볼 수 있다.

이와 같이 종교적 대처는 자기중심적 문제 대처양식, 의존적 문제 대처양식, 그리고 협력적 문제 대처양식으로 나누어진다. 특히 협력적 양식은 스트레스 상황에 따라 의존적 양식과 함께 증가,

혹은 감소하는 경향이 있다. 즉 상황이 달라질 때마다 사람들이 취하는 협력적 양식과 의존적 양식의 빈도는 비슷하게 변한다. 예컨대 기독교인은 스트레스의 수준이 증가함에 따라 협력적, 의존적 대처양식이 함께 변화하는 것 같다. 반면, 자기중심적 대처양식은 상황에 따라 덜 변화하는 경향을 보인다. 즉 자기 중심적 대처양식을 취하는 사람은 어떠한 상황에서도 일관된 자기중심적 대처를 한다는 것이다. 즉 자아가 강한 사람은 종교적 대처에 있어서도 종교적 신념보다 자신의 판단에 더욱 근거한다는 경향을 말해준다. 그러므로 어떤 문제라도 자신이 택한 한 가지 방식대로 대처하고 그 양식에 고착하는 경향을 가져올 수 있다.[148]

그런 까닭에 종교적 문제해결 양식은 종교적 성향과 개인의 특성, 그리고 스트레스 상황과의 관계를 가지고 있다. 그런 관계성은 종교가 어떤 식으로든 문제해결 양식에 중요한 역할을 하고 있음을 말해 주는 것이다.

그러면 종교는 어떤 방식으로 스트레스에 관여하고 있는가? 어떠한 방법으로 대처하는가? Pargament는 종교는 대처과정뿐 아니라 문제의 사전 예방과 문제 이후의 대처 결과에 모두 영향을 미친다고 한다. 또한 종교적 대처는 그 효율성이 상황에 따라 달라지는데 특별히 인간 통제를 넘어서는 스트레스 상황을 다루는 데 효과적이라고 제안한다.

---

148) 방미숙, 14 - 15.

3) 종교적 대처와 정신건강

인간의 정신건강을 다루는 심리학에서 종교가 어떤 의미를 지니는가에 관한 물음은 최근의 일이 아니다. 종교심리학이라고 하는 경험적 학문의 형태가 이미 19세기 말에서 20세기 초 걸쳐 등장하였으며 비록 종교적 관점을 병리적 현상으로 간주하는 오해가 있기는 하였지만 종교적 체험에 대한 객관적 연구로서 자리를 잡기 시작하였다.[149] 그 이후로 많은 학자들은 종교성과 정신건강의 관계를 다양한 방식으로 개념화해 왔다. 그러나 개인의 종교성이 정신건강에 기여하는 것으로 간주되어 왔지만[150] 종교성과 정신건강 간의 관계성이 정적인지 부적인지에 관해서는 아직까지 일치된 결론에 도달하지 못하였다.[151]

한편 이러한 관계성의 불확실성과 모호성은 실제로 종교성과 정신건강과의 관계가 존재하지 않다기보다는 사회적 바람직성(social desirability)과 같은 반응 편향(response biases)으로 인하여 모호해진다는 주장이 제기되기도 하였다.[152] 그러나 이러한 일치되지 않는 결과에도 불구하고 일련의 연구 및 논의들은 결국 종교성과 정신건강의 두 영역이 내용적으로 관련되어 있다는 점을 의미한다.[153]

---

149) 윤주병, **종교심리학**(서울: 서광사, 1986), 11-27.

150) P. A. Bertocci, "Psychosocial Interperation of Religious Experience," *Research*(1971): 3-41.

151) A. E. Bergin, "Religiosity and Mental Health: A Critical Revaluation and Meta-Analysis," *Professional Psychology: Research and Practice* 14, no. 2(1983): 170-184.

152) C. D. Batson, S. Naifeh, and S. Pate, "Social Desirability, Religious Orientation and Racial Prejudice," *Journal for the Scientific Study of Religion* 17, no. 1(1978): 31-41.

스트레스나 위기에 처했을 때, 어떤 대처 방법을 선택하는가에
따라 정신건강에 미치는 영향이 다르다는 사실이 여러 경험적 연
구에서 입증되었다.[154] 종교심리학자들도 스트레스나 위기에 처했
을 때, 어떤 대처방법이 정신건강에 도움을 주는지 연구해 왔다.
그 결과로 용서, 정화와 고백, 영성적 지원, 종교적 차원에서의 평
가, 회심, 종교적 차원에서의 통제 등의 대처 방법이 정신건강과
정적 상관을 맺고 있다는 사실이 발견되었다.

정신건강에 대한 정의는 매우 다양하다. 정신건강의 가장 일반
적 정의는 병리 현상의 부재이다.[155] 또한 한 개인이 내적·외적
환경에 대하여 적응을 잘하는 상태로 정의되기도 하며, 외부 환경
에 대한 독립적, 자주적, 건설적인 대처 능력이며 질병에 대한 평
소의 저항력과 정신적 성숙, 원만한 가정생활과 사회생활을 할 수
있는 상태를 말하기도 한다.[156]

1990년 Pargament 등은 종교적 대처유형과 정신건강의 관계를
연구하기 위해 다양한 종교적 대처 기제를 잴 수 있는 '종교적 대
처 활동'(Religious Coping Activities)이라는 척도를 개발했다. 이러
한 여러 활동 중 '영성을 토대로 한 대처'(spiritually based coping),
'선행의 실천'(good deeds), '성직자 또는 교회 공동체로부터의 종
교적 지원'(interpersonal religious support)이 긍정적 종교적 대처유

---

153) A. E. Bergin, "Psychotherapy and Religious Values," *Journal of Counseling and Clinical Psychology* 48(1980): 95-105.

154) T. A. Wills et al. "Coping Dimensions, Life Stress, and Adolescent Substance Use: A Latent Growth Analysis," *Journal of Abnormal Psychology* 110, no. 2(2001): 309-323.

155) 김원쟁, "한국교회와 정신건강," **신학사상** 97(1997): 60.

156) 황응연, **심리학과 생활**(서울: 배영사, 1992).

형에 속한다. 그리고 하나님, 교회, 자신의 신앙에 대한 '불만 표현'(expression of discontent), 기적을 바라거나 하나님과 협상하려 하거나 자신이 겪는 사건에 대해 하나님께 회의를 표시하는 '간원'(Plead), 종교를 문제로부터 벗어나기 위한 도피처로 삼는 '종교적 회피'(Religious Avoidance)가 부정적 종교적 대처유형에 속한다.

또 Pargament 등은 스트레스나 위기 상황에서 종교적 대처 방법이 정신건강에 어떤 영향을 미치는지 밝히기 위해, 폭탄 테러 사건이 발생했던 오클라호마시에서 테러를 경험했던 개신교 신자 296명, 최근 3년 내에 가족의 사망과 같은 부정적 사건을 경험한 540명의 대학생, 그리고 정신병원에 입원해 있는 511명의 환자를 대상으로 하여, 신체적 정신적 건강을 재는 다양한 척도를 사용하여, 긍정적 종교적 대처유형과 부정적 종교적 대처유형이 정신건강에 미치는 영향을 밝히려고 하였다.[157] 이 연구에서 어떤 종교적 대처유형을 사용하는가에 따라 정신건강에 미치는 영향이 다르다는 사실이 밝혀졌다. 즉 긍정적인 종교적 대처유형을 사용하는 사람은 스트레스나 위기 상황에서도 심리적 증상이 적고, 스트레스가 오히려 심리적 영성적 성장을 촉진하는 계기가 되고, 스트레스를 경험한 이후 종교적으로도 보다 긍정적인 변화가 일어났다. 그러나 부정적인 종교적 대처유형을 사용하는 사람은 우울과 같은 심리적 장애가 심하고, 삶의 질이 낮고, 정신·신체적 증상을 포함한 심리적 증상이 심하다는 사실이 밝혀졌다.

---

157) 제석봉, 34.

제4장 양적·질적 분석 결과

제1절 양적 분석

  양적 분석은 장애청소년과 비장애청소년의 비교, 장애 기독청소년과 비장애 기독청소년의 비교, 기독 장애청소년과 비기독 장애청소년의 비교로 크게 세 가지 범주로 구분하여 결과를 분석하였다.

1. 연구 참여자의 일반적 특성

〈표 Ⅳ-1〉 연구 참여자의 장애 유무 및 종교별 분포

		장애 N(%)		비장애 N(%)		계 N(%)
기독교	개신교 가톨릭	179(37.1)	136(28.2) 43(8.9)	117(24.2)	97(20.1) 20(4.1)	296(61.4)
비기독교	불교 무교	89(18.4)	32(6.6) 57(11.8)	97(20.1)	34(7.1) 63(13.1)	186(38.6)
계		268(55.6)		214(44.4)		482(100.0)

  전체 482명의 응답자 중 장애청소년은 268명으로 전체의 55.6% 였고 비장애청소년은 전체의 44.4%인 214명이었다. 장애청소년 중 개신교인은 136명으로 전체의 28.2%로 나타났다. 무교가 다음으로 많은 57명(11.8%)이었고, 그다음은 가톨릭 43명(8.9%), 불교 32명 (6.6%) 순이었다. 비장애청소년 중 개신교인은 전체의 20.1%인 97 명이었고 그다음은 무교 63명(13.1%), 불교 34명(7.1%), 가톨릭 20 명(4.1%) 순이었다. 분석에서는 개신교인과 가톨릭교인을 기독교인

으로 하고 불교인과 무교인을 비기독교인으로 분류하여 분석하였다.

2. 범주 분석

1) 장애청소년과 비장애청소년의 비교

(1) 결과

① 스트레스 수준 비교

〈표 Ⅳ-2〉 장애청소년과 비장애청소년의 스트레스 수준 비교

	장 애	비장애	χ^2	p
스트레스 수준 상	204(76.1)	122(57.0)		
스트레스 수준 하	64(23.9)	92(43.0)	19.85	.000
계	268(100.0)	214(100.0)		

　　스트레스 점수는 최대 10점, 최하 0점으로 하였으며, 5점을 기준
으로 5점 이하의 스트레스 점수를 보고한 응답자를 스트레스 수준
하 집단으로 6점 이상의 스트레스 점수를 보고한 응답자를 스트레
스 수준 상 집단으로 분류하였다. 장애청소년 중 스트레스 수준
상 집단은 장애청소년의 76.1%인 204명으로 나타났고 스트레스
수준 하 집단은 64명(23.9%)으로 나타나 스트레스 수준이 높은 장
애청소년이 2배 가까이 많은 것으로 나타났다. 비장애청소년 중
스트레스 수준 상 집단은 비장애청소년의 57.0%인 122명이었고

스트레스 수준 하 집단은 43%인 92명으로 비슷하게 나타났다. 장애 여부에 따른 스트레스 수준의 차이는 $\chi^2 = 19.85$, p<.001로 통계적으로 유의하였다. 즉 장애청소년이 비장애청소년보다 스트레스를 더 많이 받는 것으로 나타났다.

② 스트레스 수준에 따른 스트레스 반응양식

〈표 Ⅳ-3〉 장애청소년과 비장애청소년의 스트레스 수준에 따른 스트레스 반응 양식 점수

스트레스 반응양식	스트레스 수준	장애 M(SD)	
		장 애	비장애
스트레스 반응양식	상	176.84(79.03)	111.17(43.01)
	하	88.39(35.63)	92.98(47.05)
말초혈관증상군	상	11.26(7.37)	7.14(4.39)
	하	7.61(2.34)	6.17(3.60)
심폐증상군	상	13.29(8.85)	6.92(5.49)
	하	7.19(3.75)	6.28(4.89)
중추 신경계증상군	상	19.51(11.35)	13.73(6.67)
	하	12.44(8.81)	12.48(8.50)
위장계증상군	상	12.29(7.47)	8.27(4.71)
	하	6.16(4.06)	6.59(5.38)
근육긴장계증상군	상	14.29(7.51)	8.82(5.17)
	하	6.52(5.16)	8.65(6.43)
습관적 행동형태군	상	27.43(10.35)	17.61(8.52)
	하	12.78(6.78)	14.50(8.34)
우울	상	19.72(8.44)	12.59(7.10)
	하	7.72(4.30)	7.70(5.34)
불안	상	23.02(11.47)	14.58(6.64)
	하	10.39(5.72)	13.11(7.16)
정서적 불안정	상	20.75(8.74)	11.47(6.21)
	하	10.56(7.30)	9.22(6.53)
인식력	상	15.27(6.08)	10.05(3.96)
	하	7.95(3.11)	8.61(3.87)

장애와 스트레스 수준에 따른 스트레스 반응 양식 점수의 차이를 검증하기 위해 이원변량 분석한 결과는 다음과 같다.

〈표 Ⅳ-4〉 장애청소년과 비장애청소년의 스트레스 수준에 따른 스트레스 반응 양식 비교

종속변인	변 인	SS	df	MS	F	p
스트레스 반응양식	장애	91903.54	1	91903.54	24.67	.000
	스트레스 수준	280099.67	1	280099.67	75.05	.000
	장애*스트레스 수준	121562.06	1	121562.06	32.57	.000
말초혈관증상군	장애	779.63	1	779.63	24.98	.000
	스트레스 수준	538.12	1	538.12	17.24	.000
	장애*스트레스 수준	182.08	1	182.08	5.83	.016
심폐증상군	장애	1337.12	1	1337.12	28.23	.000
	스트레스 수준	1146.38	1	1146.38	24.20	.000
	장애*스트레스 수준	754.68	1	754.68	15.93	.000
중추 신경계증상군	장애	833.43	1	833.43	9.26	.002
	스트레스 수준	1751.89	1	1751.89	19.46	.000
	장애*스트레스 수준	857.26	1	857.26	9.52	.002
위장계증상군	장애	326.04	1	326.04	8.80	.003
	스트레스 수준	1545.07	1	1545.07	41.72	.000
	장애*스트레스 수준	501.12	1	501.12	13.53	.000
근육긴장계증 상군	장애	281.40	1	281.40	6.67	.000
	스트레스 수준	1594.68	1	1594.68	37.84	.000
	장애*스트레스 수준	1463.05	1	1463.05	34.72	.000
습관적 행동 형태군	장애	1659.58	1	1659.58	19.93	.000
	스트레스 수준	7963.47	1	7963.47	95.66	.000
	장애*스트레스 수준	3365.57	1	3365.57	40.43	.000
우울	장애	1292.46	1	1292.46	25.37	.000
	스트레스 수준	7210.48	1	7210.48	141.56	.000
	장애*스트레스 수준	1275.82	1	1275.82	25.04	.000
불안	장애	827.65	1	827.65	10.19	.000
	스트레스 수준	5026.40	1	5026.40	61.91	.000
	장애*스트레스 수준	3145.97	1	3145.97	38.75	.000
정서적 불안정	장애	2850.18	1	2850.18	49.64	.000
	스트레스 수준	3903.82	1	3903.82	67.99	.000
	장애*스트레스 수준	1589.38	1	1589.38	27.68	.000
인식력	장애	526.80	1	526.80	22.06	.000
	스트레스 수준	1936.80	1	1936.80	81.91	.000
	장애*스트레스 수준	872.05	1	872.05	36.55	.000

스트레스 반응양식과 그 하위변인의 장애에 따른 차이와 스트레스 수준에 따른 차이, 장애와 스트레스 수준 상호작용 효과가 있는 것으로 나타났다.

장애청소년의 스트레스 반응이 더 많으며, 스트레스 수준이 높은 집단의 스트레스 반응이 더 많았다. 스트레스 수준이 높은 집단에서는 장애청소년이 비장애청소년보다 더 많은 스트레스 반응을 나타내었고 특히 장애청소년들의 불안과 습관적 행동 형태군의 점수가 높았다.

③ 스트레스 수준에 따른 자기 효능감

〈표 Ⅳ-5〉 장애청소년과 비장애청소년의 스트레스 수준에 따른 자기 효능감 척도 점수

자기 효능감	스트레스 수준	장애 M(SD)	
		장애	비장애
자기 효능감	상	42.19(16.16)	47.56(11.08)
	하	56.58(8.43)	54.50(9.19)
개인 효능감	상	31.88(12.51)	35.02(8.54)
	하	41.41(6.31)	39.93(7.51)
사회 효능감	상	10.31(4.49)	12.53(3.87)
	하	15.17(3.84)	14.57(3.20)

장애와 스트레스 수준에 따른 자기 효능감 점수의 차이를 검증하기 위해 이원변량 분석한 결과는 다음과 같다.

<표 Ⅳ-6> 장애청소년과 비장애청소년의 스트레스 수준에 따른 자기 효능감 점수 비교

종속변인	변인	SS	df	MS	F	p
자기 효능감	장애	273.87	1	273.87	1.63	.202
	스트레스 수준	11495.89	1	11495.89	68.64	.000
	장애*스트레스 수준	1401.52	1	1401.52	8.36	.004
개인 효능감	장애	70.91	1	70.91	0.70	.403
	스트레스 수준	5265.65	1	5265.65	52.12	.000
	장애*스트레스 수준	538.76	1	538.76	5.33	.021
사회 효능감	장애	66.06	1	66.06	4.05	.045
	스트레스 수준	1200.90	1	1200.90	73.74	.000
	장애*스트레스 수준	202.36	1	202.36	12.42	.000

장애 여부에 따른 자기 효능감은 스트레스 수준 상 집단에서는 비장애청소년이, 스트레스 수준 하 집단에서는 장애청소년의 자기 효능감 점수가 높은 걸로 나타났다. 특히 개인 효능감은 장애 여부에 별 차이가 없었으나, 사회 효능감은 비장애청소년이 장애청소년보다 높게 나타났다.

④ 스트레스 수준에 따른 대인관계

<표 Ⅳ-7> 장애청소년과 비장애청소년의 스트레스 수준에 따른 대인관계 척도 점수

		장애 M(SD)	
		장애	비장애
스트레스 수준	상	46.19(20.00)	59.70(12.64)
	하	67.59(13.69)	65.76(10.36)

장애와 스트레스 수준에 따른 스트레스 반응 양식 점수의 차이를 검증하기 위해 이원변량 분석한 결과는 다음과 같다.

<**표 Ⅳ-8**> 장애청소년과 비장애청소년의 스트레스 수준에 따른 대인관계 척도 비교

변인	SS	df	MS	F	p
장애	3446.10	1	3446.10	13.48	.000
스트레스 수준	19042.90	1	19042.90	74.49	.000
장애*스트레스 수준	5948.45	1	5948.45	23.27	.000

장애청소년의 대인관계 능력은 비장애청소년보다 낮았고, 스트레스 수준이 높은 집단의 대인관계 능력도 낮게 나타났다. 스트레스 수준이 높은 집단에서는 비장애청소년의 대인관계 능력이 더 좋았으며 스트레스 수준이 낮은 집단에서는 장애청소년의 대인관계 능력이 더 좋았다. 이는 장애의 유무가 대인관계에 영향을 끼치는 것으로 나타났다.

⑤ 스트레스 수준에 따른 정신건강

<**표 Ⅳ-9**> 장애청소년과 비장애청소년의 스트레스 수준에 따른 정신건강 척도 점수

정신건강	스트레스 수준	장애 M(SD)	
		장애	비장애
정신건강	상	124.07(60.48)	75.89(40.61)
	하	65.86(36.17)	58.54(40.78)
신체화	상	15.85(9.94)	9.20(6.80)
	하	8.92(5.44)	6.91(5.85)
강박증	상	14.83(6.84)	11.28(4.90)
	하	12.00(4.39)	9.28(4.63)
예민증	상	13.47(7.02)	9.51(5.17)
	하	7.36(4.48)	7.00(4.98)
우울증	상	19.74(9.85)	13.20(7.70)
	하	10.81(5.67)	8.89(5.65)
불안	상	14.15(7.91)	7.67(5.10)
	하	7.69(4.71)	6.22(5.32)

정신건강	스트레스 수준	장애 M(SD)	
		장애	비장애
적대감	상	9.07(4.78)	4.62(3.45)
	하	3.66(3.36)	3.33(3.32)
공포 · 불안	상	8.20(5.63)	3.18(3.67)
	하	3.55(3.28)	3.04(3.79)
편집증	상	7.93(4.13)	5.01(3.54)
	하	2.80(2.38)	3.74(3.04)
정신증	상	12.11(6.14)	6.91(4.85)
	하	4.78(5.04)	5.52(5.29)
부가	상	8.74(4.05)	5.31(3.46)
	하	4.30(3.48)	4.61(3.84)

　장애와 스트레스 수준에 따른 정신건강 점수의 차이를 검증하기 위해 이원변량 분석한 결과는 다음과 같다.

〈표 Ⅳ-10〉 장애청소년과 비장애청소년의 스트레스 수준에 따른 정신건강 척도 비교

종속변인	독립변인	SS	df	MS	F	p
간이 정신건강	장애	77786.09	1	77786.09	31.61	.000
	스트레스 수준	144214.89	1	144214.89	58.61	.000
	장애*스트레스 수준	42175.93	1	42175.93	17.14	.000
신체화	장애	1896.36	1	1896.36	29.56	.000
	스트레스 수준	2144.59	1	2144.59	33.43	.000
	장애*스트레스 수준	545.50	1	545.50	8.50	.004
강박증	장애	992.01	1	992.01	30.38	.000
	스트레스 수준	587.87	1	587.87	18.00	.084
	장애*스트레스 수준	17.49	1	17.49	0.53	.464
예민증	장애	471.73	1	471.73	13.42	.000
	스트레스 수준	1876.43	1	1876.43	53.41	.000
	장애*스트레스 수준	327.87	1	327.87	9.33	.002
우울증	장애	1804.07	1	1804.07	27.08	.000
	스트레스 수준	4425.07	1	4425.07	66.42	.000
	장애*스트레스 수준	536.57	1	536.57	8.05	.005
불안	장애	1594.30	1	1594.30	38.38	.000
	스트레스 수준	1581.99	1	1581.99	38.09	.000
	장애*스트레스 수준	632.63	1	632.63	15.23	.000

종속변인	독립변인	SS	df	MS	F	p
적대감	장애	576.07	1	576.07	35.22	.000
	스트레스 수준	1136.90	1	1136.90	69.52	.000
	장애*스트레스 수준	427.78	1	427.78	26.16	.000
공포ㆍ불안	장애	769.34	1	769.34	36.53	.000
	스트레스 수준	578.54	1	578.54	27.47	.000
	장애*스트레스 수준	514.26	1	514.26	24.42	.000
편집증	장애	98.61	1	98.61	7.60	.006
	스트레스 수준	1034.08	1	1034.08	79.71	.000
	장애*스트레스 수준	376.42	1	376.42	29.01	.000
정신증	장애	502.94	1	502.94	16.38	.000
	스트레스 수준	1920.30	1	1920.30	62.50	.000
	장애*스트레스 수준	892.17	1	892.17	29.06	.000
부가	장애	244.60	1	244.60	16.94	.000
	스트레스 수준	667.58	1	667.58	46.24	.000
	장애*스트레스 수준	352.45	1	352.45	24.41	.000

스트레스 수준이 높은 집단의 정신건강척도가 높아, 스트레스가 많은 집단의 정신건강 상태가 더 나쁨을 알 수 있다. 또 같은 스트레스 수준에서는 장애청소년의 정신건강 척도가 높아 장애청소년의 정신건강 상태가 더 나쁘게 나타났다. 강박증의 경우는 스트레스 수준에 따른 차이가 없었다.

⑥ 스트레스 수준에 따른 스트레스 대처방식

〈표 Ⅳ-11〉 장애청소년과 비장애청소년의 스트레스 수준에 따른 스트레스 대처방식 척도 점수

스트레스 대처방식	스트레스 수준	장애 M(SD)	
		장애	비장애
스트레스 대처방식	상	85.24(19.55)	94.25(17.36)
	하	102.61(22.90)	99.91(21.83)
문제 중심 대처	상	26.56(10.10)	30.86(7.63)
	하	36.66(8.37)	35.74(8.52)

스트레스 대처방식	스트레스 수준	장애 M(SD)	
		장애	비장애
정서완화 대처	상	29.44(5.81)	31.32(6.97)
	하	31.78(7.97)	30.46(9.15)
소망적 대처	상	19.75(5.12)	21.30(4.98)
	하	22.89(5.88)	21.98(5.39)
사회적 대처	상	8.27(5.02)	9.15(3.47)
	하	9.72(3.32)	10.07(3.27)

장애와 스트레스 수준에 따른 스트레스 대처방식 점수의 차이를 검증하기 위해 이원변량 분석한 결과는 다음과 같다.

〈표 Ⅳ-12〉 장애청소년과 비장애청소년의 스트레스 수준에 따른 스트레스 대처방식 척도 비교

종속변인	독립변인	SS	df	MS	F	p
스트레스 대처방식	장애	1008.04	1	77786.09	2.52	.112
	스트레스 수준	13393.55	1	144214.89	33.60	.000
	장애*스트레스 수준	3463.45	1	42175.93	8.69	.003
문제 중심 대처	장애	288.51	1	1896.36	3.42	.065
	스트레스 수준	5660.83	1	2144.59	67.09	.000
	장애*스트레스 수준	686.64	1	545.50	8.13	.005
정서완화 대처	장애	7.88	1	992.01	0.15	.696
	스트레스 수준	55.45	1	587.87	1.07	.301
	장애*스트레스 수준	259.94	1	17.49	5.02	.025
소망적 대처	장애	10.53	1	471.73	0.38	.536
	스트레스 수준	368.65	1	1876.43	13.39	.000
	장애*스트레스 수준	154.15	1	327.87	5.60	.018
사회적 대처	장애	37.86	1	1804.07	2.16	.142
	스트레스 수준	141.48	1	4425.07	8.08	.005
	장애*스트레스 수준	7.13	1	536.57	0.40	.523

장애에 따른 스트레스 대처방식의 차이는 나타나지 않았다. 스트레스 수준이 낮은 집단이 더 많은 스트레스 대처를 사용하고 있었다. 스트레스 대처방식을 가장 많이 사용하는 집단은 스트레스

수준이 낮은 장애청소년 집단이었고, 사회적 대처방식을 가장 많이
사용하는 집단은 스트레스 수준이 낮은 비장애청소년 집단이었다.

⑦ 스트레스 수준에 따른 종교적 대처

〈표 Ⅳ-13〉 장애청소년과 비장애청소년의 스트레스 수준에 따른 종교적 대처척도 점수

종교적 대처	스트레스 수준	장애 M(SD)	
		장애	비장애
종교적 대처	상	33.00(8.02)	30.54(9.55)
	하	37.66(9.01)	34.59(11.01)
자기 주도적 대처	상	13.18(5.76)	15.49(5.74)
	하	13.94(6.34)	13.93(5.90)
협력적 대처	상	12.52(6.76)	9.43(6.84)
	하	15.81(6.50)	13.04(7.74)
의존적 대처	상	7.29(4.73)	5.62(5.20)
	하	7.91(5.51)	7.61(5.26)

장애와 스트레스 수준에 따른 종교적 대처 점수의 차이를 검증
하기 위해 이원변량 분석한 결과는 다음과 같다.

〈표 Ⅳ-14〉 장애청소년과 비장애청소년의 스트레스 수준에 따른 종교적 대처척도 비교

종속변인	독립변인	SS	df	MS	F	p
종교적 대처	장애	770.53	1	770.53	9.14	.003
	스트레스 수준	1914.82	1	1914.82	22.71	.000
	장애*스트레스 수준	9.55	1	9.55	0.11	.736
자기 주도적 대처	장애	134.50	1	134.50	3.90	.049
	스트레스 수준	16.20	1	16.20	0.47	.493
	장애*스트레스 수준	135.14	1	135.14	3.92	.048
협력적 대처	장애	868.02	1	868.02	17.98	.000
	스트레스 수준	1206.01	1	1206.01	24.98	.000
	장애*스트레스 수준	2.65	1	2.65	0.05	.815
의존적 대처	장애	97.89	1	97.89	3.18	.051
	스트레스 수준	170.45	1	170.45	6.65	.010
	장애*스트레스 수준	47.65	1	47.65	1.85	.173

장애청소년이 비장애청소년보다, 스트레스 수준이 낮은 집단이 스트레스 수준이 높은 집단보다 종교적 대처를 더 많이 사용하는 것으로 나타났다. 자기 주도적 대처를 가장 많이 사용하는 집단은 스트레스 수준이 높은 비장애청소년 집단이었고, 협력적 대처를 가장 많이 사용하는 집단은 스트레스 수준이 낮은 장애청소년 집단이었다. 의존적 대처는 장애 여부에 따른 차이가 없었다.

(2) 분석

이상의 결과를 종합해 본 결과, 장애청소년이 비장애청소년보다 일상생활에 있어서 스트레스를 더 많이 받는 것으로 나타났다. 그리고 스트레스 수준은 스트레스 반응양식까지 이어져, 장애청소년이 비장애청소년보다 스트레스를 받을 때 반응이 더 많이 나타났고, 장애청소년의 경우 스트레스를 받았을 때 불안과 정서적으로 불안한 현상을 주로 나타났고, 그러한 불안을 감소시키기 위해 한 가지 이상의 행동을 반복적으로 하였다.

스트레스를 받은 장애청소년과 비장애청소년 간에는 자기 효능감의 차이가 없었다. 그러나 스트레스 수준 상 집단에서는 비장애청소년이, 스트레스 수준 하 집단에서는 장애청소년의 자기 효능감 점수가 높은 걸로 나타났다. 특히 개인 효능감은 장애 여부에 별 차이가 없었으나, 사회 효능감은 비장애청소년이 장애청소년보다 높게 나타났다. 장애청소년과 비장애청소년의 대인관계를 분석한 결과 장애의 유무가 대인관계에 영향을 끼치는 것으로 나타났다. 스트레스 수준이 높은 집단의 정신건강척도가 높아, 스트레스가 많은 집단의 정신건강 상태가 더 나쁨을 알 수 있다. 또 같은 스트레스 수준에서는 장애청소년의 정신건강 척도가 높아 장애청소년의 정신건강 상태가 더 나쁘게 나타났다. 장애청소년의 경우는 우울과 불안, 신체화에 대한 정신건강 점수가 높게 나타났으며, 특히 우울증은 장애청소년과 비장애청소년의 경우 둘 다 높은 점수를 받은 것으로 나타나 우리나라 청소년의 우울증 정도가 심하다고 볼 수 있다. 장애에 따른 스트레스 대처방식의 차이는 나타나지 않았다. 장애청소년과 비장애청소년 모두 문제 중심 대처방식을 주로 사용하였고, 스트레스 수준이 낮은 장애청소년과 비장애청소년의 경우 스트레스 대처방식을 많이 사용하는 것으로 나타나 스트레스 대처방식이 적극적인 청소년이 스트레스를 덜 받는다고 볼 수 있다.

스트레스 수준에 따른 종교적 대처척도 비교 결과 장애청소년이 비장애청소년보다, 스트레스 수준이 낮은 집단이 스트레스 수준이 높은 집단보다 종교적 대처를 더 많이 사용하는 것으로 나타났다. 자기 주도적 대처를 가장 많이 사용하는 집단은 스트레스 수준이 높은 비장애청소년 집단이었고, 협력적 대처를 가장 많이 사용하는 집단은 스트레스 수준이 낮은 장애청소년 집단이었다. 의존적 대처는 장애 여부에 따른 차이가 없었다.

2) 장애 기독청소년과 비장애 기독청소년의 비교

(1) 결과

① 스트레스 수준 비교

〈표 Ⅳ-15〉 장애 기독청소년과 비장애 기독청소년의 스트레스 수준 비교

	장애	비장애	χ^2	p
스트레스 수준 상	57(48.7)	40(22.3)		
스트레스 수준 하	60(51.3)	139(77.7)	26.48	.000
계	117(100.0)	179(100.0)		

장애 기독청소년 중 스트레스 수준 상 집단은 장애 기독청소년의 48.7%인 57명으로 나타났고 스트레스 수준 하 집단은 60명(51.3%)으로 나타나 비슷한 비율을 보였다. 비장애 기독청소년 중 스트레스 수준 상 집단은 비장애 기독청소년의 22.3%인 40명이었고 스트레스 수준 하 집단은 77.7%인 139명으로 스트레스가 낮은 청소년이 두 배가량 많게 나타났다. 장애 여부에 따른 스트레스 수준의 차이는 $\chi^2 = 26.48$, p<.001로 통계적으로 유의하였다. 스트레스 수준이 높은 집단에는 장애기독청소년이 더 많고, 스트레스 수준이 낮은 집단에는 비장애 기독청소년이 더 많았다.

② 스트레스 수준에 따른 스트레스 반응양식

〈표 Ⅳ-16〉 장애 기독청소년과 비장애 기독청소년의 스트레스 수준에 따른 스트레스 반응
양식 척도 점수

스트레스 반응양식	스트레스 수준	장애 M(SD)	
		장애	비장애
스트레스 반응양식	상	185.53(76.33)	105.26(44.95)
	하	88.53(33.36)	95.00(43.44)
말초혈관증상군	상	11.65(7.05)	7.33(4.89)
	하	8.35(2.10)	6.47(3.78)
심폐증상군	상	14.55(8.26)	6.39(5.07)
	하	8.20(3.12)	7.03(4.99)
중추신경계증상군	상	19.98(11.40)	12.26(6.76)
	하	10.08(6.82)	12.10(7.89)
위장계증상군	상	13.17(7.13)	7.91(4.58)
	하	6.85(3.86)	7.23(5.06)
근육긴장증상군	상	15.91(7.07)	8.98(5.26)
	하	6.15(5.95)	8.83(6.41)
습관적 행동 형태군	상	28.31(10.47)	16.42(9.08)
	하	11.60(7.13)	14.20(8.65)
우울	상	20.39(8.62)	12.19(7.82)
	하	8.07(4.13)	7.53(4.80)
불안	상	23.56(11.33)	14.05(6.93)
	하	9.28(4.58)	13.10(6.83)
정서적 불안정	상	21.75(8.12)	10.09(5.97)
	하	12.40(8.28)	9.73(6.95)
인식력	상	16.24(4.95)	9.63(4.53)
	하	7.55(2.51)	8.77(3.63)

장애와 스트레스 수준에 따른 스트레스 반응 양식 점수의 차이
를 검증하기 위해 이원변량 분석한 결과는 다음과 같다.

<표 Ⅳ-17> 장애 기독청소년과 비장애 기독청소년의 스트레스 수준에 따른 스트레스 반응 양식 척도 비교

종속변인	독립변인	SS	df	MS	F	p
스트레스 반응양식	장애	81989.96	1	81989.96	22.33	.000
	스트레스 수준	173262.00	1	173262.00	47.19	.000
	장애*스트레스 수준	113294.73	1	113294.73	30.85	.000
말초혈관증상군	장애	579.74	1	579.74	18.34	.000
	스트레스 수준	262.03	1	262.03	8.28	.004
	장애*스트레스 수준	89.51	1	89.51	2.83	.093
심폐증상군	장애	1312.19	1	1312.19	30.09	.000
	스트레스 수준	490.45	1	490.45	11.24	.001
	장애*스트레스 수준	738.17	1	738.17	16.92	.000
중추신경계증상군	장애	487.60	1	487.60	5.47	.020
	스트레스 수준	1526.03	1	1526.03	17.14	.000
	장애*스트레스 수준	1428.70	1	1428.70	16.05	.000
위장계증상군	장애	358.19	1	358.19	10.16	.002
	스트레스 수준	738.23	1	738.23	20.94	.000
	장애*스트레스 수준	479.65	1	479.65	13.60	.000
근육긴장증상군	장애	271.73	1	271.73	6.46	.000
	스트레스 수준	1479.76	1	1479.76	35.20	.000
	장애*스트레스 수준	1392.06	1	1392.06	33.11	.000
습관적 행동 형태군	장애	1299.19	1	1299.19	14.50	.000
	스트레스 수준	5396.60	1	5396.60	60.23	.000
	장애*스트레스 수준	3161.79	1	3161.79	35.28	.000
우울	장애	1149.58	1	1149.58	21.34	.000
	스트레스 수준	4338.35	1	4338.35	80.56	.000
	장애*스트레스 수준	882.18	1	882.18	16.38	.000
불안	장애	486.44	1	486.44	5.91	.000
	스트레스 수준	3497.04	1	3497.04	42.53	.000
	장애*스트레스 수준	2677.25	1	2677.25	32.56	.000
정서적 불안정	장애	3091.15	1	3091.15	54.25	.000
	스트레스 수준	1417.67	1	1417.67	24.88	.000
	장애*스트레스 수준	1218.11	1	1218.11	21.37	.000
인식력	장애	438.53	1	438.53	23.03	.000
	스트레스 수준	1376.17	1	1376.17	72.27	.000
	장애*스트레스 수준	923.18	1	923.18	48.48	.000

기독청소년들의 장애에 따른 스트레스 반응양식과 그 하위변인 점수의 차이가 있었고, 스트레스 수준에 따른 차이도 있는 것으로

나타났다. 장애와 스트레스 수준 간 상호작용 효과도 있었다. 스트레스 수준이 높은 집단에서는 장애 기독청소년의 스트레스 반응이 더 많으며, 스트레스 수준이 낮은 집단에서는 비장애 기독청소년의 스트레스 반응이 더 많음을 알 수 있다.

③ 스트레스 수준에 따른 자기 효능감

〈표 Ⅳ-18〉 장애 기독청소년과 비장애 기독청소년의 스트레스 수준에 따른 자기 효능감 점수

자기 효능감	스트레스 수준	장애 M(SD)	
		장애	비장애
자기 효능감	상	44.87(14.90)	49.35(8.24)
	하	56.55(9.43)	54.00(9.45)
개인 효능감	상	34.24(11.79)	36.91(6.32)
	하	42.55(7.39)	40.03(8.01)
사회 효능감	상	10.63(3.92)	12.44(3.42)
	하	14.00(3.32)	13.97(3.09)

장애와 스트레스 수준에 따른 자기 효능감 점수의 차이를 검증하기 위해 이원변량 분석한 결과는 다음과 같다.

〈표 Ⅳ-19〉 장애 기독청소년과 비장애 기독청소년의 스트레스 수준에 따른 자기효능감 점수 비교

종속변인	독립변인	SS	df	MS	F	p
자기 효능감	장애	56.11	1	56.11	0.37	.538
	스트레스 수준	4015.13	1	4015.13	27.13	.000
	장애*스트레스 수준	744.31	1	744.31	5.03	.026
개인 효능감	장애	0.37	1	0.37	0.01	.949
	스트레스 수준	1968.65	1	1968.65	21.00	.000
	장애*스트레스 수준	405.87	1	405.87	4.33	.038
사회 효능감	장애	47.29	1	47.29	3.64	.057
	스트레스 수준	360.82	1	360.82	27.82	.000
	장애*스트레스 수준	50.92	1	50.92	3.92	.048

자기 효능감과 개인 효능감, 사회 효능감은 장애에 따른 차이가 없었다. 스트레스 수준에 따른 차이는 있는 것으로 나타나, 스트레스 수준이 낮은 청소년의 자기 효능감이 더 높음을 알 수 있다. 장애와 스트레스 수준의 상호작용 효과도 있어, 스트레스 수준이 높은 집단에서는 비장애 기독청소년의 자기 효능감이 높고, 스트레스 수준이 낮은 집단에서는 장애청소년의 자기 효능감이 높게 나타났다.

④ 스트레스 수준에 따른 대인관계

〈표 Ⅳ-20〉 장애 기독청소년과 비장애 기독청소년의 스트레스 수준에 따른 대인관계 척도 점수

		장애 M(SD)	
		장애	비장애
스트레스 수준	상	46.63(17.94)	62.54(13.00)
	하	64.27(16.35)	63.37(9.93)

장애와 스트레스 수준에 따른 스트레스 반응 양식 점수의 차이를 검증하기 위해 이원변량 분석한 결과는 다음과 같다.

〈표 Ⅳ-21〉 장애 기독청소년과 비장애 기독청소년의 스트레스 수준에 따른 대인관계 척도 비교

변인	SS	df	MS	F	p
장애	3389.41	1	3389.41	14.10	.000
스트레스 수준	5134.35	1	5134.35	21.36	.000
장애*스트레스 수준	4259.96	1	4259.96	17.72	.000

대인관계 능력의 장애에 따른 차이와 스트레스 수준에 따른 차이, 장애와 스트레스 수준의 상호작용 효과가 있는 것으로 나타났

다. 스트레스 수준이 높은 집단에서는 비장애 기독청소년의 대인관계 능력이 더 높았고, 스트레스 수준이 낮은 집단에서는 장애 기독청소년의 대인관계 능력이 더 높게 나타났다.

⑤ 스트레스 수준에 따른 정신건강

〈표 Ⅳ-22〉 장애 기독청소년과 비장애 기독청소년의 스트레스 수준에 따른 정신건강 점수

정신건강	스트레스 수준	장애 M(SD)	
		장애	비장애
정신건강	상	127.24(60.92)	68.86(43.83)
	하	73.43(39.36)	60.60(41.97)
신체화	상	17.81(9.55)	9.05(7.71)
	하	10.30(5.46)	7.10(5.94)
강박증	상	14.55(7.56)	10.23(5.48)
	하	12.83(5.08)	9.10(4.74)
예민증	상	12.70(6.48)	8.28(4.63)
	하	8.18(4.34)	7.03(4.57)
우울증	상	19.35(9.86)	11.30(7.68)
	하	12.13(5.43)	9.10(5.51)
불안	상	14.86(7.98)	7.30(5.29)
	하	8.85(4.86)	6.43(5.57)
적 대 감	상	9.55(4.38)	4.05(3.07)
	하	4.65(3.80)	3.63(3.66)
공포 · 불안	상	9.07(5.51)	2.98(3.82)
	하	4.55(3.58)	3.30(4.00)
편집증	상	7.56(3.67)	4.33(3.45)
	하	2.90(2.61)	4.07(3.15)
정신증	상	12.83(5.93)	6.58(4.96)
	하	4.87(5.59)	6.00(5.64)
부가	상	8.96(3.79)	4.75(3.64)
	하	4.18(3.28)	4.83(3.73)

장애와 스트레스 수준에 따른 정신건강 점수의 차이를 검증하기

위해 이원변량 분석한 결과는 다음과 같다.

〈표 Ⅳ-23〉 장애 기독청소년과 비장애 기독청소년의 스트레스 수준에 따른 정신건강 척도 비교

종속변인	독립변인	SS	df	MS	F	p
간이 정신건강	장애	76347.42	1	81989.96	28.42	.000
	스트레스 수준	58022.04	1	173262.00	21.60	.000
	장애*스트레스 수준	31248.56	1	113294.73	11.63	.001
신체화	장애	2151.61	1	2151.61	32.74	.000
	스트레스 수준	1347.20	1	1347.20	20.50	.000
	장애*스트레스 수준	464.38	1	464.38	7.06	.008
강박증	장애	974.34	1	974.34	23.88	.000
	스트레스 수준	122.30	1	122.30	2.99	.084
	장애*스트레스 수준	5.30	1	5.30	0.13	.719
예민증	장애	465.33	1	465.33	15.14	.000
	스트레스 수준	501.40	1	501.40	16.31	.000
	장애*스트레스 수준	161.56	1	161.56	5.25	.023
우울증	장애	1846.11	1	1846.11	27.38	.002
	스트레스 수준	1335.89	1	1335.89	19.81	.000
	장애*스트레스 수준	379.81	1	379.81	5.63	.018
불안	장애	1498.25	1	1498.25	33.32	.000
	스트레스 수준	710.95	1	710.95	15.81	.000
	장애*스트레스 수준	398.04	1	398.04	8.85	.003
적대감	장애	639.77	1	639.77	41.18	.000
	스트레스 수준	426.73	1	426.73	27.46	.000
	장애*스트레스 수준	302.87	1	302.87	19.49	.000
공포·불안	장애	811.20	1	811.20	38.67	.000
	스트레스 수준	266.20	1	266.20	12.03	.001
	장애*스트레스 수준	352.69	1	352.69	15.94	.000
편집증	장애	63.97	1	63.97	5.51	.020
	스트레스 수준	365.68	1	365.68	31.49	.000
	장애*스트레스 수준	290.81	1	290.81	25.04	.000
정신증	장애	396.40	1	396.40	12.39	.000
	스트레스 수준	1097.89	1	1097.89	34.34	.000
	장애*스트레스 수준	820.31	1	820.31	25.65	.000
부가	장애	189.92	1	189.92	13.95	.000
	스트레스 수준	334.08	1	334.08	24.55	.000
	장애*스트레스 수준	356.86	1	356.86	26.22	.000

정신건강 척도의 장애와 스트레스 수준은 상호작용 효과가 있는

것으로 나타났다. 장애 기독청소년의 정신건강 척도가 높았고, 스트레스 수준이 높은 집단의 척도가 높았고, 스트레스 수준별로도 장애 기독청소년의 정신건강수준이 더 나쁜 것을 알 수 있다.

⑥ 스트레스 수준에 따른 스트레스 대처방식

〈표 Ⅳ-24〉 장애 기독청소년과 비장애 기독청소년의 스트레스 수준에 따른 스트레스 대처방식 척도 점수

스트레스 대처방식	스트레스 수준	장애 M(SD)	
		장애	비장애
스트레스 대처방식	상	85.66(18.33)	97.30(16.76)
	하	98.63(19.47)	98.33(21.87)
문제 중심 대처	상	27.01(9.61)	32.56(7.11)
	하	36.15(9.67)	35.90(8.86)
정서완화 대처	상	29.33(4.94)	31.18(5.84)
	하	31.73(7.49)	30.10(9.27)
소망적 대처	상	19.16(4.98)	21.84(5.14)
	하	20.73(4.03)	21.17(4.54)
사회적 대처	상	8.97(5.22)	10.11(3.05)
	하	8.73(2.70)	9.43(3.13)

장애와 스트레스 수준에 따른 스트레스 대처방식 점수의 차이를 검증하기 위해 이원변량 분석한 결과는 다음과 같다.

<표 Ⅳ-25> 장애 기독청소년과 비장애 기독청소년의 스트레스 수준에 따른 스트레스 대처방식 척도 비교

종속변인	독립변인	SS	df	MS	F	p
스트레스 대처방식	장애	1938.15	1	1938.15	5.38	.121
	스트레스 수준	2950.84	1	2950.84	8.19	.005
	장애*스트레스 수준	2142.59	1	2142.59	5.95	.015
문제 중심 대처	장애	423.68	1	423.68	5.18	.024
	스트레스 수준	2345.99	1	2345.99	28.69	.000
	장애*스트레스 수준	507.32	1	507.32	6.20	.013
정서완화 대처	장애	0.72	1	0.72	0.01	.897
	스트레스 수준	26.18	1	26.18	0.60	.436
	장애*스트레스 수준	181.27	1	181.27	4.21	.041
소망적 대처	장애	147.10	1	147.10	6.35	.012
	스트레스 수준	11.96	1	11.96	0.51	.473
	장애*스트레스 수준	75.70	1	75.70	3.27	.072
사회적 대처	장애	51.11	1	51.11	2.89	.090
	스트레스 수준	12.69	1	12.69	0.71	.397
	장애*스트레스 수준	2.72	1	2.72	0.15	.695

장애에 따른 스트레스 대처방식의 차이는 나타나지 않았다. 하위변인 중 장애에 따른 차이가 나타난 변인은 문제 중심적 대처와 소망적 대처였다. 문제 중심적 대처를 가장 많이 사용하는 집단은 스트레스 수준이 낮은 장애기독청소년 집단이었고, 소망적 대처를 가장 많이 사용하는 집단은 스트레스 수준이 높은 비장애 기독청소년 집단이었다. 스트레스 수준에 따른 스트레스 대처방식은 차이가 있어, 스트레스 수준이 낮은 집단이 더 많은 스트레스 대처를 사용하고 있었다. 하위변인 중 차이가 나타난 변인은 문제 중심적 대처로 역시 스트레스 수준이 낮은 집단의 문제 중심적 대처 점수가 높게 나타나, 더 많이 사용하고 있음을 알 수 있다.

⑦ 스트레스 수준에 따른 종교적 대처

〈표 Ⅳ-26〉 장애 기독청소년과 비장애 기독청소년의 스트레스 수준에 따른 종교적 대처척도 점수

종교적 대처	스트레스 수준	장애 M(SD)	
		장애	비장애
종교적 대처	상	35.60(6.74)	37.02(8.36)
	하	40.15(7.85)	38.27(10.52)
자기 주도적 대처	상	10.64(3.05)	13.65(3.88)
	하	12.18(5.92)	12.53(5.19)
협력적 대처	상	15.56(5.18)	14.42(5.72)
	하	18.55(4.84)	16.37(6.29)
의존적 대처	상	9.40(3.89)	8.95(5.02)
	하	9.42(5.26)	9.37(4.64)

장애와 스트레스 수준에 따른 종교적 대처 점수의 차이를 검증하기 위해 이원변량 분석한 결과는 다음과 같다.

〈표 Ⅳ-27〉 장애 기독청소년과 비장애 기독청소년의 스트레스 수준에 따른 종교적 대처척도 비교

종속변인	독립변인	SS	df	MS	F	p
종교적 대처	장애	3.32	1	770.53	0.05	.822
	스트레스 수준	505.68	1	1914.82	7.71	.006
	장애*스트레스 수준	163.65	1	9.55	2.49	.115
자기 주도적 대처	장애	170.73	1	170.73	9.78	.002
	스트레스 수준	2.64	1	2.64	0.15	.097
	장애*스트레스 수준	105.73	1	105.73	6.06	.014
협력적 대처	장애	166.33	1	166.33	5.52	.019
	스트레스 수준	366.67	1	366.67	12.17	.001
	장애*스트레스 수준	16.38	1	16.38	0.54	.461
의존적 대처	장애	3.97	1	3.97	0.19	.656
	스트레스 수준	2.93	1	2.93	0.14	.702
	장애*스트레스 수준	2.37	1	2.37	0.11	.731

　장애에 따른 종교적 대처의 차이는 없었다. 하위변인에서는 자기 주도적 대처와 협력적 대처에서 차이가 나타나 자기 주도적 대처는 비장애 기독청소년이, 협력적 대처는 장애 기독청소년이 더 많이 사용하는 것으로 나타났다. 스트레스 수준에 따른 종교적 대처의 차이는 있는 것으로 나타나 스트레스 수준이 낮은 집단의 종교적 대처 점수가 높게 나타났으나, 하위변인 중 차이를 보인 변인은 협력적 대처로 스트레스 수준이 낮은 집단의 점수가 높게 나타났다.

(2) 분석

　이상의 결과를 종합해 본 결과, 장애 기독청소년이 비장애 기독청소년보다 일상생활에 있어서 스트레스를 더 많이 받는 것으로 나타났다. 그리고 스트레스 수준은 스트레스 반응양식까지 이어져, 장애 기독청소년이 비장애 기독청소년보다 스트레스를 받을 때 반응이 더 많이 나타났고, 장애 기독청소년의 경우 스트레스를 받았을 때 신앙의 유무에 관계없이 장애청소년들에게 있어서 주로 나타나는 불안, 정서적 불안과 우울증 현상을 보였고, 그러한 현상을 감소시키기 위해 한 가지 이상의 행동을 반복적으로 하였다. 이는 장애청소년들에게 있어서 스트레스 반응양식은 신앙의 유무와 관계가 없다는 것으로 볼 수 있다.

　스트레스를 받은 장애 기독청소년과 비장애 기독청소년 간에는 자기 효능감의 차이가 없었다. 오히려 장애와 신앙의 유무를 떠나 스트레스 수준에 따른 차이가 있는 것으로 나타났다. 스트레스 수준이 낮은 청소년의 자기 효능감이 더 높음을 알 수 있다. 그러나 스트레스 수준 상 집단에서는 비장애 기독청소년이, 스트레스 수준 하 집단에서는 장애 기독청소년의 자기 효능감 점수가 높은 걸로 나타났다. 장애 기독청소년과 비장애 기독청소년의 대인관계를 분석한 결과 스트레스 수준과 장애의 유무가 대인관계에 영향을 끼치는 것으로 나타났으나, 스트레스 수준 하 집단에서는 장애와 신앙의 유무가 대인관계에 크게 영향을 끼치지 않는다는 것을 볼 수 있다. 또한 장애 기독청소년과 비장애 기독청소년의 스트레스 수준에 따른 정신건강 척도를 살펴본 결과 장애 기독청소년의 정신건강이 비장애 기독청소년들보다 신체화, 강박증, 예민증, 우울증, 불안, 적대감, 공포·불안 등에서 비장애 기독청소년보다 높다는 결과가 나왔다. 이는 같은 기독 청소년 중에서는 신앙의 유무보다는 장애의 유무가 정신건강에 더 큰 영향을 끼친다는 것을 볼 수 있다. 신앙의 유무에 따른 스트레스 대처방식의 차이는 나타나지 않았다. 장애 기독청소년과 비장애 기독청소년 모두 문제 중심 대처방식을 주로 사용하였고, 스트레스 수준이 낮은 장애 기독청소년과 비장애 기독청소년의 경우 스트레스 대처방식을 많이 사용하는 것으로 나타나 스트레스 대처방식이 적극적인 청소년이 스트레스를 덜 받는다고 볼 수 있다.

스트레스 수준에 따른 종교적 대처척도 비교 결과 비장애 기독청소년이 장애 기독청소년보다 종교적 대처를 더 많이 하는 것으로 나타났다. 그리고 하위변인별로 살펴볼 때도 장애 기독청소년과 비장애 기독청소년 집단 모두 협력적 대처를 주로 사용하는 것으로 나타났다.

3) 기독 장애청소년과 비기독 장애청소년의 비교

(1) 결과

① 스트레스 수준 비교

〈표 Ⅳ-28〉 기독 장애청소년과 비기독 장애청소년의 스트레스 수준 비교

	기독교	비기독교	x^2	p
스트레스 수준 상	57(48.7)	65(73.0)		
스트레스 수준 하	60(51.3)	24(27.0)	.698	.403
계	117(100.0)	89(100.0)		

기독 장애청소년 중 스트레스 수준 상 집단은 기독 장애청소년의 48.7%인 57명으로 나타났고 스트레스 수준 하 집단은 60명(51.3%)으로 나타나 비슷한 비율을 보였다. 비기독 장애청소년 중 스트레스 수준 상 집단은 비기독 장애청소년의 73.0%인 65명이었고 스트레스 수준 하 집단은 27.0%인 24명으로 스트레스가 높은 청소년이 두 배가량 많게 나타났다. 장애청소년 중 신앙 유무에 따른 스트레스 수준의 차이는 없었다.

② 스트레스 수준에 따른 스트레스 반응양식

〈표 Ⅳ-29〉 기독 장애청소년과 비기독 장애청소년의 스트레스 수준에 따른 스트레스 반응 양식 척도 점수

스트레스 반응양식	스트레스 수준	기독교 M(SD)	
		기독교	비기독교
스트레스 반응양식	상	185.53(76.33)	158.28(82.06)
	하	88.53(33.36)	90.63(38.35)
말초혈관증상군	상	11.65(7.05)	10.42(8.01)
	하	8.35(2.10)	6.38(2.22)
심폐증상군	상	14.55(8.26)	10.58(9.50)
	하	8.20(3.12)	5.50(4.14)
중추신경계군	상	19.98(11.40)	18.52(11.26)
	하	10.08(6.82)	16.38(10.39)
위장계증상군	상	13.17(7.13)	10.42(7.88)
	하	6.85(3.86)	5.00(4.21)
근육긴장증상군	상	15.91(7.07)	10.83(7.28)
	하	6.15(5.95)	7.13(3.51)
습관적 행동 형태군	상	28.31(10.47)	25.55(9.90)
	하	11.60(7.13)	14.75(5.77)
우울	상	20.39(8.62)	18.29(7.91)
	하	8.07(4.13)	7.13(4.60)
불안	상	23.56(11.33)	21.88(11.76)
	하	9.28(4.58)	12.25(6.96)
정서적 불안정	상	21.75(8.12)	18.60(9.66)
	하	12.40(8.28)	7.50(3.75)
인식력	상	16.24(4.95)	13.18(7.63)
	하	7.55(2.51)	8.63(3.88)

신앙과 스트레스 수준에 따른 스트레스 반응 양식 점수의 차이를 검증하기 위해 이원변량 분석한 결과는 다음과 같다.

〈표 Ⅳ-30〉 기독 장애청소년과 비기독 장애청소년의 스트레스 수준에 따른 스트레스
반응 양식 척도 비교

종속변인	독립변인	SS	df	MS	F	p
스트레스 반응양식	기독교	7086.46	1	7086.46	1.42	.234
	스트레스 수준	303772.25	1	303772.25	61.10	.000
	기독교*스트레스 수준	9651.13	1	9651.13	1.94	.165
말초혈관증상군	기독교	115.767	1	115.767	2.71	.101
	스트레스 수준	504.31	1	504.31	14.40	.000
	기독교*스트레스 수준	6.06	1	6.06	0.14	.706
심폐증상군	기독교	498.40	1	498.40	8.22	.004
	스트레스 수준	1466.07	1	1466.07	24.19	.000
	기독교*스트레스 수준	18.05	1	18.05	0.29	.586
중추신경계군	기독교	262.99	1	262.99	2.28	.132
	스트레스 수준	1627.40	1	1627.40	14.15	.000
	기독교*스트레스 수준	673.93	1	673.93	5.86	.016
위장계증상군	기독교	237.84	1	237.84	5.23	.023
	스트레스 수준	1543.825	1	1543.825	33.99	.000
	기독교*스트레스 수준	9.22	1	9.22	0.20	.653
근육긴장증상군	기독교	189.08	1	189.08	4.16	.042
	스트레스 수준	2032.88	1	2032.88	44.80	.000
	기독교*스트레스 수준	411.20	1	411.20	9.06	.003
습관적 행동 형태군	기독교	1.74	1	1.74	0.01	.890
	스트레스 수준	8481.95	1	8481.95	92.63	.000
	기독교*스트레스 수준	390.77	1	390.77	4.26	.040
우울	기독교	103.97	1	103.97	1.77	.184
	스트레스 수준	6177.87	1	6177.87	105.66	.000
	기독교*스트레스 수준	14.70	1	14.70	0.25	.616
불안	기독교	18.66	1	18.66	0.17	.678
	스트레스 수준	6407.43	1	6407.43	59.26	.000
	기독교*스트레스 수준	243.24	1	243.24	2.25	.135
정서적 불안정	기독교	175.79	1	175.79	10.59	.001
	스트레스 수준	4685.15	1	4685.15	68.39	.000
	기독교*스트레스 수준	34.38	1	34.38	0.50	.479
인식력	기독교	44.15	1	44.15	1.51	.220
	스트레스 수준	1968.43	1	1968.43	67.48	.000
	기독교*스트레스 수준	191.58	1	191.58	6.58	.011

신앙의 유무에 따른 스트레스 반응 양식 점수의 차이는 없었고,
스트레스 수준에 따른 스트레스 반응 양식 점수의 차이가 나타나,

스트레스 수준이 높은 집단이 스트레스 반응 양식 척도가 높게 나타났음을 알 수 있다.

하위변인 중 신앙의 유무에 따른 차이가 나타난 변인은 반응 심폐증상군, 위장계증상군, 근육긴장증상군, 정서적 불안정 증상군으로 기독 장애청소년의 스트레스 반응이 더 많았다.

③ 스트레스 수준에 따른 자기 효능감

〈표 Ⅳ-31〉 기독 장애청소년과 비기독 장애청소년의 스트레스 수준에 따른 자기 효능감 척도 비교

자기 효능감	스트레스 수준	기독교 M(SD)	
		기독교	비기독교
자기 효능감	상	44.87(14.90)	36.45(17.33)
	하	56.55(9.43)	56.63(6.61)
개인 효능감	상	34.24(11.79)	26.83(12.60)
	하	42.55(7.39)	39.50(3.27)
사회 효능감	상	10.63(3.92)	9.62(5.48)
	하	14.00(3.32)	17.13(3.90)

신앙과 스트레스 수준에 따른 자기 효능감 점수의 차이를 검증하기 위해 이원변량 분석한 결과는 다음과 같다.

〈표 Ⅳ-32〉 기독 장애청소년과 비기독 장애청소년의 스트레스 수준에 따른 자기 효능감 비교

종속변인	독립변인	SS	df	MS	F	p
자기 효능감	기독교	781.12	1	781.12	3.79	.053
	스트레스 수준	11372.60	1	11372.60	55.22	.000
	기독교*스트레스 수준	809.44	1	809.44	3.93	.048
개인 효능감	기독교	1225.17	1	1225.17	10.18	.002
	스트레스 수준	4932.87	1	4932.87	41.00	.000
	기독교*스트레스 수준	212.67	1	212.67	1.76	.185
사회 효능감	기독교	49.75	1	49.75	2.71	.101
	스트레스 수준	1325.54	1	1325.54	72.29	.000
	기독교*스트레스 수준	192.30	1	192.30	10.48	.001

자기 효능감은 신앙의 유무에 따른 차이가 나지 않았다. 개인효능감은 신앙 유무에 따른 차이가 나 기독 장애청소년의 개인 효능감이 더 높게 나타났으며, 사회 효능감은 차이가 없었다. 그리고 스트레스 수준이 낮은 집단에서는 기독 장애청소년의 개인 효능감이 더 높게 나타났다.

④ 스트레스 수준에 따른 대인관계

〈표 Ⅳ-33〉 기독 장애청소년과 비기독 장애청소년의 스트레스 수준에 따른 대인관계 척도 점수

		기독교 M(SD)	
		기독교	비기독교
스트레스 수준	상	46.63(17.94)	45.25(23.95)
	하	64.27(16.35)	73.13(3.08)

신앙과 스트레스 수준에 따른 스트레스 반응 양식 점수의 차이를 검증하기 위해 이원변량 분석한 결과는 다음과 같다.

〈표 Ⅳ-34〉 기독 장애청소년과 비기독 장애청소년의 스트레스 수준에 따른 대인관계 척도 비교

변인	SS	df	MS	F	p
기독교	624.09	1	624.09	1.79	.181
스트레스 수준	23218.40	1	23218.40	66.77	.000
기독교*스트레스 수준	1174.23	1	1174.23	3.37	.067

신앙의 유무 따른 대인관계 점수의 차이는 없는 것으로 나타났다. 스트레스 수준에 따른 대인관계 점수는 차이가 나지만, 스트레스 수준이 낮은 집단에서 대인관계점수가 높게 나타났다.

⑤ 스트레스 수준에 따른 정신건강

〈표 Ⅳ-35〉 기독 장애청소년과 비기독 장애청소년의 스트레스 수준에 따른 정신건강 점수

정신건강	스트레스 수준	기독교 M(SD)	
		기독교	비기독교
정신건강	상	127.24(60.92)	117.31(59.41)
	하	73.43(39.36)	53.25(26.31)
신 체 화	상	17.81(9.55)	11.68(9.53)
	하	10.30(5.46)	6.62(4.65)
강박증	상	14.55(7.56)	15.43(4.98)
	하	12.83(5.08)	10.63(2.44)
예민증	상	12.70(6.48)	15.12(7.86)
	하	8.18(4.34)	6.00(4.45)
우울증	상	19.35(9.86)	20.57(9.87)
	하	12.13(5.43)	8.62(5.50)
불안	상	14.86(7.98)	12.63(7.60)
	하	8.85(4.86)	5.75(3.81)
적대감	상	9.55(4.38)	8.03(5.45)
	하	4.65(3.80)	2.00(1.35)
공포·불안	상	9.07(5.51)	6.32(5.47)
	하	4.55(3.58)	1.88(1.72)
편집증	상	7.56(3.67)	8.71(4.92)
	하	2.90(2.61)	2.63(1.97)
정신증	상	12.83(5.93)	10.57(6.35)
	하	4.87(5.59)	4.63(4.05)
부가	상	8.96(3.79)	8.25(4.56)
	하	4.18(3.28)	4.50(3.85)

신앙의 유무와 스트레스 수준에 따른 정신건강 점수의 차이를 검증하기 위해 이원변량 분석한 결과는 다음과 같다.

〈표 Ⅳ-36〉 기독 장애청소년과 비기독 장애청소년의 스트레스 수준에 따른 정신건강 비교

종속변인	독립변인	SS	df	MS	F	p
정신건강	기독교	10155.06	1	10155.06	3.29	.071
	스트레스 수준	155675.71	1	155675.71	50.45	.000
	기독교*스트레스 수준	1176.14	1	1176.14	0.38	.537
신체화	기독교	1076.97	1	1076.97	14.15	.000
	스트레스 수준	1766.98	1	1766.98	23.22	.000
	기독교*스트레스 수준	67.46	1	67.46	0.88	.347
강박증	기독교	19340	1	19340	0.48	.488
	스트레스 수준	477.43	1	477.43	11.86	.001
	기독교*스트레스 수준	106.57	1	106.57	2.64	.105
예민증	기독교	0.70	1	0.70	0.01	.897
	스트레스 수준	2086.50	1	2086.50	50.29	.000
	기독교*스트레스 수준	237.12	1	237.12	5.71	.018
우울증	기독교	58.04	1	58.04	0.71	.399
	스트레스 수준	4115.39	1	4115.39	50.51	.000
	기독교*스트레스 수준	250.04	1	250.04	3.06	.081
불안	기독교	317.76	1	317.76	6.10	.014
	스트레스 수준	1860.84	1	1860.84	35.72	.000
	기독교*스트레스 수준	8.57	1	8.57	0.16	.685
적대감	기독교	195.14	1	195.14	9.98	.002
	스트레스 수준	1339.76	1	1339.76	68.55	.000
	기독교*스트레스 수준	14.22	1	14.22	0.72	.394
공포·불안	기독교	329.63	1	329.63	13.02	.000
	스트레스 수준	901.57	1	901.57	35.62	.000
	기독교*스트레스 수준	0.06	1	0.06	0.01	.961
편집증	기독교	8.51	1	8.51	0.59	.441
	스트레스 수준	1293.40	1	1293.40	90.40	.000
	기독교*스트레스 수준	22.64	1	22.64	1.58	.209
정신증	기독교	70.89	1	70.89	2.07	.151
	스트레스 수준	2166.09	1	2166.09	63.25	.000
	기독교*스트레스 수준	45.50	1	45.50	1.32	.250
부가	기독교	1.73	1	1.73	0.11	.738
	스트레스 수준	816.28	1	816.28	52.78	.000
	기독교*스트레스 수준	12.18	1	12.18	0.78	.376

신앙의 유무에 따른 정신건강의 차이는 없었고, 스트레스 수준에 따른 정신건강 점수의 차이가 나 스트레스 수준이 높은 집단의 정신건강 척도 점수가 낮은 집단보다 높게 나타났다.

하위변인 중 신앙의 유무에 따른 차이가 나타난 변인은 신체화, 불안, 적대감, 공포·불안 변인으로 기독 장애청소년의 점수가 더 높았다.

⑥ 스트레스 수준에 따른 스트레스 대처방식

〈표 Ⅳ-37〉 기독 장애청소년과 비기독 장애청소년의 스트레스 수준에 따른 스트레스 대처방식 척도 점수

스트레스 대처방식	스트레스 수준	기독교 M(SD)	
		기독교	비기독교
스트레스 대처방식	상	85.66(18.33)	84.34(22.05)
	하	98.63(19.47)	109.25(26.82)
문제 중심 대처	상	27.01(9.61)	25.62(11.10)
	하	36.15(9.67)	37.50(9.87)
정서완화 대처	상	29.33(4.94)	29.66(7.37)
	하	31.73(7.49)	31.88(9.69)
소망적 대처	상	19.16(4.98)	21.00(5.22)
	하	20.73(4.03)	26.50(6.73)
사회적 대처	상	8.97(5.22)	6.77(4.23)
	하	8.73(2.70)	11.38(3.64)

신앙의 유무와 스트레스 수준에 따른 스트레스 대처방식 점수의 차이를 검증하기 위해 이원변량 분석한 결과는 다음과 같다.

<표 Ⅳ-38> 기독 장애청소년과 비기독 장애청소년의 스트레스 수준에 따른 스트레스 대처방식 척도 비교

종속변인	독립변인	SS	df	MS	F	p
스트레스 대처방식	기독교	969.45	1	969.45	2.35	.126
	스트레스 수준	16073.52	1	16073.52	38.97	.000
	기독교*스트레스 수준	1599.68	1	1599.68	3.87	.050
문제 중심 대처	기독교	0.020	1	0.020	0.00	.989
	스트레스 수준	4954.33	1	4954.33	49.28	.000
	기독교*스트레스 수준	84.23	1	84.23	0.83	.361
정서완화 대처	기독교	2.58	1	2.58	0.06	.805
	스트레스 수준	237.87	1	237.87	5.60	.019
	기독교*스트레스 수준	0.36	1	0.36	0.01	.926
소망적 대처	기독교	650.05	1	650.05	25.04	.000
	스트레스 수준	559.56	1	559.56	21.55	.000
	기독교*스트레스 수준	173.34	1	173.34	6.67	.010
사회적 대처	기독교	2.24	1	2.24	0.10	.743
	스트레스 수준	212.95	1	212.95	10.20	.002
	기독교*스트레스 수준	263.78	1	263.78	12.64	.000

스트레스 대처방식의 신앙의 유무에 따른 차이는 없었다. 하위 변인 중에서 소망적 대처는 차이가 나타나, 비기독 장애청소년의 점수가 더 높았다. 스트레스 수준에 따른 차이는 있는 것으로 나타나 스트레스 수준이 낮은 집단의 스트레스 대처방식 점수가 더 높아, 스트레스 수준이 낮은 집단이 더 많은 스트레스 대처방식을 사용하고 있음을 알 수 있다.

⑦ 스트레스 수준에 따른 종교적 대처

〈표 Ⅳ-39〉 기독 장애청소년과 비기독 장애청소년의 스트레스 수준에 따른 종교적 대처척도 점수

종교적 대처	스트레스 수준	기독교 M(SD)	
		기독교	비기독교
종교적 대처	상	35.60(6.74)	27.42(7.74)
	하	40.15(7.85)	33.50(9.44)
자기 주도적 대처	상	10.64(3.05)	18.62(6.42)
	하	12.18(5.92)	16.88(6.03)
협력적 대처	상	15.56(5.18)	6.02(4.91)
	하	18.55(4.84)	11.25(6.43)
의존적 대처	상	9.40(3.89)	2.78(2.83)
	하	9.42(5.26)	5.38(5.05)

신앙의 유무와 스트레스 수준에 따른 종교적 대처 점수의 차이를 검증하기 위해 이원변량 분석한 결과는 다음과 같다.

〈표 Ⅳ-40〉 장애 기독청소년과 비장애 기독청소년의 스트레스 수준에 따른 종교적 대처척도 비교

종속변인	독립변인	SS	df	MS	F	p
종교적 대처	기독교	2467.28	1	2467.28	44.69	.000
	스트레스 수준	1266.20	1	1266.20	22.94	.000
	기독교*스트레스 수준	26.53	1	26.53	0.48	.489
자기 주도적 대처	기독교	1800.18	1	1800.18	77.48	.000
	스트레스 수준	0.47	1	0.47	0.02	.887
	기독교*스트레스 수준	120.18	1	120.18	5.17	.024
협력적 대처	기독교	3179.76	1	3179.76	117.94	.000
	스트레스 수준	757.74	1	757.74	28.10	.000
	기독교*스트레스 수준	56.51	1	56.51	2.09	.149
의존적 대처	기독교	1275.26	1	1275.26	78.84	.000
	스트레스 수준	76.47	1	76.47	4.72	.031
	기독교*스트레스 수준	73.90	1	73.90	4.57	.033

신앙의 유무에 따라 종교적 대처의 차이가 나타나, 기독 장애청

소년이 비기독 장애청소년보다 종교적 대처를 더 많이 사용함을 알 수 있다. 스트레스 수준에 따른 차이도 있는 것으로 나타나, 스트레스 수준이 낮은 집단의 종교적 대처 사용이 더 많음을 알 수 있다. 하위변인 중 자기 주도적 대처에서는 스트레스 수준에 따른 차이가 나타나지 않았다.

(2) 분석

이상의 결과를 종합해 본 결과, 장애청소년 중 신앙의 유무에 따른 스트레스 수준은 차이가 없었고 오히려, 기독 장애청소년의 스트레스 수준이 더 높았다. 스트레스 반응 양식 또한 신앙의 유무에 따른 차이는 없었고, 스트레스 수준에 따른 스트레스가 반응 양식 점수의 차이가 나타났으며, 심폐증상군, 위장계증상군, 근육긴장증상군, 정서적 불안정 증상군은 기독 장애청소년에게 더 많이 나타났다. 스트레스를 받은 기독 장애청소년과 비기독 장애청소년 간에 자기 효능감의 차이가 없었다. 오히려 신앙 유무를 떠나 스트레스 수준에 따른 차이가 있는 것으로 나타났다. 기독 장애청소년과 비기독 장애청소년의 대인관계를 분석한 결과 신앙의 유무가 대인관계에도 큰 영향을 끼치지 않는 것으로 나타났다. 또한 기독 장애청소년과 비기독 장애청소년의 스트레스 수준에 따른 정신건강 척도를 살펴본 결과 신앙 유무에 따른 정신건강의 차이는 없었고, 하위변인 중 신앙 유무에 따른 차이가 나타난 변인은 신체화, 불안, 적대감, 공포·불안 부분에 있어서는 기독 장애청소년의 점수가 더 높았다. 이는 신앙은 장애청소년들의 불안감이나 신체화,

적대감에 긍정적인 영향을 끼치지 못한다고 봐야 할 것이다. 신앙의 유무에 따른 스트레스 대처방식도 차이가 나타나지 않았다. 기독 장애청소년과 비기독 장애청소년 모두 문제 중심 대처방식을 주로 사용하였고, 스트레스 수준이 낮은 기독 장애청소년과 비기독 장애청소년의 경우 스트레스 대처방식을 많이 사용하는 것으로 나타나 스트레스 대처방식이 적극적인 장애청소년이 스트레스를 덜 받는다고 볼 수 있다. 종교적 대처 부분에서는 신앙의 유무가 크게 영향을 끼치는 것으로 나타났다. 즉 기독 장애청소년이 비기독 장애청소년보다 종교적 대처를 더 많이 사용함을 알 수 있다. 스트레스 수준에 따른 차이도 있는 것으로 나타나, 스트레스 수준이 낮은 집단의 종교적 대처 사용이 더 많음을 알 수 있다. 특히 기독 장애청소년은 협력적 종교적 대처를 더 많이 사용하는 것으로 나타났으며, 자기 주도적 대처와 의존적 대처는 크게 사용하지 않는 것으로 나타났다.

제2절 질적 분석

1. 연구 참여자의 일반적 특성

연구 참여자 모집은 전술한 바와 같이 양적 분석 대상자 중 필자 개인의 주변을 통하여 모집하였다. 필자가 직접 인터뷰한 장애 청소년들은 모두 7명이다. 또한 보조 자료로 참고하고자 인터뷰한 장애청소년은 2명이며, 이메일 자료를 받은 장애청소년은 3명(A, B, C)이다. 이외에 장애인 사역자(D), 장애인 복지사(E)와의 인터뷰 자료 역시 참고 자료로 활용될 것이다.

본 연구는 필자가 직접 인터뷰한 장애청소년 7명(남자 2명, 여자 5명)을 중심으로 논의를 전개하게 될 터인데, 이들은 현재 직업 훈련 과정에 있는 청소년 2명, 대학생 3명, 학원생 1명, 직장인 1명 으로 연령은 19세부터 24세까지였다. 연구 참여자 이유진과 정민 유를 각각 인터뷰한 후에 이들에 대한 예비 조사(pilot study)를 바 탕으로 후속 인터뷰를 진행하였다. 참여자 인터뷰는 2006년 1월부 터 2006년 3월까지 이루어졌다. 연구 참여자의 장애 유형은 지체 장애 6명과 청각장애 1명이었으며, 연구 참여자 모두 기독교인으 로서 신앙경력은 6개월부터 24년(모태신앙)으로 다양하였다.

〈표 Ⅳ-41〉 연구 참여자의 인적사항

이름 (가명)	성별	연령	장애 유형	학력	직업	장애발생 시기 및 경위
장진우	남	23	지체 1급	대재	학생	태어날 때 역산을 해서 운동신경에 문제가 생김
박사랑	여	20	지체 1급	중졸	직업훈련	4살 초 말판 증후군을 앓음
최동건	남	24	지체 1급	대재	학생	기형으로 출생
김은유	여	22	지체 2급	고졸	직장	소아마비
이유진	여	24	지체 1급	고졸	학원생	왜소증으로 출생
유청아	여	19	청각 2급	고졸	직업훈련	생후 10개월 때 열이 많이 났었고 그 뒤로 청력 상실
정민유	여	22	지체 2급	대재	학생	소아마비

2. 자료 분석

A. 인과적 조건[158]

장애청소년에게 주어진 장애는 소멸과 변화 가능성이 있는 것이
아니다. 본 연구에서 모든 참여자는 장애로 인한 스트레스와 갈등
이 반드시 나타났으며, 이 스트레스와 갈등은 장애를 인식한 그
순간부터 지금까지 계속 있어 왔고, 시간이 흐를수록 더 두드러지
는 것으로 나타났다.

장애인으로서의 스트레스에 대한 인과적 조건은 장애로 인한 원
만치 않은 생활로 시작되어 장애로 인한 스트레스 진입과정을 통
해, 종국적으로 장애로 인한 스트레스 표출 사건으로 표면화되었
다. 본 연구에서는 사례 분석을 통하여, 장애로 인한 스트레스 유
발 원인 배경으로 '원만치 않는 생활', '장애로 인한 스트레스 진
입과정', '장애로 인한 스트레스 사건'이라 명명하였다. 이것은 패
러다임 모형에서 중심현상인 '장애로 인한 스트레스에 따른 주변
환경과의 관계 변화과정'에 기여하는 인과적 조건이 되었다.

---

158) 인과적 조건은 어떤 형상이 발생하도록 혹은 발전하도록 이끄는 사건이나 일들로 구성 된다.

1) 원만치 않은 생활

(1) 자신의 신체적 원인

1 장애로 인한 가족 간의 스트레스

> 늘 나 때문에 걱정을 하시는 부모님께 미안해요.
> 나를 위해서 여태까지 희생하며 키워 주셨던 일은 고마운 일이죠.
> 그런데 가끔씩 그런 부모님의 사랑이 부담스러울 때가 있어요.(정민유)

> 다른 사람들에게 나를 소개하는 걸 부끄러워하고 있다는 걸 느낄 때,
> 집안에 결혼식 같은 큰일이 있을 때 나를 안 데리고 아니,
> 당연히 안가는 걸로 생각할 때 부모님한테 섭섭해요.(이유진)

> 엄마는 늘 나한테 미안해해요. 엄마의 평생 한이래요.
> 태어날 때 거꾸로 태어난 게 엄마 잘못만은 아니잖아요. 그런데 늘
> 나에게 미안해하는 엄마의 모습이 정말 싫어요. 엄마가 한(恨)을 얘기할
> 때마다 내가 꼭 죄인이 된 것 같아 짜증나요.(장진우)

2 장애로 인한 대인관계 간의 스트레스

> 처음에는 내 얘기를 잘 들어주던 선생님도 나중엔 귀찮은지 절
> 피하더라고요.
> 선생님은 그래도 다를 줄 알았는데…… 다른 사람들하고
> 똑같았어요.(박사랑)

> 친해지고 싶은 놈이 있어서 먼저 다가갔다가 미친놈이란 소리를 들은
> 적이 있어서
> 이제는 누군가에게 먼저 다가가기가 겁이 나요.(장진우)

3 장애로 인한 사회와의 스트레스

> 어느 날 친했던 친구가 갑자기 저하고 말도 안 하는 거예요.

그래서 왜 그러냐고 물었더니 자기 엄마가 저하고 놀지 말라고 했대요.
괜히 저 같은 애 하고 친했다가 나쁜 물든다고…… 지금 생각해도 기가
막혀요. 제가 무슨 먹물도 아니고…… 솔직히 걔네 엄마만 그런 건
아니죠.
우리나라 사람들 대부분이 걔네 엄마 같을걸요.(최동건)

난 우리나라가 싫어요. 너무 폐쇄적이고 배타적이어서……
물론 어느 나라나 좋고 싫은 것은 다 있지만 한국 사람들은 특히 더
그런 것 같아요. 자신과 다르거나 안 맞는다고 생각하면 딱 경계심부터 갖고
접근을 막는 것 같아요.(이유진)

(2) 자신의 심리적 원인

1 두려움

솔직히 사람들에게 '나는 나고 너는 너다'라고 하지만 외롭고 심심해요.
TV를 보니까 죽은 지 며칠 만에 발견되는 사람들이 많던데
내가 그렇게 될까봐 겁나요.(김은유)

2 배신감

굉장히 친한 친구가 있었어요. 그런데 나중에 그 친구가 다른 친구한테
얘기하는 걸 우연히 들은 거예요.
"그냥, 불쌍하니까 놀아주는 거라고……" 순간 온몸에 힘이 다 빠졌죠.
전 진짜 그 친구를 나의 베스트 프렌드라고 생각했었는데. 동정이었던
거죠. 순간 배신감이 드는 거 있죠? 그때부터 그 누구에게도 쉽게 마음을
줄 수 없었어요. 배신당할까봐……(정민유)

3 저항심

어차피 걔네와는 다르게 태어났으니까, 서로 신경을 안 쓰면 되죠 뭐!
그리고 굳이 누구하고 친해져야겠다는 생각도 없어요.
그냥 '나는 나다'라고 생각하는 게 속 편해요.(박사랑)

2) 장애로 인한 스트레스 진입과정

(1) 신체적, 심리적 압박감

1 부모의 기대감

우리 아빠는 땅 빚을 내서라도 네 공부시키고 만다. 그러니까 넌 돈
걱정하지 말고 공부나 열심히 하라는 말을 대개 자주 하세요. 그런 말을
들을 때마다
전 정말 미치겠어요. 이러다가 대학원까지 가는 것이 아닌지
몰라요.(장진우)

부모님은 절 공부시키기 위해서라면 자신들 몸이 으스러져도 괜찮다고
꼭 저 살길 마련해 놓기 전까지는 절대 눈을 못 감는다고 하세요.
어휴…… 꼭 안 그러셔도 되는데…… 다 제 잘못이죠 뭐.(정민유)

2 부모의 스트레스 반응

우리 아버지가 성질이 좀 괴팍해서 아무것도 아닌 걸로 저보고 화를
내고 나 때문에 있는 복도 나간다는 말을 들을 때마다 정말 화가 나서
미치겠어요.
이러다 어느 순간 제가 아버지를 죽일 수도 있겠다는 생각이
들어요.(최동건)

3 학업의 불가피성에 대한 압박감

전 정말 공부에 취미가 없거든요. 그런데 아빠가 계속 이 세상에서
살아남으려면 남들보다 더 잘하는 것이 있어야 된다고 이것저것 막
시키셨어요.
그거 부모들 욕심 때문 아닌가요?(장진우)

4 원만한 가정생활에 대한 희생

아빠는 다른 사람들에게 나를 소개하는 걸 부끄러워하시고, 집에 손님이
오실 때는 방에서 나오지도 못하게 하셨어요. 제가 그렇게 해서 아빠
체면을 살려드릴 수만 있다면 못할 것도 없죠 뭐. 그래야 집안이
조용하거든요.(정민유)

(2) 부적절한 스트레스 대처

1 감정 숨기기

네가 뭘 알겠냐 하시면서 나의 의견을 무시하고, 무조건 엄마가 시키는
대로만 하라고 할 때는 화나요. 난 엄마의 로봇이 아닌데 말이에요.
그래도 참아야죠.
저 때문에 엄마가 얼마나 고생했는데요.(김은유)

친구들하고 싸울 일을 거의 안 만들죠. 차라리 내가 참고 말지……
그럴 땐 가슴이 터질 것 같아요.(박사랑)

2 과격한 분노 표출하기

우리 아버지와 저는 앙숙이에요. 만나기만 하면 싸워요. 아무것도 아닌
걸로 화를 내고, 이렇게 태어난 것이 제 잘못은 아닌데 나 때문에 되는
일이 있니 없니, 재수가 없다느니 그런 말을 들을 때면 저도 욱하는
성질이 있어서 대들거든요. 둘이 싸울 때를 보면 완전 전쟁이에요. 막
집어던지고, 부수고.
이젠 엄마도 말리는 걸 포기했어요. 대신 속은 시원해요.(최동건)

(3) 스트레스 대처 의욕 저하

1 삶 자체가 고통

태어날 때부터 저주 받은 삶이 뭘 한들 되겠어요? 뭘 해도 안돼요.

처음엔 열심히 살려고 노력도 해봤죠. 그런데 몸이 안 따라 주니까 다른
친구들보다 뒤쳐지고, 한 번 뒤쳐지니까 끝도 없는 거예요. 사는 것
자체가 고역이에요.
빨리 죽었으면 좋겠다는 생각도 해요.(박사랑)

② 실패로 인한 의욕상실

이젠 뭐 하도 많이 실패를 해봐서 그렇게 큰 일이 아니면 화도 안 나고
놀랍지도 않아요. 어느 순간부터 실패, 좌절, 무능력 이런 게 나를
상징하는
단어가 된 것 같아요.(장진우)

③ 무변화로 인한 사기 저하

다른 놈들이 내 몸 떠는 거 흉내 내면서 놀리면 당연히 화나죠.
그런데 뾰족한 수가 없잖아요. 난 여전히 병신인데.(최동건)

3) 장애로 인한 스트레스 증폭

(1) 부모에 대한 원망의 표출

저 같은 경우는 엄마가 절 낳으실 때 역산을 해서 이렇게 됐거든요.
가끔씩 속상할 때마다 엄마한테 왜 이렇게 살게 하냐고.
다 엄마 책임이라고 막 소리 지르죠.(장진우)

(2) 스스로 고립시키기

나도 너한테 관심 안 끌 테니까 너희도 나에 대한 관심 꺼.
어차피 네랑 나랑은 태어났을 때부터 다르게 태어났으니까.(박사랑)

(3) 하나님에 대한 원망의 표출

> 하나님한테 막 소리 질러요. 이렇게 살게 하려면 뭣 하러 태어나게
> 하셨냐고.
> 그냥 죽게 내버려두지.(정민유)

> 왜 하필 나냐고, 내가 뭘 그리 잘못했냐고……
> 다른 사람들은 다 듣는 소리를 왜 나만 못 듣느냐고 원망할 때가
> 많죠.(유청아)

B. 중심현상 및 그 맥락과 범주들

본 연구에서는 '원만치 않는 생활', '장애로 인한 스트레스 진입
과정', '장애로 인한 스트레스 증폭'이라는 범주에 의한 원인 배경
인 인과적 조건에 의해 유발되는 현상으로서 장애로 인한 스트레
스에 따른 주변 환경과의 관계 변화 과정을 축으로 사회와 가족
간의 괴리감이 중심현상이 되었다. 이를 '장애로 인한 스트레스에
따른 주변 환경과의 관계 변화과정'이라 명명하였다. 이에 본 필자
는 구체적으로 나타나는 장애청소년의 스트레스에 따른 주변 환경
과의 관계 변화과정을 '괴리감의 외현화 시작', '괴리감 외현화 확
장과정', '괴리감 외현화 종료'로 보고 스트레스 대처 전·후의 주
변 환경과의 관계변화를 그 맥락으로 보았다.

1. 장애로 인한 스트레스에 따른 주변 환경과의 관계 변화과정

1) 괴리감의 외현화 시작

(1) 울타리 치기

> 한때는 아무것도 하기 싫은 적이 있었어요. 학교도 가기 싫고, 가족들도
> 싫고, 텔레비전 보는 것도 싫고, 그 누구랑 얘기하는 것도 싫고.
> 혼자 있는 게 제일 마음이 편했거든요.
> 혼자 있으면 다른 사람의 시선이나 말에 상처 안 받아도 되고,
> 신경 안 써도 되고……(정민유)

(2) 가족과의 신경전

① 교육문제

> 저 같은 경우는 어릴 때 학원 보내달라고 떼썼던 기억이 나요.
> 유치원도 못 다녔기 때문에 다른 친구들은 다 아는 노래를 나만 몰라서
> 수업 시간에 좀 그랬었거든요. 그래서 초등학교 입학 했을 때 나도 다른
> 친구들 다니는 태권도 학원이랑 미술학원은 꼭 다니고 싶었었거든요.
> 그런데 돈 없다고 그럴 돈 있으면 제 병원비를 했을 거라는
> 엄마 말이 아직도 제 가슴 속 깊이 박혀 있어요.(최동건)

② 신앙생활 문제

> 엄마는 늘 나한테 교회 열심히 다녀야 된다. 하나님께서 너를 책임지실
> 것이다. 그렇게 말씀하시는데, 사실 전 엄마 말이 그렇게 믿음이 가지
> 않아요.
> 그래도 겉으로는 그렇게 말 못하죠.(이유진)
> 저희 엄마는 제 다리 낫게 하겠다고 저를 데리고 안 다닌 기도원이 없을
> 정도로

전국을 다 다녔거든요. 그리고 귀신이 들려서 내 다리가 아프다는 어떤
전도사님 얘기 듣고 귀신 쫓는 것도 해 봤어요. 그래서 어릴 때
기도원이나 교회 가는 게 진짜 싫고 무서웠어요. 근데 엄마한테는 말
못했죠. 그러면 내가 누구 때문에 이렇게 고생하는 줄 아냐면서 막
때렸거든요.(정민유)

③ 형제, 자매 간의 문제

난 우리 누나가 정말 싫었어요. 누나는 특별히 나한테 잘못 한 게 없는데
아버지가 무조건 제 말은 무시하는데 누나 말은 팥으로 메주를 쑨다고
해도 믿으실 정도였거든요. 그래서 누나를 막 괴롭혔죠. 나와 다르게
사랑받는 누나를 질투했던 것 같아요. 지금 생각하니까 우습네요.(최동건)

(3) 하나님과의 신경전

전 제가 잘못 한 일인데도 다 하나님께 책임을 돌린 적이 있었어요. 나는
감당할 수 없지만 하나님은 하실 수 있을 거라고 믿었거든요. 그리고
이렇게 태어나게 했으면
이 정도는 감수할 마음의 준비는 하지 않았냐고 협박을 하죠……(정민유)

2) 괴리감 외현화 확장과정

(1) 거부

① 신앙생활 중지

어릴 때 교회를 나갔었는데 교회나 학교나 다 똑같더라고요. 날 보고
혀를 차는 어른들도 싫었고, 동네가 작으니까 학교에 같이 다니던
아이들이 교회 가니까 거기도 있더라고요. 그러니까 그 아이들이
학교에서처럼 대놓고 놀리는 것도 싫었고…… 그래서 중학교 때부터
교회에 안 나갔어요.(이유진)

② 학업중지

일반학교에서 교육을 받다가 자퇴했어요. 기초적인 책걸상에서부터
저한테 맞는 것이 없었고, 전 다른 아이들보다 키도 작고, 손도 작고,
다리도 짧아서 무슨 일이든지 빨리 못하는 편인데 학교는 빨리빨리 하는
걸 원했어요.
선생님 말씀도 못 따라가겠고, 필기도 못 따라 가겠고……(박사랑)

③ 가출

한번은 아버지와 대판 싸운 날 집을 나간 적이 있어요. 그때 제
입장에서는 엄청난 반항이었죠. 곧바로 잡혀 와서 더 맞았지만요.(최동건)

(2) 수용

① 부모와의 타협적 수용

(필자: 혹시 학원 같은데도 다니셨나요?) 저요? 당연하죠. 저희 부모님이
어떤 분이신데요. 다른 아이들 하는 건 다 해 주려고 하셨다니까요.
처음엔 신나고 재밌었는데 나중엔 정말 힘들었어요. 특히 전 피아노를
아주 어릴 때부터 배웠었는데 나중에 계속 다니다 보니까 소질이 없는 것
같은 거예요.
솔직히 말하면 선생님이 너무 무서웠거든요.
아무튼 그래서 학원 다니기가 너무 힘들고 피곤하다고 말씀 드렸더니
나중엔 집에 와서 가르쳐 주는 피아노 선생님을 구해 오시는
거예요.(정민유)

② 강제적 수용

병원에 거의 1주일에 한 번씩 갔거든요. 어릴 땐 괜찮았는데 사춘기가
되니까 의사 선생님 앞에서 옷 벗는 것도 싫고, 치료 받는 것도 싫고, 약
먹는 것도 싫어서 안가겠다고 버텼죠. 그때 엄마가 같이 죽자고 하시면서
부엌에서 칼을 갖고 오시는 거예요. 막상 엄마가 그렇게 나오니까

무섭더라고요.
그래서 그 뒤로 군말 없이 병원에 갔죠. 지금도 그 생각하면
아찔해요.(김은유)

③ 하나님과의 타협적 수용

전 그래도 제가 할 수 있는 건 한 다음에 하나님한테 기도해요.
처음부터 기도해야 하는 건가요? 믿음이 부족한 건가……
그래도 제가 할 수 있는 건 제 힘으로 해 보고 싶어요.(정민유)

하나님하고 타협했어요. 내가 이렇게 할 테니까 나머지는 하나님이
알아서 해달라고. 모든 경우는 아니지만 그래도 가끔씩 들어주세요.
그래서 그 뒤로 무슨 일만 생기면 하나님하고 협상해요.
제가 말하기 전에 미리 들어주실 때가 더 많지만요.(유청아)

④ 연민에 따른 수용

어느 날 방에서 엄마가 울면서 제 기도하시는 걸 들은 적이 있거든요.
그때 생각했죠. 아! 내가 나쁜 놈이구나.
엄마 눈에서 저렇게 눈물을 흘리게 하는……
그때까진 나만 불쌍하다고 생각했는데, 가만히 생각해보니까 엄마도
불쌍하더라고요.(장진우)

3) 괴리감 외현화 종료

(1) 스트레스 대처에 대한 만족

스트레스 받을 때 노래를 크게 부르거나, 군것질을 하면 마음이
편해요.(장진우)

미친 듯이 내 몸을 흔들어요. 그런 내 모습을 보고 스스로 기막혀하면서

웃죠. 조금 볼썽사납긴 하지만 그래도 그렇게 하고 나면 속이
시원해져요.(박사랑)

(2) 신앙생활로 인한 만족

기도로 나의 현재 마음 상태를 얘기하고, 방법을 찾게 해달라고 하죠.
내가 정말 힘들 때 나의 말을 잘 들어주는 사람이 없었거든요.
하지만 하나님은 아무런 말없이 제가 투덜대고, 짜증을 내고 다 받아
주셔요. 그럴 때 저는 마음이 편해져요.(정민유)

지금은 무조건 힘들 때마다 교회를 가요. 그냥 교회에서 기도를 하고
있다는 것만으로 위로가 되거든요.(이유진)

(3) 환경의 변화에 대한 인지

어쩔 수 없잖아요. 세상이 변하지 않으면 저라도 변해야죠.(유청아)

무언가 눈에 뚜렷이 보이는 뭔가가 있었으면 좋겠는데 아무 변화가
없으니까

그냥 그러려니 하면서 살죠.(최동건)

4) 스트레스 대처 전후 주변관계 변화

(1) 가족과의 관계 변화

아버지가 그대로인 이상 나와 아버지 관계는 늘 이 상태일 거예요.
변화의 가능성이 별로 없어요.(최동건)
예전엔 다른 가족은 다 멀쩡한데, 왜 하필 난데……라며 원망하곤
했었는데 고등학교 때 수련회에서 하나님의 사랑을 체험한 후 나라서
다행이라는 생각이 들었어요. 언니나 동생이 아니라서 다행인 것 같아요.

보고 있는 상황에서 안타까울 것 같거든요.(이유진)

(2) 대인관계 변화

어쩔 수 없어요. 다른 사람한테 절대 먼저 못 가요. 왠지 비참해 지는 것
같아 싫어요. 다른 사람에게 아쉬워 보이고, 불쌍한 존재로 보이는 것이
싫거든요.
그냥 저에게 먼저 다가오는 사람들하고만 친해질래요.(정민유)

내가 가만히 있으면 아무도 날 찾아주지 않을 것 같아요. 그래서 내가
먼저 다가가요. 그래도 솔직히 겁은 나죠. 거절당할까봐. 그래도 난
사람들을 좋아하기 때문에 내가 먼저 다가가서 좋은 친구들을 많이
사귀고 싶어요.(김은유)

다른 사람을 용서하고 이해하게 됐어요. 그들도 하나님께서 사랑하시는
저랑 같은 하나님의 자녀라는 걸 알았거든요.(장진우)

(3) 하나님과의 관계 변화

처음엔 협박을 하죠. 이렇게 태어나게 했으면 무언가 다른 사람보다 더
신경 써주셔야 하는 거 아니냐고. 그런데 나중엔 감사함으로 바뀌어요.
하나님은 늘 제 편이신 걸 알았거든요.(유청아)

C. 중재적 조건

중재조건이란 현상과 연관된 구조적 상황을 말한다. 이는 구조
적인 맥락 내에서 상호작용 전략을 촉진하거나 방해하는 역할을
하는 것을 말한다. 본 연구는 현상에서 상호작용이 일어나는 과정
을 중재하는 것으로 여겨지는 개념들을 파악하였고, 이를 다시 각

각의 범주로 나누었다. 상위범주로는 관계적 조건과 개인적 조건으로 나누어 관계적 조건은 교육 관련문제, 사회분위기, 가족구성원의 특성으로 개인적 조건은 건강 상태, 생활감정 변화, 신앙생활 변화의 변인으로 나누어 살펴었다.

1. 관계적 조건: 주변 환경과의 관계

1) 교육관련 문제

① 시스템 부재

체육시간에 제가 하는 건 그냥 아이들이 운동하는 걸 지켜보거나 아니면
교실을 지키는 일이었어요. 교실에 앉아서 친구들 운동하는 걸 보면
부러웠죠.
체육시간만 되면 친구들과 내가 다르다는 걸 뼈저리게 느낄 수 있었죠.
공놀이나 달리기 정도는 할 수 있었거든요.(김은유)

전 특수학교를 다녀서 그런지 일반학교를 나온 친구들보다 지식이
부족해요.
저희는 뭔가 지식을 배우기보다는 사회적응력을 키워주는 쪽으로
교육을 더 받았거든요.(유청아)

② 교사와 부모의 의식

중3때 수학여행을 가는데 선생님이 전 당연히 안 가는 걸로 생각하시는
거예요.
중2 때까지 소풍도 따라갔었는데…… 그래서 저도 수학여행을 가고
싶다고 말씀 드렸더니 괜히 무리해서 나중에 아프다 하지 말고 그냥
몸도 쉴 겸 집에 있으라고 하시더군요. 그날 집에 와서 얼마나 울었는지

몰라요.(정민유)

너무 오버하는 선생님들도 있었어요. 난 괜찮은데…… 그리고 나도
분명히 할 수 있는 일인데 난 당연히 힘들 거라 생각하고 아무것도
시키지 않고 가만히 있으라고 하면 그게 더 부담스러워요.(이유진)

③ 인성교육 부재

학교 가기가 싫었어요. 태어날 때부터 못 걸었기 때문에 휠체어 생활을
주로 했었는데, 가끔씩 휠체어에서 내려 바닥을 기어 다닐 때가
있었거든요. 그럴 때는 항상 내 옆에 막 웃으면서 같이 기고 있는 나쁜
놈들이 있었죠. 아마 저 같으면 안 그랬을 것 같은데…… 모르죠
뭐.(최동건)

장애인에 대한 인식이 많이 좋아졌다고 하지만 제 생각엔 그렇게 좋아진
것도 별로 없는 것 같아요. 심지어 지성인들이 모여 있는 대학에서도
아직 제가 걸어가면 쳐다보고, 걷다가 넘어졌는데도 그냥 멀뚱히
쳐다보고 있거든요.(정민유)

2) 사회분위기

(1) 한국사회의 특성

① 폐쇄적이고 배타적임

난 우리나라가 싫어요. 너무 폐쇄적이고 배타적이어서…… 물론 어느
나라나 좋고 싫은 것은 다 있지만 한국 사람들은 특히 더 그런 것
같아요. 자신과 다르거나
안 맞는다고 생각하면 딱 경계심부터 갖고 접근을 막는 것
같아요(이유진)

제가 다녔던 특수학교 근처에 동네가 있었거든요. 거의 하루가 멀다 하고

동네 사람들이 학교 앞에 와서 데모를 하는 거예요. 집값 떨어진다고
그리고 자기네 아이들한테 우리가 나쁜 짓 하면 학교에서 책임질
거냐고요……(유청아)

② 비장애인 중심 문화

우리나라는 전부 멀쩡한 사람들 중심이잖아요. 요즘에야 장애인에 대한
사회적 제도나 시설 등이 좋아졌다고는 하지만 그래도 아직까지 생색만
내고 있는 수준인 것 같아요. 학교도 장애인을 위한 배려는 전혀 찾아볼
수 없어요. 5층짜리 건물에 엘리베이터가 없으면 휠체어가 다닐 수 있는
길이라도 좀 만들어놓아야지…… 학교는 다 멀쩡한 사람만 다니는 줄
아나 봐요.(장진우)

제가 아는 장애를 갖고 계신 아저씨가 시에서 전동 휠체어를
기증받았거든요.
그런데 막상 받고 나도 가실 때가 없더래요. 대문을 나서자마자 보도블록
턱에 걸리고, 계단은 못 올라가고, 마루로 되어있는 식당을 가면
휠체어에 앉을 수 없으니까 사람들 따가운 시선을 받으면서 기어서 가고……
전부다 정상인들 자기네 살기 편한 대로만 해 놓은 것 같아요.(최동건)

(2) 직업전망

① 취업 자체에 대한 불안

선배들 얘기 들어보면 남자는 모름지기 세계를 무대로 살아야 하는데
대학에서 받은 교육이 아무 소용이 없다는 거예요. 그리고 요즘 대학생들
보면 어학연수는 기본이던데…… 전 외국어도 그 친구들보다 떨어지죠,
몸도 안 되죠, 아닌 말로 서울대학 나와도 취직이 어렵다는 요즘
세상인데……
제가 봉급 받을 수 있는 날이 오긴 올까요?(최동건)

지금 직업훈련을 받고 있지만, 솔직히 이 기술 갖고 어디 괜찮은데
취직이나 할 수 있겠어요? 그래도 아무것도 안하는 것보다는 낫겠다
싶어서 이거라도 배우고 있는데…… 솔직히 자신은 없어요.(유청아)

② 직업 보장이 안 됨

우리나라 상황이 일류대 나와 대기업 들어가도 확실히 보장이 안
되잖아요.
그 왜 삼팔선이니 오륙도니…… 이런 말이 괜히 나왔겠어요? 멀쩡한
사람들도 전문직이 아닌 이상 직업 보장이 안 되는데 저 같은
경우는…… 어휴……(장진우)

3) 가족구성원의 특성

(1) 가족 구성원의 개인적 특성

① 아버지의 특성

우리 아빠는 천사 그 자체에요. 성격이 온유하고 부드럽고 세상에서 내가
제일 좋아하는 사람이에요. 다른 사람들도 우리 아빠를 딱 보면 교회
다니는 사람이라는 표가 난데요. 난 우리 아빠 때문에 기도할 때 하나님
아버지라고만 불러도 가슴이 따뜻하고, 눈물이 왈칵 쏟아져요.(이유진)

우리 아빠는 한이 많은 사람이에요. 특히 공부에요. 할아버지가 일찍
돌아가셔서 할머니 혼자 키우셨는데 아빠도 어릴 때부터 힘들게 돈
벌어서 그래도 대학까지 나오셨거든요. 그래서 저희들한테 늘 그러세요.
너희는 뭐가 부족하냐고? 돈 벌어다주는 애비가 있는데…… 아무 걱정
하지 말고 공부나 열심히 하라고 하는데 왜 그 소원 하나 못
들어주냐고……(정민유)

② 어머니의 특성

우리 엄마는 내가 아직 어린 아이로 보이는 건지, 아니면 날 못 믿으시는
건지…… 무조건 엄마 말대로만 하래요. 네가 뭘 알겠냐 하시면서 내
의견을 무시하려고 할 때는 정말 미치겠어요. 무조건 엄마 말만
들으래요.

그러면 자다가도 떡이 생긴다고……(김은유)

엄마하면 기도하는 엄마의 모습이 떠올라요.
그리고 날 위해 자신의 인생을 포기하신 분이세요.
그래서 늘 죄송하고 잘 해드려야 하는데…… 생각처럼 쉽지
않네요.(장진우)

③ 형제·자매의 특성

제 남동생은요 꼭 어딜 가든지 절 데리고 가려고 해요. 밖에 나갔다
오면서 빈손으로 안 오고 꼭 제 간식거리 사오고요.
다른 친구들 남동생들은 안 그렇던데……
가끔씩 날 생각하는 남동생을 보면서 가슴이 찡해요.(정민유)

가끔씩 우리 언니가 맞나 싶을 때가 있어요. 말을 좀 못되게 할 때가
있거든요. 특히 내가 할 수 있는 일을 하지 않을 때 막 뭐라고 해요.
그런 정신으로 이 험난한 세상 어떻게 살아가려고 하냐면서……
맞는 말이긴 하지만 가끔씩 서운할 때도 있어요.(이유진)

(2) 가족 구성원 간 관계의 특성

① 아버지와의 관계

우리 아버지와 저는 그냥 부모와 자식 사이죠 뭐. 우리 집에서 저만 못
들으니까 저 못지않게 아버지도 답답하시겠죠 뭐. 가끔씩 저를 보면서
한숨을 쉬시는 모습을 볼 때마다 괜히 미안해져요.
그래서 아버지하고 같이 있다가도 말없이 방으로 들어갈 때가 많아요.
거의 밥 먹을 때 빼고는 얼굴 볼 시간도 없어요.(유청아)

② 어머니와의 관계

엄마는 나의 엄마이자 애인이자 친구에요. 엄마하고 나하고는 비밀이
없거든요. 어렸을 땐 매일 날 구박하는 엄마가 싫었는데 제가 나이가

들고 철이 드니까 여자로써 엄마를 이해하게 됐어요. 그래서 제가 먼저
이해하고 엄마를 사랑하니까 엄마도 제 마음을 알아주시는 것 같아요.
그래서 지금은 세상 그 누구보다 좋은 엄마에요.(정민유)

③ 형제·자매 간의관계

난 우리 누나가 없었으면 어떻게 살았을까? 하는 생각을 하면 아찔해요.
늘 나 때문에 돈 벌러 나가시는 엄마 때문에 누나는 엄마대신이었거든요.
나 때문에 미안해하는 엄마라서 내가 잘못을 해도 그냥 넘어가시는데
누나는 따끔하게 저한테 뭐라고 해 줬거든요. 그 당시는 섭섭하고 누나가
미웠는데 지금 생각해 보면 누나가 없었으면 어쩌면 대학도 못 갔을지도
몰라요.(장진우)

2. 개인적 조건

1) 건강 상태

조금만 무리해도 온몸이 아파서 아무것도 할 수 없으니 죽겠어요.
그렇다고 남들만큼 하려면 무리를 안 할 수도 없고.(정민유)

조금만 스트레스를 받으면 가슴이 답답하고, 터질 것 같아요.
그럴 때 아무것도 할 수 없어요.(박사랑)

2) 생활감정 변화

제가 얼마 전에 짝사랑에 실패했거든요. 10년 동안 좋아해온 오빠인데
좋아한다는 말도 못해보고 그냥 그 오빠를 보내고 말았어요. 다른
친구들은 앞에 가서 당당히 고백해 보라고 했는데…… 그게 어디 말처럼
쉬워요?

그날 이후로 밥맛도 없어지고, 삶의 의욕도 없어지고……
그냥 멍하니 앉아 있기만 해요.(이유진)

3) 신앙생활 변화

이제 교회 다닌 지 5년 정도 됐는데 아직까지 하나님이 어떤 분이신지는
잘 모르겠어요. 그런데 하나님만 생각하면, 걱정을 잊게 되고 나도
모르는 또 다른 힘이 생겨나면서 기분이 좋아져요.(김은유)

D. 상호작용 전략

상호작용 전략이란 일정한 조건하에서 나타나는 특수현상에 적응하거나 대응하려는 개인이나 혹은 집단 간의 유동적 힘의 작용을 말한다. 이러한 상호작용 전략은 일정한 목적을 가지고 일련의 과정을 거치며 순차적으로 발전하는 특징을 갖게 된다. 장애로 인한 스트레스에 따른 주변 환경과의 관계 변화라는 중심현상에 대하여, 장애청소년은 스트레스 해소와 주변 환경과의 관계에 대한 긍정적인 변화, 자신의 효능감 상승, 건강한 정신건강을 위해 스트레스에 대한 대처 및 합의가 필요하다. 따라서 이점은 앞서 말한 중재조건들에 영향을 미쳐 각 내용에 대한 상호작용을 유발하게 된다.

본 연구에 나타난 상호작용에 대한 범주 역시 상호작용 전략에 따른 단계를 가진다. 그리고 그 내용은 각각 제1단계: (장애에 대

한 인정의) 요청 – 수락에 대한 결과 기대감, 제2단계: (장애에 대한 인정의) 요청 – 수락에 대한 암묵적 협상, 제3단계: 스트레스 대처 후 관계과정이다. 본 필자는 일련의 과정을 '장애로 인한 스트레스 조정 전략'이라고 명명하였다.

1) 제1단계: 요청 – 수락에 대한 결과 기대감

장애로 인한 스트레스의 반응이 표면화되며 대처에 대한 상호작용이 요구되면, 장애청소년들은 스트레스 대처를 위한 수요를 갖게 된다. 이는 주변 환경의 요청과 장애청소년의 수락으로 이어진다. 그리고 스트레스 대처 전에 스트레스 대처 후에 나타날 기대감으로 스트레스 대처를 위한 상호전략이 시작된다.

> 제 친구가 저의 이 모습 그대로가 좋대요. 그러니까 너무 장애 때문에 속상해 하지 말고, 용기를 냈으면 좋겠다고 하더라고요. 그 말이 힘이 됐어요.(정민유)

> 크게 욕심 안 부리려고요. 간혹 일이 잘 안 풀려서 지금보다 더 나빠지면 어때요. 다른 사람이라도 나 같은 처지에 있으면 이럴 거예요. 그래도 난 잘 견디고 있는 것 같아요. 이정도 쯤이야 뭐. 살면서 나뿐만 아니라 누구든지 한두 가지씩 고민은 있잖아요.(이유진)

2) 제2단계: 요청 – 수락에 대한 암묵적 협상

장애청소년의 장애에 대한 인정은 그 후에 나타나는 개인적인

기대감이다. 자신의 모습에 대한 계속적인 거부는 장애청소년 자신
에게 스트레스를 가져다주었고, 가족, 대인관계, 하나님과의 관계
에도 부정적인 영향을 끼쳤기 때문이다.

> 제가 힘든 일이 있을 때 저희 가족은 그냥 절 가만히 지켜봐줘요.
> 이제는 그 고비만 넘기면 제가 더 성숙해진다는 걸 알거든요(유청아)

> 친구들은 제가 장애 때문에 그들에게 신세를 지는 걸 미안해 한다는 걸
> 느끼면 "너하고 우리하고는 같은 사람이다.
> 그러니까 그렇게 생각하지 마라. 만약 우리가 너하고 우리를 다르게
> 본다면 우리가 너하고 같이 놀겠나?"라고 말해요.
> 그렇게 말해 주면 제 기분이 조금은 풀린다는 걸
> 이젠 말하지 않아도 알고 있는 거죠.(장진우)

3) 제3단계: 스트레스 대처 후 관계 조정 – 갈등 해소

요청 – 수락에 대한 기대감과 요청 – 수락에 대한 암묵적 협의에
대한 긍정적인 면이 확인되면 장애청소년은 스트레스 대처에 들어
간다. 스트레스 대처는 그 문제에 대한 해결뿐만 아니라 다른 관
계까지 영향을 끼친다.

> 제 자신이 변하니까 다른 사람들하고의 관계도 변하던걸요. 특히
> 엄마하고요.
> 진작 이렇게 할 걸 그랬다 싶기도 해요.(이유진)

> 집안 분위기가 좋은 날은 기도도 잘 되요. 하나님도 좋아지고, 세상도
> 아름다워 보이고, 친구들도 좋아지고…… 저절로 콧노래가
> 난다니까요.(장진우)

E. 상호작용 결과

상호작용 결과는 어떠한 현상에 대처하거나 그 현상을 다루기 위해 취해진 상호작용 전략에 따라 나타나는 것이다. 본 연구에서는 연구 참여자들이 '장애로 인한 스트레스에 따른 주변 환경과의 관계 변화'라는 중심현상에 대하여 상호작용 전략인 (장애에 대한 인정의) 요청–수락에 대한 결과 기대감, (장애에 대한 인정의) 요청–수락에 대한 암묵적 협상을 통하여 전환형(삶에 대한 긍정적인 변화가 있는 유형), 포기형(삶의 무변화에 대해 좌절한 유형), 타협형(주변 환경과의 협력으로 인해 긍정적인 변화 기대유형)이라는 결과로 나타났다.

(1) 포기형

뭘 해도 안 돼요. 전 운명이라는 것이 있다고 믿거든요. 전 뭘 해도 안
되는 운명이에요. 내가 할 수 있는 일은 없어요. 하기에도 지쳤어요.
그냥 내 모든 걸 하나님한테 맡길 뿐이죠. 하나님께서 안 해 주시는 일은
나로써도 어쩔 수 없다고 생각해요.(박사랑)

저희 아버지가 있는 이상 나도 우리 집도 이 상태가 계속될 거예요.
아버지가 죽었으면 좋겠다는 생각을 한 적도 있어요. 전 우리 아버지처럼
될까봐 할 수 있을지도 모르겠지만 결혼하는 것도 포기했어요.(최동건)

하면 하는 거고, 못하면 못하는 거죠.
뭐 그런 거 가지고 아등바등 살고 싶진 않아요.(김은유)

(2) 타협형

> 하나님이 해 주실 일은 해 주실 일이고, 내가 해야 할 일은 내가 해야
> 된다고 생각해요. 그래서 어떤 문제가 생기면 일단 내가 할 수 있는 일은
> 다 해보고 나머진 하나님께 맡기는 편이죠.(장진우)

> 주변 환경이 우리 같은 장애인들이 무언가를 할 수 있도록 길을
> 열어주고,
> 도와준다면 열심히 해 보자라는 의욕이 생길 것 같아요. 너무 큰
> 기대죠?(유청아)

(3) 전환형

> 어릴 땐 엄마가 내 주변 일을 다 알아서 처리해 주셨기 때문에 별
> 어려움이 없었거든요. 그런데 점점 커가면서 엄마도 연세가 드시고
> 하니까 제 일은 제가 알아서 처리해야겠다는 생각이 들었어요. 그래서
> 운전부터 배우려고요.
> 힘들긴 하지만 엄마의 짐을 들어드릴 수 있을 것 같아서
> 기분은 좋아요.(이유진)

> 예전엔 '하면 될까'였는데 지금은 '한번 해 보자'로 생각이 바뀌었어요.
> 한 번뿐인 인생인데 지금 이 자리에 안주하면서 살 순 없잖아요.
> 그래서 뭐든지 열심히 한 번 해 보려고요.(정민유)

3. 장애청소년 경험 사례 간 유형화

본 근거자료로부터 드러난 결과를 통하여 장애청소년의 경험 간
유형화를 다음과 같이 분류할 수 있다.

유형 1: 포기형(박사랑, 최동건, 김은유)
유형 2: 타협형(장진우, 유청아)
유형 3: 전환형(이유진, 정민유)

그런데 여기서 중요한 것은 이 유형들 자체가 고정된 것이 아니라 시간 경과나 특정 조건에 따라 변화하는 과정일 수 있다는 점이다. 예를 들면 포기형일지라도 시간 경과에 따라 전환형이 될 수도 있다는 것이다. 또 타협형이 포기형으로 전개될 가능성도 없지 않다. 여기서 나타나는 타협형은 불안정한 것이다. 타협대상과의 관계에 따라 포기형이나 전환형으로 전개될 가능성이 있기 때문이다. 그러므로 이러한 구조적 유형은 과정과 연관 속에서 포괄적으로 이해해야 한다. 또 유형이 뚜렷하기보다는 혼합형으로 나타날 수도 있다는 점이다. 유형은 이해를 위한 다소 작위적인 것이기 때문에 큰 부분을 위주로 하여 구분할 것이다.

4. 과정분석

과정분석은 과정과 구조의 상호작용으로 시간이 지나면서 현상에 대한 반응, 대처, 조절에 관계하는 작용/상호작용의 연속적인 연결을 의미한다.

본 연구에서 장애로 인해 세상과의 괴리감을 극복하고자 노력함으로써 세상과의 관계유지 전략으로서

전형적으로는 1) 당황의 단계 2) 방황의 단계 3) 인내의 단계 4) 수용의 단계로 나타나고 있으며, 각 단계의 과정은 다음과 같이 나타난다.

A. 전형적 사례들

1) 당황의 단계

처음으로 세상에 첫발을 내딛었을 때 자신에 대한 사람들의 시선과 사회의 장벽으로 인하여 상처를 받게 된 장애청소년들의 처음 느낌은 매우 당황해 하는 것으로 나타난다.

> 나를 보고 손가락질을 하는 친구들과 걸음 흉내를 내는 사람들을 보면서
> 정말 죽고 싶을 정도로 힘들었어요.(정민유)

> 내가 잘 안 들리는 걸 모르고 자기 말을 무시한다고 화내는 사람들을
> 보면서 어처구니도 없고 당황스러워요.(유청아)
> 왜 그렇게 키가 작냐고 대놓고 물어보는데 뭐라고 말도 못 하겠던데요.
> 옆에 쥐구멍이라도 있으면 숨고 싶은 심정이었어요.
> 지금 생각해 보니까 왜 내가 숨어야 하죠?(이유진)

2) 방황의 단계

참여자들은 장애로 인한 충격과 상처, 즉 당황의 단계에서 벗어

나지만 여전히 주변 환경과의 장벽을 느끼고 잘 적응하지 못하여 방황하는 모습을 보인다. 그래서 가족들에게 화를 내고, 무엇인가를 부수고, 미친 듯이 한 가지 일에 몰두도 해 보기도 한다.

그냥 무조건 학교를 자퇴시켜 달라고 했어요, 공부고 뭐고 다 때려 치고
싶었거든요. 그때는 학교를 떠나는 것만이 내가 살길이라고
생각했거든요.(박사랑)

일반 중학교에 입학하려고 찾아가니까 왜 나 같은 사람이 이런 학교를
왔냐고 하면서 특수학교를 가라는 거예요. 그래서 특수학교도
찾아갔었는데 거기서도 보니까 이런데 올 정도는 아닌데 어지간하면
일반학교를 가라는 거예요. 그때 방황을 좀 했죠. 나를 받아주는 곳이
없다는 게 참 슬펐어요.(정민유)

3) 인내의 단계

시간이 지나면서 차츰 적응을 하게 된다. 인내 단계에 영향을 끼치는 요인은 가족 간의 사랑, 또래 친구와 선생님의 도움이 장애청소년들을 세상과 자신의 환경에 적응하게 도와주었다.

늘 제 옆에서 도와주는 친구가 있었어요. 가방을 들어주고, 어디를 가나
꼭 손잡고 다니고…… 특히 화장실엔 저 혼자 가기가 힘든데 그때마다
그 친구가 먼저 물어봐주고…… 나한테도 친구가 있다고 생각하니까
학교생활도 할 만 하던데요.(이유진)

제가 학교 다닐 때 정말 좋은 선생님을 만났어요. 그 선생님은 항상
저보고 '예쁘다, 똑똑하다, 잘 할 수 있다'라는 말씀을 해 주셨어요. 그때
선생님의 그 한마디 한마디가 얼마나 큰 힘이 됐는지 몰라요.(김은유)

4) 수용단계

　장애청소년들은 장애로 인해 힘들어하는 경우도 있지만 그래도 지금 자신의 환경을 수용하며, 지금의 상황에서 할 수 있는 일을 찾는다. 그러나 수용의 단계 역시 지속적인 미래에 대한 불안과 절망의 복합으로 이루어진 불안정한 것임을 지적해야 한다. 그래도 본 근거 자료의 장애청소년들은 신앙생활을 하는 청소년이었기에 이런 불안과 절망을 희망으로 바꾸고자 노력하는 청소년들이었다.

> 멀쩡한 사람도 살기 힘든 세상인데 당연히 저 같은 사람이 세상 살기가
> 쉽진 않겠죠. 그래도 한 번 해 보죠. 뭐. 열심히 살다보면 뭔가
> 보이겠죠.(장진우)

> 하나님께서 이렇게 태어나게 하신 이유가 있다고 생각해요.
> 그 뜻을 아직까진 잘 모르겠지만 그래도 하나님 한 번 믿어
> 볼려고요.(유청아)

B. 예외적 사례들

1) 덤덤함

> 사람 사는 거 똑같죠, 뭐. 별로 신경 안 써요.(장애청소년 B)

2) 좋음

> 오히려 전 사람들이 절 챙겨주고, 신경 써 주니까 좋은데요. 게다가 이럴
> 땐 여자니까 더 다행이다 싶기도 해요. 그렇게 불편한 것도 섭섭한 것도
> 없어요.(장애청소년 A)

5. 선택코딩

A. 관계진술을 통해 도출한 잠정적 가설

관계진술은 원자료의 분석과정에서 나타나는 인과적 조건, 중심현상, 현상의 맥락, 중재조건, 상호작용 전략 및 상호 작용 결과 속성 사이의 가설적 관계를 정도의 영역으로 진술하는 것이다.[159] 본 연구의 분석결과를 통해 도출된 가설들은 개념 간 관계를 설명하고 있다. 이렇게 도출된 가설들은 추후 가설 검증 작업을 통하여 연구될 필요성이 있다. 본 연구에서 형성된 잠정적 가설은 다음과 같다.

1) 장애청소년은 지속적으로 장애인으로의 삶에 적응하려고 노력하고 있으나, 그 노력의 과정에는 갈등과 스트레스가 존재한다.

---

159) 이호선, "노년기 성 갈등 유형의 상호학문 간 연구 – 사회학적, 신학적, 목회상담학적 접근"(박사학위논문, 연세대학교, 2004), 153.

2) 장애청소년의 주변 환경에 대한 적대감이 높을수록 그들의
삶에 부정적인 영향을 미친다.

3) 장애청소년의 자기 효능감이 높을수록 장애인의 삶에 대한
적응력이 빠르다.

4) 대인관계가 좋은 장애청소년일수록 가족관계와 하나님과의
관계도 좋다.

5) 정신건강 상태가 양호한 장애청소년일수록 스트레스 대처에
대한 방식이 적극적이다.

6) 장애청소년의 스트레스 요인으로는 주변 환경과의 관계가 큰
영향을 끼친다.

7) 장애청소년의 신앙은 부모의 영향을 받으며, 하나님과의 관계
까지 영향을 끼친다.

8) 주변 환경의 변화가 없는 이상 장애청소년의 삶에 대한 적응
과정에는 지속적으로 스트레스와 갈등이 존재할 것이다.

9) 장애청소년의 삶의 방식은 포기형, 타협형, 전환형 중 하나
이상에 해당할 수 있다.

10) 종교적 대처방식(협력적, 의존적, 자기 주도적) 중 그 어느
것이 옳은 대처방식이라고 정의내릴 수 없다.

B. 이야기 개요(Story Line)

이야기 개요는 핵심범주를 다른 범주에 체계적으로 연관시키고

그것들의 관련성을 확인하여 다듬고 개발할 필요가 있는 범주를 기술하는 과정으로 서술적 문장을 적는 일이다.[160] 본 연구의 이야기 개요는 다음과 같이 이루어진다.

<장애청소년에게 주어진 장애는 소멸과 변화 가능성이 있는 것이 아니다. 장애인으로의 삶에는 반드시 장애로 인한 스트레스와 갈등이 나타났으며, 이 스트레스와 갈등은 장애를 인식한 그 순간부터 지금까지 계속 있어 왔고, 시간이 흐를수록 더 두드러지는 것으로 나타났다. 장애로 인한 원만치 않은 생활은 신체적 원인인 장애로 인한 가족, 대인관계, 사회와의 경험에서 형성된 두려움, 배신감, 저항심의 심리요인으로 시작하여, 스트레스 진입과정에 들어가 부모의 기대감, 부모의 스트레스 해소 대상, 학업에 대한 불가피성, 원만한 가정생활에 대한 희생으로 표현된 신체적·심리적 압박감, 감정 숨기기와 과격한 분노표출이라는 부적절한 스트레스 대처, 스트레스 대처에 대한 의욕상실이 부정적인 영향을 끼쳐 장애로 인한 스트레스의 증폭 현상이 나타났다. 이는 중심현상인 '장애로 인한 스트레스에 따른 주변 환경과의 관계 변화과정'에 기여하는 인과적 조건이 되었다. '원만치 않는 생활', '장애로 인한 스트레스 진입과정', '장애로 인한 스트레스 증폭'이라는 범주에 의한 원인 배경인 인과적 조건에 의해 유발되는 현상으로서 장애로 인한 스트레스에 따른 주변 환경과의 관계 변화 과정을 축으로 사회와 가족 간의 괴리감이 중심현상이 되었다. '괴리감의 외현화 시작', '괴리감 외현화 확장과정', '괴리감 외현화 종료'로 보고 스트레스 대처 전·후의 주변 환경과의 관계변화를 그 맥락으로 보았

---

160) A. Strauss and J. Corbin.

다. 괴리감 극복의 결과에 따라 스트레스 대처 전·후 가족, 대인
관계, 하나님과의 관계에도 변화가 있었다. 이 과정에서 장애청소
년의 주변 환경과의 관계적 조건을 통해 중재가 시도되었다. 그리
고 장애청소년의 '건강 상태', '생활감정 변화', '신앙생활 변화'에
따른 개인적 조건을 고려를 통해 관계 조정이 시도되었다. 이는
단계별로 (장애에 대한 인정의) 요청－수락에 대한 결과 기대감,
(장애에 대한 인정의) 요청－수락에 대한 암묵적 협상, 스트레스
대처 후 관계 변화 과정 차원으로 진행된다. 결과적으로 장애청소
년의 스트레스 대처의 진행에 따라 '장애청소년 스트레스 대처방
식에 따른 삶의 태도 유형'이 나타났다. 즉 삶의 긍정적인 변화가
있는 전환형, 삶의 무변화에 좌절하는 포기형, 주변 환경과의 협력으
로 인해 긍정적인 변화가 기대되는 타협형이라는 결과로 나타났다.>

제3절 분석결과 요약

　장애청소년의 장애로 인한 스트레스 반응은 일시적인 생활에서
의 갈등양상이라기보다는 지속적인 장애인으로의 삶 동안 나타난
생활 양상과 감정적 역동, 반복적인 스트레스 등 종적인 차원의
감정 누적 결과 내용으로 볼 수 있다. 기독교 상담학에서는 이러
한 장애청소년을 대상으로 한 기독교 상담 원리 및 방법론에 대한
연구가 전혀 이루어지지 않았다. 따라서 본 연구는 장애청소년의

스트레스 대처방식, 자기 효능감, 대인관계, 정신건강, 종교적 대처에 관한 양적 분석과 질적 분석을 사용하여 장애청소년을 위한 기독교 상담 원리를 제시하고자 하였다.

본 연구는 장애청소년에 대한 기독교 상담 방법론에 관한 연구로서 양적 분석을 통한 사전조사와 질적 분석 중 토대 이론 접근을 사용하였다.

1. 양적 분석 결과

대구, 경북, 경남, 강원 지역에 거주하는 장애청소년 268명, 비장애청소년 214명 총 482명의 청소년을 대상으로 하여 설문지를 배부하였다. 장애청소년은 읽기, 쓰기, 말하기, 생각하기가 가능한 장애청소년들을 대상으로 하였고, 학교와 사회생활에 특별한 문제가 없는 장애청소년이다. 총 482명의 응답자 중 장애인은 268명이고 비장애인은 214명이다. 장애인 중 남자는 106명, 여자는 162명이고 비장애인 중 남자는 75명, 여자는 139명이다. 연령은 청소년 기본법에 의거하여 18세부터 25세까지의 대상이 포함되었는데 응답자 중 장애인, 비장애인 모두 19세가 가장 많았다. 학력에서는 장애인과 비장애인에게서 차이가 나타나 비장애인 중에서는 중졸자가 하나도 없는데 장애인 중에서는 중졸자가 32명인 것으로 나타났으며, 장애인, 비장애인 모두 대학 재학생이 가장 많았다. 종교부분에서 개신교와 가톨릭을 포함한 기독교인은 장애인 179명, 비장애인 117명이었고, 비기독교인은 장애인 89명, 비장애인 97명이었다. 비기독교인 중에 종교가 없는 사람은 장애인 57명, 비장애인 63명으로 전체의 75.10%가 종교를 가지고 있으며 그중 81.76%인 296명이 기독교인인 것으로 나타났다. 장애 유형별로는 지체장애인이 244명(91.04%), 청각장애인이 8명(2.98%), 기타장애인이 16명(5.98%)으로 나타났다. 양적 분석은 장애청소년과 비장애청소년의 비교, 장애 기독청소년과 비장애 기독청소년의 비교, 기독 장애청소년과 비기독 장애청소년의 비교로 크게 3가지 범주로 구분하여 결과를 분석하였다.

① 장애청소년과 비장애청소년 비교 분석 결과

분석결과 장애청소년이 비장애청소년보다 일상생활에 있어서 스트레스를 더 많이 받는 것으로 나타났다. 그리고 스트레스 수준은 스트레스 반응양식까지 이어져, 장애청소년이 비장애청소년보다 스트레스를 받을 때 반응을 더 많이 나타냈고, 특히 장애청소년의 경우 스트레스를 받았을 때 불안과 정서적 불안 증상을 주로 보였으며, 한 가지 이상의 행동을 반복함으로 불안 증상을 감소시키려 하였다. 스트레스를 받은 장애청소년과 비장애청소년 간 자기 효능감의 차이는 없었다. 그러나 스트레스 수준 상 집단에서는 비장애청소년이, 스트레스 수준 하 집단에서는 장애청소년의 자기 효능감 점수가 높은 걸로 나타났다. 특히 개인 효능감은 장애 유무에 별 차이가 없었으나, 사회 효능감은 비장애청소년이 장애청소년보다 높게 나타났다. 장애청소년과 비장애청소년의 대인관계를 분석한 결과 장애의 유무가 대인관계에 영향을 끼치는 것으로 나타났다.

스트레스 수준이 높은 집단의 정신건강 척도가 높아, 스트레스가 많은 집단의 정신건강 상태가 더 나쁨을 알 수 있다. 또 같은 스트레스 수준에서는 장애청소년의 정신건강 척도가 높아 장애청소년의 정신건강 상태가 비장애청소년보다 더 나쁘게 나타났다. 장애청소년의 경우는 우울과 불안, 신체화에 대한 정신건강의 점수가 높게 나타났으며, 특히 우울증은 장애청소년과 비장애청소년의 경우 둘 다 높은 점수를 받은 것으로 나타나 우리나라 청소년의 우울증 정도가 심하다고 볼 수 있다. 장애에 따른 스트레스 대처방식의 차이는 나타나지 않았다. 장애청소년과 비장애청소년 모두 문제 중심 대처방식을 주로 사용하였고, 스트레스 수준이 낮은 장애청소년과 비장애청소년의 경우 스트레스 대처방식을 많이 사용하는 것으로 나타나 스트레스 대처방식이 적극적인 청소년이 스트레스를 덜 받는다고 볼 수 있다. 스트레스 수준에 따른 종교적 대처 척도 비교 결과 장애청소년이 비장애청소년보다, 스트레스 수준이 낮은 집단이 스트레스 수준이 높은 집단보다 종교적 대처를 더 많이 사용하는 것으로 나타났다. 자기 주도적 대처를 가장 많이 사용하는 집단은 스트레스 수준이 높은 비장애청소년 집단이었고, 협력적 대처를 가장 많이 사용하는 집단은 스트레스 수준이 낮은 장애청소년 집단이었으며, 의존적 대처는 장애 유무에 따른 차이가 없었다.

② 장애 기독청소년과 비장애 기독청소년 비교 분석결과

장애 기독청소년이 비장애 기독청소년보다 일상생활에 있어서 스트레스를 더 많이 받는 것으로 나타났다. 그리고 스트레스 수준은 스트레스 반응양식까지 이어져, 장애 기독청소년이 비장애 기독청소년보다 스트레스를 받을 때 반응을 더 많이 보였고, 장애 기독청소년의 경우 스트레스를 받았을 때 신앙의 유무에 관계없이 장애청소년들에게 일반적으로 나타나는 불안, 정서적 불안과 우울증 현상을 보였고 그러한 현상을 감소시키기 위해 한 가지 이상의 행동을 반복적으로 하였다. 이는 장애청소년들에게 있어서 스트레스 반응양식은 신앙의 유무와 관계가 없다는 것으로 볼 수 있다. 스트레스를 받은 장애 기독청소년과 비장애 기독청소년 간의 자기 효능감에는 차이가 없었다. 오히려 장애와 신앙의 유무를 떠나 스트레스 수준에 따른 차이가 있는 것으로 나타났으며, 스트레스 수준이 낮은 청소년의 자기 효능감이 더 높았다. 그러나 스트레스 수준 상 집단에서는 비장애 기독청소년이, 스트레스 수준 하 집단에서는 장애 기독청소년의 자기 효능감 점수가 높은 걸로 나타났다. 장애 기독청소년과 비장애 기독청소년의 대인관계를 분석한 결과 스트레스 수준과 장애의 유무가 대인관계에 영향을 끼치는 것으로 나타났으나, 스트레스 수준 하 집단에서는 장애와 신앙의 유무가 대인관계에 크게 영향을 끼치지 않는다는 것을 볼 수 있다. 또한 장애 기독청소년과 비장애 기독청소년의 스트레스 수준에 따른 정신건강 척도를 살펴본 결과 장애 기독청소년의 정신건강이 비장애 기독청소년 보다 신체화, 강박증, 예민증, 우울증, 불안, 적대감, 공포·불안 등에서 더 높다는 결과가 나왔다. 이는 같은 기독 청소년 중에서는 신앙의 유무 보다 장애의 유무가 정신건강에 더 큰 영향을 끼친다는 것을 볼 수 있다. 신앙의 유무에 따른 스트레스 대처방식의 차이는 나타나지 않았다. 장애 기독 청소년과 비장애 기독청소년 모두 문제 중심 대처방식을 주로 사용하였고, 스트레스 수준이 낮은 장애 기독청소년과 비장애 기독청소년의 경우 스트레스 대처방식을 많이 사용하는 것으로 나타나 스트레스 대처방식이 적극적인 청소년이 스트레스를 덜 받는다고 볼 수 있다. 스트레스 수준에 따른 종교적 대처척도 비교 결과 비장애 기독청소년이 장애 기독청소년보다 종교적 대처를 더 많이 하는 것으로 나타났으며, 하위변인별로 살펴볼 때 장애 기독청소년과 비장애 기독청소년 모두 협력적 대처를 주로 사용하는 것으로 나타났다.

③ 기독 장애청소년과 비기독 장애청소년 비교 분석결과

장애청소년 중 신앙의 유무에 따른 스트레스 수준은 차이가 없었고 오히려 기독 장애청소년의 스트레스 수준이 더 높았다. 스트레스 반응 양식 또한 신앙에 따른 차이는 없었고, 스트레스 수준에 따른 스트레스 반응 양식 점수의 차이가 나타났으며, 심폐증상군, 위장계증상군, 근육 긴장 증상군, 정서적 불안정 증상군은 기독 장애청소년에게 더 많이 나타났다. 스트레스를 받은 기독 장애청소년과 비기독 장애청소년간의 자기 효능감은 차이가 없었다. 오히려 신앙의 유무를 떠나 스트레스 수준에 따른 차이가 있는 것으로 나타났다. 기독 장애청소년과 비기독 장애청소년의 대인관계를 분석한 결과 신앙의 유무가 대인관계에도 큰 영향을 끼치지 않는 것으로 나타났다. 또한 기독 장애청소년과 비기독 장애청소년의 스트레스 수준에 따른 정신건강 척도를 살펴본 결과 신앙의 유무에 따른 정신건강의 차이는 없었고, 하위변인 중 신체화, 불안, 적대감, 공포·불안 부분에 있어서는 기독 장애청소년의 점수가 더 높았다. 이는 신앙의 유무는 장애청소년들의 불안감이나 신체화, 적대감에 긍정적인 영향을 끼치지 못한다고 봐야 할 것이다. 신앙 유무에 따른 스트레스 대처방식도 차이가 나타나지 않았다. 기독 장애청소년과 비기독 장애청소년 모두 문제 중심 대처방식을 주로 사용하였고, 스트레스 수준이 낮은 기독 장애청소년과 비기독 장애청소년의 경우 스트레스 대처방식을 많이 사용하는 것으로 나타나 스트레스 대처방식이 적극적인 장애청소년이 스트레스를 덜 받는다고 볼 수 있다. 종교적 대처 부분에서는 신앙 유무가 크게 영향을 끼치는 것으로 나타났다. 즉 신앙을 가진 장애청소년이 그렇지 않은 장애청소년보다 종교적 대처를 더 많이 사용함을 알 수 있다. 스트레스 수준에 따른 차이도 있는 것으로 나타나, 스트레스 수준이 낮은 집단의 종교적 대처 사용이 더 많음을 알 수 있다. 특히 기독 장애청소년은 협력적 종교적 대처를 더 많이 사용하는 것으로 나타났으며, 자기 주도적 대처와 의존적 대처는 크게 사용하지 않는 것으로 나타났다.

2. 질적 분석 결과

장애청소년에게 주어진 장애는 소멸과 변화 가능성이 있는 것이 아니다. 장애인으로의 삶에는 반드시 장애로 인한 스트레스와 갈등이 나타났으며, 이 스트레스와 갈등은 장애를 인식한 그 순간부터 지금까지 계속 있어 왔고, 시간이 흐를수록 더 두드러지는 것으로 나타났다.

장애로 인한 원만치 않은 생활은 신체적 원인인 장애로 인한 가족, 대인관계, 사회와의 경험에서 형성된 두려움, 배신감, 저항심의 심리요인으로 시작하여, 스트레스 진입과정에 들어가 부모의 기대감, 부모의 스트레스 해소 대상, 학업에 대한 불가피성, 원만한 가정생활에 대한 희생으로 표현된 신체적, 심리적 압박감과 감정 숨기기와 과격한 분노표출이라는 부적절한 스트레스 관리, 스트레스 대처에 대한 의욕상실이 부정적인 영향을 끼쳐, 장애로 인한 스트레스의 증폭 현상이 나타났다.

이는 중심현상인 '장애로 인한 스트레스에 따른 주변 환경과의 변화과정'에 기여하는 인과적 조건이 되었다. '원만치 않는 생활', '장애로 인한 스트레스 진입과정', '장애로 인한 스트레스 증폭'이라는 범주에 의한 원인 배경인 인과적 조건에 의해 유발되는 현상으로서 장애로 인한 스트레스에 따른 주변 환경과의 관계 변화 과정을 축으로 사회와 가족 간의 괴리감이 중심현상이 되었다.

'괴리감의 외현화 시작', '괴리감 외현화 확장과정', '괴리감 외현화 종료'로 보고 스트레스 대처 전·후의 주변 환경과의 관계변화를 그 맥락으로 보았다. 괴리감 극복의 결과에 따라 스트레스 대처 전·후 가족, 대인관계, 하나님과의 관계에도 변화가 있었다. 이 과정에서 장애청소년의 주변 환경과의 관계적 조건을 통해 중재가 시도되었다. 그리고 장애청소년의 '건강 상태', '생활감정 변화', '신앙생활 변화'에 따른 개인적 조건을 고려를 통해 관계 조정이 시도되었다. 이는 단계별로 (장애에 대한 인정의) 요청 – 수락에 대한 결과 기대감, (장애에 대한 인정의) 요청 – 수락에 대한 암

묵적 협상 , 스트레스 대처 후 관계과정 차원으로 진행된다. 결과
적으로 장애청소년의 스트레스 대처의 진행에 따라 '장애청소년
스트레스 대처방식에 따른 삶의 태도 유형'이 나타났다. 즉 삶의
긍정적인 변화가 있는 전환형, 삶의 무변화에 좌절하는 포기형, 주
변 환경과의 협력으로 인해 긍정적인 변화가 기대되는 타협형이라
는 결과로 나타났다.

제5장 논　의

제1절 심리 · 사회적 논의

1. 장애청소년의 스트레스에 관한 논의 – 있는 모습 그대로 바라보기

청소년기는 일생 중 타인의 시선과 타인의 평가에 민감한 연령층이다. 청소년은 타인의 시선에 의해 규정되는 자기상이 아직 형성 중에 있고, 또 쉽게 열등감에 빠지기 때문에 부정적인 자기상을 가지기 쉽다. 개인주의적인 서구사회와는 달리 집단주의적 경향이 강한 한국에서는 좋은 인상을 심어 주기 위해서 친근한 표정, 부드러운 눈길이 중요하다. 따라서 자신의 표정과 자기 시선에 민감할 수밖에 없다.[161]

또한 청소년기는 자아의식과 정체성이 확립되는 시기이다. 자신의 내부에 감추어져 있던 또 하나의 자신을 제약하고 통제하며 그리고 평가하는 동안 자신을 분명하게 의식하게 된다. 자신과 타인이 어떻게 다르며 자신의 독자성은 무엇인지 이러한 민감성이 청소년들의 스트레스에 큰 영향을 끼친다.

선행연구에서도 밝혔듯이 장애청소년들은 장애라는 특성으로 인해 비장애청소년들보다 더 많은 스트레스를 받을 가능성이 있다. 이 가능성은 본 연구의 양적 · 질적 분석을 통해 장애청소년은 비

---

161) 이시형, **대인공포증**(서울: 일조각, 1993), 70.

장애청소년보다 스트레스를 더 받고, 그에 대한 반응도 더 많이 나타났으며, 스트레스를 많이 받는 장애청소년은 정신건강, 대인관계까지 부정적인 영향을 끼친다는 결과로 확인할 수 있었다. 이 결과는 장애청소년들이 계속적인 스트레스를 받는다면 신체적·정서적 질병을 야기할 수 있다는 것으로 해석할 수 있다. 따라서 자아실현과 성숙한 성격을 추구하고 충분한 기능을 발휘할 수 있기 위해서는 우선, 장애청소년 스스로도 자신에 대한 정확한 이해와 더불어 자기 자신을 있는 그대로 인정하고 받아들이는 여유를 갖는 것이 자기성장에 필요불가결하다.

Maslow도 자아수용을 자기실현을 성취한 사람들의 주된 특징 가운데 하나임을 강조[162]하고 있다. 특히 김삼섭은 지체부자유 청소년을 비롯한 장애청소년의 경우, 장애를 수용하는 가족의 심리적 특성과 사회적 요인보다는 장애청소년 자신의 긍정적이고도 적극적인 장애 수용태세가 필요하다[163]고 지적하였다. 따라서 상담은 장애청소년들이 자신의 자원과 가능성을 발견할 수 있도록, 있는 그대로의 자신의 모습을 사랑하며 자신에 대한 부정적인 태도를 감소시킬 수 있도록 도와주어야 한다.

장애청소년의 장애로 인한 스트레스는 분명히 나타났다. 문제는 이 스트레스의 요인이 되는 장애는 소멸되지 않고 영원히 지속된다는 것이다. 그렇기 때문에 장애로 인해 야기되는 문제나 갈등 상황을 회피하는 것이 아니라 문제에 대해 직면하도록 해야 한다.

---

162) 이형득, **집단상담의 실제**(서울: 중앙적성출판사, 1985), 258.

163) 김삼섭, "지체부자유학생의 가정환경, 자아개념 및 학업성적과의 관계," **제50회 한국특수교육학회 연구발표회**(서울: 한국특수교육학회, 1987), 6.

그리고 무엇보다 중요한 것은 장애청소년이 겪고 있는 장애로 인한 갈등과 문제의 원인이 자신에게만 있는 것이 아니라는 것을 인식시켜야 한다. 특히 가족 간의 스트레스와 대인관계에 있어서의 장애청소년은 모든 갈등의 원인을 자기에게로 돌림으로써 자기 스트레스가 심함을 장애청소년과의 심층 인터뷰를 통해서 확인할 수 있다.

따라서 장애청소년은 타인이 그를 수용하기 전에, 그가 먼저 자신을 수용할 수 있어야 한다. 그렇지 않으면 그는 자신에 대한 비수용적 태도를 남에게 투사하여 사회와 단절시키고 자폐적이 되는 것이다.

본 연구의 심층 인터뷰 대상자 중 자신의 장애를 수용하지 못하는 장애청소년은 스트레스 대처에 있어서도 스트레스를 긍정적으로 다루지 못하고 가족과 사회로부터의 고립, 공격행동, 가족을 상대로 한 분노 표출, 자기 학대 등의 부정적인 반응을 보였다.

> 스트레스를 받으면 물건을 막 집어던져요. 그러면 속이 좀 시원해져요.
> 직접 물건을 던질 수 있는 상황이 안 되면 두더지 잡기 같은 게임을 해요.
> 안 그럼 총 쏘는 게임을 하든가……
> 그러면 터질 듯이 답답했던 속이 좀 시원해지거든요.(최동건)

> 그냥 문 꼭 잠그고 음악 크게 틀어놓고 혼자 있어요. 안 그럼 괜히 다른
> 사람한테 화내게 되거든요. 혼자 있는 게 익숙해져서인지 전 그 시간이
> 오히려 편해요.
> 그 누구의 시선도 신경 안 써도 되고요. 음악과 함께 있는 그 공간만은
> 내 세상이거든요.(박사랑)

청소년기는 타인의 시선과 평가에 민감한 시기이며, 부정적인 시선과 평가는 청소년에게 부정적인 자아상을 형성하게 한다. 따라서 장애청소년 스스로 자기 모습 바라보기도 중요하지만 그 못지않게

가족, 또래집단, 사회의 그들을 향한 긍정적인 시선 또한 중요하다.

특히 우리나라의 장애인관은 어느 하나의 관점으로 정해져 있는 것이 아니라 비장애인들이 장애인을 대할 때 얼마나 친밀감을 갖고 우호적으로 판단하는가에 따라 변한다. 일반적으로 장애인들을 대하는 태도는 희귀한 동물을 보는 것처럼 또는 가까이하면 해를 입힐 것만 같은 무서운 동물을 대하는 것처럼, 외계인을 대하는 것처럼 신기해하는 태도를 보였다. 또한 길거리에서 장애인을 만나면 손가락질을 하면서 조롱하는 것은 다반사이고, 장애인의 행동을 보는 앞에서 흉내 낸 것 또한 사실이었다. 이처럼 비장애인이 장애인들에게 갖는 불쾌한 감정이나 지각은 장애인들이 비장애인들에게 좋은 감정을 갖게 하거나, 인간적인 관계를 맺을 수 있는 친밀감을 갖기 어렵게 만든다.

2001년 한국갤럽에 의해 발표된 '한국 장애인과 일반인의 의식' 조사결과에 의하면, 일반인[164]은 장애인을 제일 먼저 보았을 때 장애인에 대해 떠올리는 이미지로 자존심이 강하다(85.2%), 순수하다(81.2%), 사귀기 힘들다(69.8%), 예의가 바르다(63.0%) 순으로 답을 했다. 갤럽 조사에서 주목할 만한 것은 장애인의 경우 자신에 대해 긍정적인 항목(순수하다, 예의가 바르다)을 먼저 꼽은 반면, 일반인은 부정적인 항목(자존심이 강하다, 사귀기가 힘들다)과 긍정적인 항목(순수하다, 예의가 바르다)을 고르게 뽑아 장애인에 대한

---

164) 필자는 장애인 문제를 얘기할 때 장애인이 아닌 자들을 일컫는 말로 일반인, 정상인이라는 단어를 그리 선호하지 않는다. 무엇이 정상이고 무엇이 일반적이라는 것인가? 어떻게 보면 그들 또한 예비 장애인이 아닌가, 단지 지금 이 순간 장애인이 아니라는 것이 아닌가, 따라서 본 연구에서는 장애인과 비장애인이라는 단어로 통일시켰다. 그러나 본 문장에서는 갤럽 발표에서 사용된 자료를 인용하였기에 자료에서 사용된 단어를 그대로 옮기는 바이다.

시각에 있어서 차이를 보인다는 것이다.[165]

이를 장애청소년에게 조명해 본다면, 장애청소년은 아동시절이나 청소년 시절부터 비장애인들에게 친밀감을 덜 받아왔다. 또한 학교, 놀이터, 직장에서 호감이나 대접을 받지 못한 것이 사실이고, 그런 그룹에 끼는 것조차 허락되지 않았다. 특히 청소년에게 학교만큼 영향을 강하게 미치는 곳은 없을 것이다. 학교는 발달단계 중 가장 중요한 시기인 아동기와 청소년기 대부분을 보내는 곳이다. 청소년들에게 있어서 학교는 때로는 가정보다도 더 중요한 의미를 갖는다. 부모의 보호를 떠나서 장래의 독립적인 생활을 할 수 있는 준비기로서의 의미도 중요하지만 청소년들에게 있어서 학교는 그들의 생활자체라고 할 수 있다.[166] 하지만 장애청소년에게 있어서 학창시절은 일반 청소년들처럼 입학할 연령이 되면 누구에게나 당연히 주어지는 것이 아니다. 다시 말하면 모든 장애인들에게 교육의 기회가 평등하게 주어지는 것이 아니라는 것이다. 소위 말하는 일반 학교에 입학한다는 것은 어려운 일이고 설령 입학이 허용되었다 하더라도 학교의 시설이나 수업환경이 부적당할 때 벽을 느끼게 되고, 또래의 친구들과 어울리지 못하는 데서 오는 스트레스가 장애청소년에게 주어진다.

장애청소년의 스트레스는 장애 그 자체보다는 장애로 인한 심리·사회적 문화와 갈등에서 발생한다는 것이다. 장애청소년은 자아개념의 변화뿐만 아니라 장애로 인한 사회가치 저하로도 어려움을 겪는다. 장애로 인하여 그에게 부여된 제한 때문에 정상관계를 맺을

---

165) 한국갤럽, **한국 장애인과 일반인의 의식**(서울: 한국갤럽 조사연구소, 2001), 21-28.
166) 차경수, "청소년과 학교," **현대사회와 청소년**(서울: 아산사회복지 사업재단, 1983), 140.

수 있는 많은 통로가 차단되게 되는 것이다. 이 통로의 차단으로 인해 장애청소년의 자기비하, 자기부정, 자기학대 현상이 나타나게 되고 이러한 부정적인 현상은 대인관계, 사회생활까지 영향을 끼친다.

본 연구의 질적 분석에서 언급했듯이 장애청소년의 스트레스를 유발하는 중심현상은 주변 환경과의 괴리감이었다. 이 괴리감은 장애청소년들로 하여금 사회적, 신체적, 경제적 갈등을 유발시키게 되는 좌절환경에 직면하게 한다. 이러한 좌절감과 갈등은 장애인 자신의 장애에 대한 태도, 타인의 장애인에 대한 태도에서 생겨나기 쉽다. 장애청소년들의 스트레스 반응에서 나타난 적개심, 공격행동, 굴복, 의존 그리고 위축 증상 등은 이러한 좌절의 결과들이다. 또 장애인에 대한 부정적 태도는 장애청소년 자신의 자기 평가를 저하시켜 빈약한 자아개념을 형성하게 만들고, 사회가 요구하는 수준에 맞출 수 없기 때문에 그들의 적응방식이 보상, 사회적 기대에의 굴복, 가상행동 등을 나타내기도 한다.

타인의 부정적인 시선과 평가로 인해 형성된 부정적인 자아상은 장애청소년의 스트레스를 긍정적으로 대처하는 데 있어서 장애가 되고 있다. 따라서 장애청소년의 스트레스 감소를 위한 상담의 원리는 긍정적인 자아상을 갖게 하는 것이다. 이 긍정적인 자아상은 장애청소년이 자신의 있는 모습 그대로를 바라보는 순간부터 형성된다. 장애청소년이 자신에 대한 객관적인 시각을 가지고 바라볼 때 그들은 장애로 인한 문제와 갈등을 다룰 수 있다. 이는 장애청소년 스스로의 노력이 우선이겠지만 장애청소년들의 스트레스의 원인이 되고 있는 주변 환경, 즉 가족, 또래 집단, 사회, 문화적인 측면에서 함께 도와주어야 한다. 그렇기 때문에 장애청소년의 스트레스와 그에 대처방식을 제시할 때는 장애청소년뿐만 아니라 사회, 문화적인 측면까지 함께 고려되어야 하고 함께 노력해야 한다는 것이다.

2. 장애청소년의 자기 효능감, 대인관계, 정신건강에 관한 논의 - 자기 사랑하기

Best, Bigge와 Sirvis는 장애가 시각적으로 드러나는 경우에 사회 적응과 자기 효능감 간의 부적 상관을 확인했다. 그리고 시각적으로 많이 드러나는 장애일수록 사회적 적응과 긍정적 자기 효능감의 형성에 더 큰 어려움이 있다는 보고를 하고 있다. 또한 심리·사회적 측면에서 개인의 자기 효능감은 타인이 자신을 어떻게 자각하는가에 달렸다고 볼 수 있는데, 한 개인의 가치감은 타인이 인정해 주지 않으면 스스로의 가치감도 낮아진다고 Eichstaedt와 Kalakian은 주장한다.[167]

본 연구의 양적 분석 결과 장애청소년과 비장애청소년 간의 자기 효능감은 큰 차이가 없었다. 이 결과는 지금까지의 장애인의 자기 효능감은 비장애인에 비해 낮다는 선행연구의 결과와 상반된 것이다. 다시 말하면 장애청소년도 비장애청소년과 마찬가지로 자신에게 어떤 갈등이나 위기의 상황이 주어졌을 때 그 문제에 대처할 수 있다는 효능감을 갖고 있다는 것이다. 그러나 질적 분석의 결과 이

---

167) 주현숙, "어머니의 정의적 특성이 지체부자유학생 자아 존중감에 미치는 영향"(박사학위논문, 대구대학교, 2002), 40.

러한 효능감은 장애인으로서의 삶을 살아가면서 사회의 장벽에 부딪혀 점점 감소하고 있다는 것을 발견할 수 있었고, 특히 장애청소년의 사회 효능감은 비장애청소년과 비교하여 보았을 때 더 낮다는 결과가 나왔다. 이 낮은 사회 효능감은 장애청소년들의 대인관계와 정신건강, 스트레스 대처방식의 하위변인 중 사회적 대처까지 영향을 끼쳐 비장애청소년들과의 비교에서 부정적인 결과를 보였다.

자기 효능감은 삶 속에서 자신에게 중요한 타인들에 의해 지각된 본인에 대한 시각 및 평가 등과 깊은 관계를 맺으며, 사람들은 자기 효능감을 높이는 방향으로 행동하는 경향이 있다. 즉 자기 효능감은 다른 사람과의 상호작용에 의해 형성되며 특히 자신이 중요하다고 생각하는 사람들로부터 존중, 수용, 관심 있는 대우와 자신의 성공적인 경험 등에 의해 계속적으로 영향을 받는다.

본 연구의 심층 인터뷰 대상인 장애청소년도 가족, 또래집단, 사회와의 관계 속에서 자신이 얼마나 인정을 받고 있는지 사랑을 받고 있는지에 따라 자기 효능감에 차이를 보였다. 특히 가족과의 관계가 건강한 장애청소년은 자기 효능감과 사회 효능감에 있어서도 긍정적인 반응을 보였으며, 가족과의 건강한 관계성은 대인관계에도 긍정적인 영향을 끼쳤음을 확인할 수 있었다.

우리 엄마는 늘 저보고 넌 몸은 이렇지만 다른 친구들하고 다를 거 하나 없다.
그러니까 네가 어떻게 하느냐가 중요하지, 네가 어떤 몸을 가지고 있느냐는 전혀 중요하지 않다고 말씀하셨어요. 그래서 전 지금도 내가 안 해서 그렇지 원래 못하는 아이는 아니라고 생각해요.(장애청소년 C)
우리 아빠는 지금은 그런 말씀을 잘 안하시지만 예전엔 네가 하는 게 다 그렇지 뭐. 별로 기대도 안 했다라는 말씀을 자주 하셨거든요. 너무 듣기

싫었어요. 그래서 그 뒤로 무슨 일을 하다가도 잘 안 되면 진짜 난
안되는 아인가 보다 하고 금방 좌절을 하게 되더라고요. 지금은 열심히
노력하려고 하지만 그래도 아직도 그 말은 제 마음속 깊이 박혀
있어요.(정민유)

Piaget에 의하면 자기 효능감은 어린 시절 오랜 시간을 함께 보낸 사람에 의해서 영향을 받으며 특히 부모의 긍정적인 의사소통은 자녀들의 긍정적인 자기 효능감과 연관된다고 하였다. Erikson은 자기 효능감은 아동기 정서적 경험을 통해 형성되며 특히 초기 아동기 때 부모와의 밀접한 관계가 중요한 영향을 갖는다고 하였다. 그리고 생의 초기 단계가 발달학상으로 매우 중요한데 초기의 대인관계는 이후 성인기의 행동 및 인간관계까지 지속된다고 하였다.[168] 장애청소년은 장애로 인하여 비장애청소년들보다 어린 시절을 부모와 더 많이 보낸다. 그렇기 때문에 어린 시절에 형성된 자기 효능감이 청소년기를 거쳐 성인기까지 영향을 끼친다고 본다면 장애청소년과 부모와의 관계에 대한 중요성을 인식하는 것이 시급하다.

사회적인 가치관은 자기 효능감 형성에 중요한 요인이 된다. 모든 사회는 매스 미디어에 의해서 강조되고 가정, 학교, 교회 등과 같은 기관과의 상호작용을 통해서 드러나는 일반적인 가치들이 있다. 사람들은 자신을 사회적인 가치관에 비추어 그 가치 기준으로 자신을 판단하고 그 판단에 의해 자기 효능감이 상승하기도 하고, 상실되기도 하며 또 다른 사람을 이같이 평가하여 상처를 주고받는 악순환이 반복되기도 한다.

---

168) 김은희, "고등학생의 자아존중감과 정신건강에 대한 연구"(석사학위논문, 고려대학교, 2000), 13.

청소년기는 신체적으로나 정신적으로 불안정과 불균형의 심한 긴장이 발생하며, 연령에 따라 다른 경험과 관련된 높은 스트레스 기간이다.[169] 즉 청소년기는 아동도 성인도 아닌 그 주변을 맴도는 발달 단계적 위치에서 겪어야 하는 좌절과 갈등 그리고 방황으로 점철된 시기이다. 이러한 전환기에 있는 청소년들이 직면하게 되는 사회적 분위기와 생활환경의 변화를 통해 형성된 부정적인 자기 효능감은 장애청소년의 대인관계와 정신건강에 매우 큰 영향을 끼친다. 특히 장애청소년이 겪는 주변 환경과의 변화, 그에 대한 갈등으로 인해 단순한 물리적인 면에서만이 아니라 사회·심리적인 면에서도 그 사람을 의존적으로 바꾸어놓게 하며, 사회적 박탈은 장애청소년들의 성격에 관계없이 분노, 우울, 불안, 수치심, 죄의식 등의 부정적 감정을 느끼게 하며 이는 주위 사람들에게도 심각한 영향을 미치게 된다. 그래서 최근에는 이 영향을 인식하여 개인적인 정신건강뿐만 아니라 개인의 부적응, 이상심리, 정신질환을 다른 사람과 그가 속해 있는 집단 그리고 사회에 미치는 영향까지 관계시켜 가정, 학교, 사회까지 연결하여 사회·심리적 환경, 사회·문화적 체제 등을 총망라한 사회건강으로 다루려는 추세를 보인다.[170]

본 연구에서 장애청소년과 비장애청소년을 대상으로 한 대인관계 능력 척도와 정신건강 진단결과 장애청소년은 비장애청소년보다 훨씬 부정적으로 나왔다. 평상시 성격이 활발하고 긍정적인 가치관을 갖고 있는 장애청소년이라도 대인관계에 있어서는 불안과

---

169) 조학래, "교회 청소년의 자아존중감, 스트레스, 문제행동에 관한 연구," **복음과 실천** 23(1999): 318 – 345.

170) 기숙미, "청소년의 욕구와 정신건강이 학업성취에 미치는 영향"(석사학위논문, 성신여자대학교, 1996), 15 – 16.

분노, 두려움을 겪고 있다는 선행연구의 결과가 이 연구를 통해 다시 한 번 검증되었다.

장애청소년의 자기 효능감, 대인관계, 정신건강은 따로 분리되어 있는 것이 아니다. 이 세 가지 주제는 함께 다루어져야 하며 서로 간의 상호작용이 있어야 한다.

장애청소년의 자기 효능감은 가족, 학교, 사회, 또래 집단과의 관계 변화를 통해서 얼마든지 긍정적인 방향으로 흘러 갈 수 있는 가능성이 있다. 이 가능성이 긍정적인 효과를 거두면 장애청소년의 대인관계, 정신건강까지 긍정적인 효과가 나올 것이라는 것은 자명한 일이다. 그리고 이 가능성의 시작은 장애청소년이 스스로를 사랑하는 것에서부터 시작할 수 있다. 왜냐하면 자기 사랑은 자기 확신과 긍정적인 기대를 갖게 하는 것까지 파급 효과가 크며, 생활사건에서 겪는 어려움과 스트레스가 긍정적인 변화를 위한 기회로 생각하게 하기 때문이다. 이러한 자기 사랑과 자기 변화를 통해 형성된 긍정적인 자기 효능감은 현실을 극복해 가는 능력을 길러주면서 삶에 대한 성취 수준이 발전하고 잠재력을 개발해 나가는 중요한 역할을 할 것이다.

제2절 신학적 논의: 장애인 신학의 토대

오늘날 한국교회는 세계적으로 유래 없이 짧은 기간 동안에 전 인구의 4분의 1이 기독교인이라는 엄청난 결과를 낳았다. 기독교

역사상 선례를 찾아볼 수 없는 양적 성장을 이루어낸 점은 긍정적인 측면이지만, 양적인 성장에 비해 질적인 면에서는 그렇지 못하다는 비판을 받고 있다. 특히 지난 선교 1세기를 통한 한국교회의 성장에도 불구하고 장애인들은 교회에서마저 가장 소외된 집단이었다. 2005년 통계의 전체 장애인 중 5%가 기독교인이라는 결과는 장애인들이 복음에서조차 소외당하고 있고, 한국교회가 장애인들에게 얼마나 무관심한가를 보여 주고 있으며,[171] 이 5%라는 수치는 1999년 송양규[172]의 논문에서 제시한 수치와 비교해 볼 때 전혀 변화가 없다. 이는 곧 한국 교회가 개교회 중심의 성장 정책을 펴면서 교회에 도움이 되지 않는 장애인 사역에는 관심을 두지 않았다는 것으로 해석할 수 있다.

김해용은 교회가 장애인 사역을 하지 않는 이유를 다음과 같이 요약한다. 장애인 사역을 교회 본연의 사명이 아닌 부수적인 사역으로 인식함, 장애인에 대한 부정적인 선입견과 편견, 교회의 무관심과 소극적인 자세, 건강한 교회를 지향하기보다는 큰 교회를 선호함, 장애인 사역을 위한 전문 교역자와 교사, 그리고 교육자료 및 프로그램의 부족, 신학교육의 문제 등[173]. 특히 장애인에 대한 부정적인 선입견과 편견 문제를 해결하기 위해서 장애인에 대한 신학적 해석과 교육이 목회자, 신학자들뿐만 아니라 평신도들에게

---

171) 2005년 10월 11일 한국교회 백주년 기념관에서 열린 KNCC 장애인 신학 1차 포럼에서 '장애인에 대한 조직신학적 접근'을 주제로 발제한 박재순 한신대 교수는 장애인 가운데 기독교인이 5%에 불과하다는 통계를 제시하면서 국민의 4분의 1이 기독교인인데 이 중 5%라는 것은 지나치게 낮은 수치이며 한국교회의 장애인 사역에 대한 몰이해의 결과라고 지적했다. 류재광, "장애인 중 기독교인 5%에 불과 – 교회의 부끄러운 자화상," **크리스천 투데이**, 2005년 10월 12일: http://www.chtoday.co.kr/news/cg_163547.htm.

172) 송양규, "장애인 복지 선교에 대한 교회의 역할"(석사학위논문, 한신대학교, 1999), 30.

173) 김해용, "교회가 장애인 사역을 하지 않는 10가지 이유,": http://www.kmind.net/bbs/bbs3.asp

있어서도 이루어져야 할 것이다.

따라서 필자는 장애인에 대한 신학적 해석을 논함으로써 장애인 신학의 토대를 모색고자 한다.

장애인 신학이 신학으로서의 정체성을 확립하기 위해서는 무엇보다도 신학의 주체이자 대상으로서의 하나님에 대한 정확한 이해가 우선되어져야 하는데 하나님에 대한 명확한 이해는 곧 그의 피조물로서의 인간에 대한 바른 이해를 가능케 하기 때문이다. 성경은 인간을 가리켜 하나님의 형상으로 지음 받은 존재임을 분명히 한다. 창세기 1장 26절에서 28절까지의 구절은 인간의 존엄과 권위를 이루게 하는 귀한 근거가 되었으며, 인간을 다른 종류의 피조물과 구분 짓는 구절로 해석되어져 왔다. 신학에 있어서도 이 구절은 라틴어로 'Imago Dei'라 하여 아주 중요한 문제로 다루어져 왔다.

하나님의 형상에 대한 해석과 입장은 크게 두 가지로 나누어 볼 수 있다. 우선 창조기사에 언급된 건장한 남자인 아담에게 부여되어진 몸을 근거로 해서 하나님의 형상을 양팔과 양다리가 있는 신체적인 면만을 강조한 것이다. 이러한 해석은 하나님의 형상이라는 개념이 부정적으로 이해되도록 만들었다.[174] 그 이유는 펭귄이나 원숭이 같이 네 발로 걷지 않고 사람과 같이 두 발로 걸어 다닐 수 있는 인간과 비슷한 신체의 모습을 가진 동물들도 얼마든지 있다. 따라서 하나님의 형상을 위의 시각으로 해석한다면 이러한 동물들도 하나님의 형상을 가지고 있다고 말해야 한다는 것이다. 필자는 여기서 단지 이 이유 때문에 이 해석을 부정하려고 하는 것

---

174) 김균진, **기독교 조직신학**(서울: 연세대학교 출판부, 1993), 62.

이 아니다. 양 수족을 다 갖춘 인간만이 하나님의 형상을 가진 자라고 정의한다면 장애인 특히 온전한 신체를 갖추지 못한 지체 장애인들은 분명히 하나님의 형상이 아니라는 해석이 내려질 수 있다는 것을 말하고 싶은 것이다. 그리고 이러한 문제점에 대하여 창세기 1장 26절에서 28절의 말씀은 어떤 특정 개인에게 주어진 것이 아니라 모든 인간에게 주어진 것으로 봐야 할 것이다.[175]

두 번째 입장은 하나님의 형상은 신체적인 것이 아닌, 다른 동물들이 갖지 못한 인간의 이성이나 정신에 있다고 보는 입장이다. 즉 동물들에게는 없고, 인간에게만 있는 것으로 여겨지는 것들로 하나님의 형상을 삼고자 하였다. 그러나 이것도 역시 위의 첫 번째 해석과 비슷한 문제점들을 안고 있다. 왜냐하면 인간의 이성이나 정신도 인간의 전 생애 가운데 많은 변화가 있으며, 그릇 생각하고 판단할 때도 많기 때문이다. 더욱이 이러한 사고능력을 지능(Intelligence Quotient)이라 하고 이 지수로 지능을 평가하기 시작하면서 인간은 또 다른 척도로 평가받기에 이르렀다. 이러한 여건에서는 정신지체 장애인은 하나님의 형상에서 제외된 존재가 되는 것이다. 창세기 1장 26절에서 28절 말씀은 사고를 잘하는 특정한 인간이 아니라 첫 번째 해석에서도 언급했듯이 인류 전체를 향한 말씀이다. 그리고 하나님의 형상은 인간의 지적 사고의 능력에 따라 주어진 것이 아니라 하나님의 은혜 가운데 선물로 주어진 것이다.[176] 하나님의 형상에 대한 두 가지 입장은 나름대로 근거를 가

---

175) 이신건, 조직신학입문(서울: 한국신학연구소, 1992), 66.

176) J. Moltmann, **창조 안에 계신 하느님**, 김균진 역(서울: 한국신학연구소, 1986), 269. 하나님의 형상은 은사인 동시에 과제이며, 서술인 동시에 명령이다. 그것은 과제인 동시에 희망이요, 명령인 동시에 약속이다.

지고 있으나 이 두 입장에서 공통적인 것은 하나님의 형상을 다른 피조물과의 구별되는 인간의 모습 속에서 찾고 있다는 것이다. 이 두 입장에 근거한다면 장애인도 하나님의 피조물에 속하는 것인가 라는 의문을 제기할 수 있을 것이다. 일반적으로 장애는 그것과 연관된 고통과 무능력 그리고 사회적 편견 때문에 선하신 하나님 과는 무관한 것으로 보고 싶어 한다. 따라서 하나님의 형상을 인 간의 특징들에서 찾기보다는 하나님의 본성 속에서 찾아야 할 것 이다. 인간의 특징들에는 분명히 차이가 있을 수 있다. 그러나 하 나님의 본성에 근거할 때 차별은 있을 수 없다. 하나님의 형상은 인간의 특별한 능력에 기인한 것이 아니라 하나님의 은혜로 주어 진 것이다. 그러기에 그것은 인간의 완전한 신체나 지적 우수성이 나 그 외의 인간이 가졌다고 하는 개인적 능력에 기인한 것이 아 니라 모든 인간에게 주신 하나님의 은혜인 것이다. 장애인이 능력 에 제한이 있기 때문에 살 가치가 없거나 인간으로서의 권리가 무 시될 수 있는 것이 아니다. 인간은 아무리 가진 모습이 불완전하 고 지적 능력이 떨어진다고 하더라도 이 세상 어느 누구와도 비교 될 수 없는 귀한 존재인 것이다. 창세기 1~2장을 살펴보면, 인간 은 하나님의 계획에 의하여 만들어진 피조물이며, 인간은 누구나 하나님으로부터 존엄과 가치를 가진 인격으로 창조되었으며, 모든 인간은 하나님 앞에서 평등하다는 것을 알 수 있다. 성경에서 말 하는 인간에 대한 정의는 모든 인간들에게 적용되는 것이다. 인간 됨의 권리와 의무는 장애의 유무, 능력의 대소와도 상관없이 피조 물인 인간 모두에게 하나님으로부터 부여된 것이다. 그리고 그러한 인간은 장애 유무에 상관없이 하나님께 영광을 돌리며 살아야 할 존재적 당위성을 가진다. 성경은 분명히 장애조차도 하나님이 만들어 내셨다는 것을 주장한다.[177] 출애굽기 4장 11절의 언급은 이를 보다 분명히 한다. 이 본문은 장애 문제 자체를 본격적으로 다루고 있는 부분은 아니다. 모세의 핑계에 대하여 하나님이 자신의 능력을 말씀하시는 부분 중 일부이다. 본문 속에서 장애는 긍정적인 의미라기보다는 부정적인 의미를 갖는다. 그러나 성경은 그런 부정적인 장애조차도 하나님이 만들어 내셨다는 것을 주장한다. 장애는 하나님이 그의 선하신 뜻 가운데 내신 것이다. 하나님의 피조물 간에 차이는 있어도 차별은 있을 수 없다. 장애인도 하나님의 형상임이 분명하며 모든 사귐 가운데에 참여할 수 있다. 이러한 장애인에 대한 올바른 이해와 긍정적인 시각이 장애인 신학의 기초이다. 그러나 한국 교회와 교인들의 장애인에 대한 이해는 아직까지 인류사에 있어서 오랜 시간 동안 지배적 견해인 많은 장애인의 장애를 죄의 대가나 하나님의 징벌에 의한 결과로 보는 입장을 견지하고 있다. 또한 여느 사회에서처럼 소외되고 무능력하며 불쌍한 존재로 보는 것이 주된 시각이다. 이는 본 연구의 심층 인터뷰 참여자인 장애청소년들과의 인터뷰에서도 확인할 수 있었다.

> 어떻게 보면 교회 사람들이 일반 사람들보다 더 무서운 것 같아요. 겉으로는 안타까워하고 동정하는 것 같지만 그들의 속마음은 다른 사람들과 똑같다고 생각해요. 다 가면을 쓰고 있는 것 같아요.(박사랑)

> 장애인 예배가 있는 교회에 나간 적 있어요. 전 가기 전까지 다른 교인들하고 같이 예배드리는 건줄 알았거든요. 본당으로 올라가려고 하는데 무슨 지하로 내려가라고 하는 거예요. 가니까 장애인들끼리 따로

---

177) 출 4: 11.

모여서 예배를 드리고 있더라고요. 그게 무슨 교회에요? 장애인 따로
정상인 따로……
그것부터 차별 아닌가요?(정민유)

전 설교 시간에 목사님께서 성경 봉독할 때 절름발이라는 단어가 나오면
그냥 쥐구멍에라도 숨고 싶어요. 다들 나만 쳐다보는 것 같고…… 옆에
앉아 계신 엄마 눈치도 보면서 괜히 미안해해야 하고…… 현대어
성경에는 장애인이라는 단어가 나와 있던데…… 왜 설교 시간에는
현대어 성경을 안 쓰죠?(김은유)

진짜 내 몸이 이렇게 된 게 하나님한테 벌 받아서 그런가요? 설교
시간에 목사님께서 가끔씩 하나님한테 벌을 안 받고 건강한 몸으로
멀쩡하게 살려면
교회 열심히 다니라고 하는데…… 난 교회도 열심히 다녔는데 왜 벌을
받아서
이렇게 됐죠?(장진우)

현 한국 교회와 교인들의 장애인에 대한 이러한 시각에 대해 채
은하는 장애인을 보는 한국교회의 관점은 아직도 구약시대라고 비
판하면서, 특히 레위기에 따르면 특정 질병이나 신체적 장애를 가
진 사람은 '부정한 사람'이었고 '정결한 사람들의 공동체'에서 격
리되어야 했고, 더욱이 이 원리는 '하나님의 법'으로 명시돼 있어
더욱 강제성을 띠게 되었다는 것이다. 그러나 그녀는 하나님 앞에
서 부정하지 않은 사람, 달리 표현하면 장애인이 아닌 사람은 없
는데도 불구하고 교회와 기독교 신학은 아직도 장애인에 대한 무
시와 무관심을 그대로 방관하고 있다[178]고 지적한다.

이제는 장애인에 대한 올바른 이해와 긍정적인 시각 변화가 있
어야 하고 이러한 변화를 이끌어가는 주체는 장애인이 되어야 한

---

178) 류재광, "장애인을 보는 교회 관점은 아직도 구약시대," **크리스천 투데이**, 2006년 3월
28일: http://www.chtoday.co.kr/news/pd_173320.htm

다. 따라서 장애인도 하나님의 형상을 따라 지음 받은 존재임을
장애인 스스로가 확신을 가져야 하고, 신학계와 교계에서는 장애인
이 멸시나 소외의 대상이 아닐 뿐 아니라 보호나 돌봄의 대상으로
도 한정할 수 없는, 하나님의 은혜의 수혜자임을 인정하는 긍정적
시각을 가지도록 해야 한다. 이러한 시각의 변화가 곧 장애인 신
학의 밑거름이 될 것이다.

또한 장애인의 신학적 이해에 있어서 새롭게 제기해 보고자 하는
것은 장애인은 오늘의 고난받는 종들이라는 점이다. 이러한 관점은
단지 장애인이 개인적인 질병이나 사고로 인해 발생된 고통을 스스
로 감당하는 차원이 아니라 장애인의 장애자체가 비장애인과 사회
의 무지와 무관심 그리고 욕심으로 인해서 발생하는 것으로서 장애
인 편에서 보면 이것은 자신의 과오에서 비롯된 것이 아니라는 것
이다. 이러한 관점은 성서의 고난관에 분명하게 나타난다.[179] 박정
세는 성서적 고난관을 심판적 고난, 연단적 고난, 대속적 고난으로
나누었다. 본 필자가 이 부분에서 장애인과 연관시켜 해석하고자
하는 것은 대속적 고난의 종으로서의 장애인을 말하는 것이다.

이사야 53장은 고난받는 하나님의 종의 모습을 그리고 있다. 특
히 53장 4절에서 6절은 대속적 고난을 극명하게 나타내는 본문이
다. 고난의 종의 노래가 구가하는 것은 고난받는 사람이 당하는 고
난은 당사자의 죄가 아니라 다른 사람의 죄 때문이요, 다른 사람의
죄를 사하기 위해 가장 연약하고 흠 없는 사람이 고난을 받는다는
것이다. 신약성서는 바로 그 모습이 예수의 모습이었다고 증언한다.
그런데 그러한 모습을 장애인에게서도 발견할 수 있다는 것이다.

---

179) 박정세, "고난의 문제," **현대인과 기독교**(서울: 연세대학교 출판부, 1991), 243-253.

　　요한복음 9장에서 예수는 어떤 사람이 소경으로 태어난 것은 그 당시 사람들이 장애 발생의 원인으로 알고 있던 죄의 결과, 즉 죄에 대한 하나님의 심판이 아니라 하나님의 영광을 드러내고자 하는 선한 의도였다고 말한다. 이에 따르면 예수는 장애는 고통뿐이며 아무 의미가 없는 것이 아니라 하나님의 일과 영광을 드러내기 위해서였다고 말한다. 이는 예수께서 사람들의 선입관을 단호하게 배격하심과 동시에 장애가 하나님의 징계라고 생각했던 장애인들에게 하나의 소망을 갖게 함을 알 수 있다. 그러나 이 구절을 위에서 말한 대속적 고난과 연관시켜 다음과 같이 해석할 수도 있음을 말하고 싶다. 요한복음 9장에 이 장애의 모든 원인이 하나님의 영광임을 말하는 것은 아니다. 여기에서 언급된 장애의 원인은 크게 세 가지이다. 하나는 장애인 본인의 죄, 다른 하나는 그 부모의 죄, 나머지 하나는 하나님의 영광을 위한 것이다. 부모의 죄라는 카테고리에서 우리는 장애인 본인이 아닌 주위의 사람이나 그들과의 관계 나아가 사회의 잘못 때문에 주어진 장애들을 생각하게 된다.

　　부모의 잘못, 상대방의 잘못, 이웃의 잘못 때문에 당하는 장애가 있다. 이웃과 사회의 무지와 무관심 때문에 당하는 장애가 있다. 또한 어떤 사람 때문이 아니라 악한 사회의 구조 때문에 당하는 장애가 있다. 현대 산업 사회에서 발생하는 대형사고, 대규모 산업재해, 환경오염 등으로 인한 대단위의 피해 등은 어느 한 사람의 잘못이기보다는 모든 사람, 전체 사회의 구조 악이 낳은 결과이다. 그리고 그 희생이 구체적으로 힘없고 약하고 소외된 자들의 장애로 나타나기 때문에 이들이 받고 있는 고통은 바로 어떤 의미에서 다른 사람들의 죄 값을 대신하고 있음을 부인할 수 없다. 특히 대형사고, 대규모 산업재해로 인해 중도 장애인이 증가하고 있는 현 시점에서 대속적 고난에 대한 해석이 요구된다.

이런 의미에서 예수의 십자가에서의 고난은 장애인들과 깊은 관계가 있다고 해도 과언이 아닐 것이다. 예수를 십자가에서 처형시킨 것은 그 당시의 기득권층이었다. 예수를 정치적인 인물로 생각했던 기득권층은 예수를 따르는 무리들이 두려웠을 것이다. 그러나 예수를 따르는 무리의 대부분은 가난한 자들, 장애인들을 비롯한 사회에서 소외된 계층이었다. 그들은 세력화를 도모했던 것이 아니라 단지 예수의 말씀을 사모하며, 예수의 말씀을 통해 하나님 나라의 도래를 꿈꾸는 자들이었다. 당시의 사람들과 사회가 장애인이 된 것은 죄의 결과 때문이라 생각하며 소외시킨 그들을 예수는 치유하고 오히려 그들이 하나님의 나라의 상속자라고 외치며 그들을 직접 찾아다니며 맞아 주시고 그 장애를 해결해 주신 분이었다. 그들은 이 땅에서 자신들을 한 인간으로 인정해 주고 대접해 준 예수를 따랐을 뿐이었다. 이러한 장애인들을 향한 예수의 사랑을 이계윤은 장애(長愛)라고 표현한다.[180] 결국 기득권층의 잘못된 계산은 예수를 십자가에 못 박는 길로 몰아갔고, 예수는 십자가에 매달렸다.[181]

따라서 자신의 죄가 아닌 타인들의 잘못으로 인해 장애를 입어 고통 가운데 있게 되고, 이로 인해 다른 사람들의 삶을 다양하게 보완해 주며 고난을 장애인이 감당한다는 해석은 대속으로서의 고

---

180) 이계윤, "예수님의 고난과 장애인." **인터넷 장애인 신문**, 2006년 3월 12일: http://www.ablenews.co.kr

181) Ibid.

난의 종의 단면을 보여 주고 있다고 하겠다.

장애인 신학은 장애인이 주체가 되어야 하는 신학이다. 지금까지 장애인을 위한 선교, 치유, 교육적인 측면에서의 장애인이 수동적인 존재였다면 이제는 능동적인 존재로 변해야 한다. 장애인을 위한 신학이 아니라 장애인이 하는 신학이 되어야 한다. 그 능동성이 장애인 신학을 신학 되게 할 수 있다. 또한 장애 신학이 아니다. 장애인 신학이라는 것은 '장애'라는 결과에 초점을 두는 것이 아니라 '인' 즉 사람이라는 대상에 초점을 두는 신학이다. 그 사람은 하나님의 형상대로 지음 받은 피조물이다. 그 인간에게 하나님께서는 피조세계를 돌보고 관리할 의무를 부여하셨다. 이 의무의 이행은 장애의 유무, 능력의 대소에 상관없이 피조물인 인간 모두에게 부여된 것이다.

제3절 기독교 상담학적 논의

1. 장애청소년의 스트레스를 감소시키는 기독교 상담 원리

비장애인에게는 장애청소년에 대한 고정관념이 있다. 장애를 갖고 있기 때문에 그들을 불안한 존재, 결핍된 존재, 보호를 받아야 하는 존재로 보는 시각이 보편적이다. 그러나 그러한 장애청소년에 대한 부정적인 시각은 오히려 그들에게 부정적인 정체감을 형성하도록 자극할 수 있는 요인이 될 수 있다. 실제로 그러한 문제들을 겪고 있는 장애청소년들도 있지만 그만큼 건전하고 건강하게 청소년기를 지나는 장애청소년들도 많이 있다는 것을 기독교 상담자는 인식해야 한다. 그들을 향한 긍정적인 시선과 격려는 아직 자신의 정체성을 만들어 가고 있는 장애청소년들에게 건강한 정서로의 인도를 가능하게 해 줄 것이다. 청소년들에게는 그들을 전적으로 수용하고 이해해 주는 장이 필요하다. 청소년기는 그야말로 발달의 한 과정임을 인식하고 그들 그대로의 존재를 받아들이는 자세가 요구되는 것이다.

본 연구의 심층 인터뷰 대상인 장애청소년은 장애로 인한 스트레스를 겪고 있었다. 그들의 스트레스 주원인은 장애로 인한 가족, 학교, 또래 집단, 사회와의 관계성과 자신들을 향한 주변 환경의 부정적인 시선이었다.

장애청소년의 스트레스를 감소시키는 기독교 상담의 원리는 그들 그대로의 존재를 수용하며, 가정, 학교, 교회, 사회 속에서의 그들의 고민과 갈등을 이해하며 그들의 이야기를 경청하는 자로서의 자세가 우선되어야 한다. 장애청소년은 자신들을 거부하는 상담자가 아니라 그들의 이야기에 관심을 갖고 들어주는 상담자를 원한다. 상담자가 경청해 주면 장애청소년은 쌓아 두었던 감정이 해소되는 것을 경험하고, 자신의 경험을 언어화하면서 보다 객관적으로 조망할 수 있는 기회를 얻게 된다. 이러한 객관적인 조망은 후에 장애청소년의 스트레스 대처, 자기 효능감, 정신건강, 대인관계까지 긍정적인 영향을 끼친다.

그러나 본 연구의 심층 인터뷰에서 만난 장애청소년은 자신들의 이야기를 들어줄 사람이 주변에 없다고 말한다. 처음에는 관심을 갖고 들어주다가 후에는 귀찮은 듯이 자신을 피하는 사람들로 인해서 상처를 받은 경험도 있었다. 무엇보다 장애청소년들은 설령 관심을 갖고 자신의 이야기를 들어주는 사람이라도 그들 또한 장애인에 대한 선입견을 갖고 있고, 자신과는 다른 세계에 사는 비장애인이기 때문에 자신들의 이야기에 공감할 수 없다는 입장이었다.

장애인으로서의 삶은 제가 원한 건 아니잖아요? 그런데 교회에서는 저
혼자 감당하라고 해요. 기도해라, 말씀을 읽어라, 매사에 감사하면서
살아야 한다. 누군 그렇게 살고 싶지 않겠어요? 그런데 마음대로 안 되는
걸 어떡해요? 솔직히 그렇게 말하는 사람들에게 당신이 나 같은
입장이라면 그렇게 살 수 있냐고 소리치고 싶은 적이 한두 번이
아니에요. 차라리 가만 두는 게 낫지.
괜히 걱정하는 척, 위하는 척…… 가식적이에요.
그런 사람들 때문에
교회 가기 싫을 때도 많아요.(최동건)

실제로 본 연구의 양적 분석 결과 신앙을 가지고 있더라도 장애청소년은 비장애청소년보다 스트레스를 더 많이 받는 것으로 나타났다. 신앙을 가진 장애청소년과 신앙을 갖고 있지 않은 장애청소년 간의 스트레스 수준에 대한 비교에 있어서도 신앙은 스트레스 감소에 그렇게 큰 영향을 끼치지 못했다. 오히려 심폐증상군, 위장계증상군, 근육긴장, 정서적 불안정은 신앙을 갖고 있지 않은 장애청소년보다 더 높게 나왔다. 즉 이 결과에 의하면 신앙은 장애청소년의 스트레스와 그 대처방식에 긍정적인 영향을 끼치지 못한다는 것이다.

그렇다면 이러한 결과가 나타난 원인은 과연 무엇인가? 그에 대한 답을 장애청소년과의 심층 인터뷰에서 찾아볼 수 있다.

> 스트레스를 받을 때마다 찬양하거나 기도하면 그 순간은 위로를 받고 스트레스가 풀리는 것 같아요. 그리고 무엇이든지 할 수 있다는 자신감도 생기죠. 그런데 그 순간뿐이에요. 제 주변상황은 바뀌지 않는 걸요. 그러니까 기도해도 되는 게 있고, 안되는 게 있다 생각하니까 어쩔 땐 차라리 기도하는 것보다 내가 더 적극적으로 해결방법을 찾아보는 게 빠를 것 같다는 생각도 들어요.(장진우)

> 하나님께서 내 인생을 인도해 주실 거라 믿었죠. 그런데 세상 속에서 내가 힘들어하고 방황할 때 하나님은 침묵하고 계셨어요. 사람들뿐만 아니라 하나님한테까지 버림 받았다고 생각하니까 기도도 안 나오던데요. 하나님도 나를 싫어하고 있는데 가족이나 사람들이 나를 싫어하고 떠나는 건 당연한 거 같아요.(박사랑)

> 어차피 내 인생은 내가 살아가야 하는 거 아닌가요? 물론 신앙을 갖고 있다는 것이 큰 도움이 되죠. 그렇다고 해서 내가 가진 문제가 기도만 한다고 해서, 찬양만 한다고 해서, 예배만 열심히 드린다고 해서 해결되는 것이 아니잖아요. 현실은 현실이니까요.(이유진)

우리에겐 누구나 성숙한 신앙에 대한 기대와 욕구가 있다. 우리의 삶 자체가 신앙과 불가분의 관계에 있기 때문에 삶에서 많은 갈등과 어려움을 경험하게 되면 그와 더불어 하나님과의 관계에도 어려움을 느끼게 된다.[182] 본 연구의 양적 분석 결과 신앙이 장애청소년의 스트레스 감소에 긍정적인 영향을 끼치지 못하는 원인을 여기서 찾아볼 수 있다. 장애청소년이 장애로 인해서 삶에서 겪는 많은 갈등과 어려움은 하나님과의 관계까지 부정적인 영향을 끼쳐

---

182) 오우성, 박민수, **상담으로 풀어 본 신학**(대구: 계명대학교 출판부, 2005), 29-30.

장애청소년의 신앙 성장이 멈추거나 퇴보되는 현상도 나타났다. 이러한 기점에서 기독교 상담은 새로운 신앙의 경험을 제공해 주는 도구가 되어야 될 것이다.

따라서 장애청소년의 스트레스를 감소시키는 기독교 상담 원리는 장애청소년과 주변 환경과의 관계성에 관심을 가져야 한다. 무엇보다 중요한 것은 장애청소년과 주변 환경과의 관계성을 단면적인 면에서만 보는 것이 아니라 장애청소년과 관계를 맺고 있는 모든 환경에 대해 통찰력을 가질 수 있는 시각이 필요하다. 예를 들면 가족 간의 갈등으로 인해서 스트레스를 받고 있는 장애청소년을 상담할 경우, 장애청소년과 가족 간의 스트레스 대처뿐만 아니라 장애청소년과 가족, 사회, 교회, 대인관계, 하나님의 관계까지 그 범위를 확장시켜 대처방법을 제시하고 상담해야 한다는 것이다.

다시 말하면 장애청소년의 스트레스 요인에 대해 통찰력을 갖고 대처방식을 강구하는 상담 자세는 그 상황과 갈등뿐만 아니라 장애청소년과 하나님, 사회, 교회, 대인관계 등 그 주변 환경과의 관계까지 긍정적인 영향을 끼칠 수 있다는 것이다. 그러기 위해서는 무엇보다 장애청소년들이 건전하게 스트레스를 풀 수 있도록 돕는 프로그램들이 목회적 차원과 상담적 차원에서 활성화되어야 할 것이다.

2. 장애청소년의 자기 효능감을 증진하는 기독교 상담 원리

심리학자들이 자기 효능감을 중요한 개념으로 간주하는 이유는 그것이 인간의 행동과 적응문제에 큰 영향을 끼치며, 자기 효능감은 다양한 사회적 상호작용의 경험을 통해 형성되며 인간의 전 생애에 걸쳐 변화한다고 생각되기 때문이다.

일반 심리학에서 자기 효능감은 중요한 타인이나 사회적 가치 기준에 따라 결정되어 진다. 그러나 한 사회의 구성원들이라 할지라도 서로 다른 기대와 평가를 할 때도 많고 사회의 가치체계가 급속도로 변화하고 있으며 또 사회가 인정하는 어떤 겉모습을 가졌다고 해서 우리의 내면에서 자신의 삶 자체를 가치 있게 여기는가는 또 다른 문제인 경우가 많다.

위에서도 언급했듯이 본 연구의 양적 분석 결과에 의하면 장애청소년과 비장애청소년 간의 자기 효능감은 큰 차이가 없었다. 다시 말하면 장애청소년도 비장애청소년과 마찬가지로 자신에게 어떤 위기나 상황이 주어졌을 때 그 문제에 대처할 수 있다는 효능감을 갖고 있다는 것이다. 그러나 질적 분석 결과 이러한 효능감은 장애인으로서의 삶을 살아가면서 사회의 장벽에 부딪혀 점점 감소하고 있다는 것을 발견할 수 있었다.

이러한 장애청소년들에게 기독교 상담은 일반 심리학의 관점과는 다른 관점에서 그들에게 새로운 가치를 심어 줘야 한다. 즉 새로운 가치란 하나님이 나를 창조하셨고 구속하셨고 능력을 주셨기에 내가 사랑스럽고 유능하고 소중한 존재가 되었다는 사실을 인식하게 함으로써 느낄 수 있는 것이다. 즉 하나님의 형상으로 지음 받고 성령으로 말미암아 회복되고 새로워진다는 확신에 기반을 둔 자기 효능감을 말한다. 그것은 불변하고 견고한 가치이며, 세상의 변덕스럽고 예측 불허한 반응과는 다르다. 하나님의 말씀과 관

점에 근거를 둔 자기 효능감만이 진정한 자기 효능감임을 장애청
소년들에게 상기시켜야 한다.

Carlson은 자기 효능감에 대해 세상의 중심이 되기를 기꺼이 포
기하고 자신을 하나님의 소중하고 사랑스러운 존재, 용서와 구속의
은혜를 받을만한 피조물로 기꺼이 받아들이라는 것이라고 정의하
면서, 건강한 자기 효능감의 기준을 다음과 같이 제시하였다.[183]
Carlson의 이론에 근거하여 장애청소년의 자기 효능감을 증진하는
기독교 상담 원리를 제안해 보고자 한다.

첫째, 겸손(humility)함을 갖추도록 한다. 겸손은 굴욕과 다르다.
겸손은 하나님께 지음 받은 자로서 자신이 누구인지를 인식하는
것이며, 굴욕은 수치감과 당혹감으로 현재 자신의 모습에 만족하지
못하는 것이다. 필자가 만난 질적 분석 대상자인 장애청소년은 물
론 대부분의 장애청소년이 자신의 모습에 대해 불만족해하고 있었
으며 겸손의 자세보다는 굴욕의 모습을 갖고 있었다. 논의 부분
제1절 2의 장애청소년의 자기 효능감, 대인관계, 정신건강에 관한
논의 부분에서도 언급했듯이 장애청소년의 자기 효능감 증진의 시
작은 자기를 사랑하는 것에서부터 시작된다. 여기서 말하는 자기
사랑은 이기심(selfishness)과 다르다. 이기심은 상대방을 희생시켜 내
필요를 먼저 챙기는 태도와 행동이며, 자기 사랑은 상대방과 상대
방의 필요를 내 것만큼 중요하다고 생각하며 내 필요와 느낌 역시
상대방의 것만큼 중요하다고 생각하는 태도를 말한다. 그러나 일반
상담에서의 자기 사랑하기가 인본주의 측면에서 다루어지고 있다
면 기독교 상담에서는 하나님께 지음 받은 자로서 자신이 누구인

---

183) D. E. Carlson, **자존감**, 이관직 역(서울: 도서출판 두란노, 2002), 22.

지를 인식하는 것이며, 그 사랑은 자신을 향한 하나님의 사랑으로
부터 영향을 받은 것임을 상기시키고 그 부분을 부각시켜야 한다.

둘째, 자기부인(self − denial)은 자기비하(self − degradation)와 다름
을 인식시킨다. 자기 부인이란 죄 된 욕구들과 이기적인 행동을
기꺼이 벗어버리는 것을 의미하며, 자신이 아무것도 아닌 아무 사
람도 아닌 비존재적인 사람이 되는 것을 의미하지 않는다. 연구의
심층 인터뷰 대상자인 기독 장애청소년들은 특히 자신에게 나타나
는 죄 된 욕구들(적대감, 공격성, 살인 충동 등)과 이기적인 행동으
로 고민하고 고통받고 있었다.

가끔씩 아버지가 ** 할 때마다 이러다가 내가 아버지를 죽이면
어떡하지…… 하는 무서운 생각이 들어요. 순간 화가 나면 눈에 뵈는 게
없는 성격인데…… 지금 가만히 생각해보니까 그런 생각이 들 때마다
무언가를 부순 것 같아요.(최동건)

난 다른 사람이 가진 것에 욕심내면서 다른 사람이 내가 가진 것에
욕심내는 건 절대 용서 못해요. 이러면 안 되는 줄 아는데, 가진 건
없지만 나누며 살아야 한다고 목사님이랑 부모님께서 늘 말씀
하시는데…… 저 정말 못된 아이죠?(김은유)

기독교 상담에서는 장애청소년들의 이러한 행동은 그들에게서만
나타나는 것이 아니라 인간이라면 누구든지 가질 수 있는 감정임
을 인식시키고 무조건적인 비판과 비난의 자세를 취해서는 안 된
다. 더 나아가 장애청소년들이 죄 된 욕구와 이기적인 행동으로
고민하고 있다는 것은 하나님 앞에서 바로 서고자 하는 의지가 있
음을 인지하고 격려와 도움을 주어야 한다.

셋째, 자격이 없는 것(unworthy)은 무가치한 것(worthless)과 다르

다는 것을 인식시킨다. 우리는 하나님의 사랑과 자비와 은혜를 받을 자격이 없는 사람들이지만, 성경은 우리가 하나님에게 무한한 가치를 지닌 존재라고 분명하게 가르치고 있다. 본 연구의 신학적 논의 부분에서도 언급했듯이 장애인 또한 비장애인과 다름없는 하나님의 형상을 갖고 있으며, 하나님께서 장애인들에게도 비장애인들과 동등한 사랑과 자비와 은혜를 부어주심을 확인할 수 있었다. 그러나 장애청소년은 스스로를 무가치한 존재라고 스스로를 비하하고, 학대하는 현상을 보이는 경우도 있다.

이 세상에 태어난 것부터가 잘못된 거죠 뭐. 나 같은 사람이 할 수 있는 일이나 있겠어요? 한다고 되기나 하겠어요? 교회에서는 하나님께서 나를 사랑하시고, 시련도 능히 이겨낼 수 있는 사람에게만 주신다고 하는데……
나는 이겨낼 능력도 없는데 시련은 어찌나 많은지. 허참!(박사랑)

성경은 인간이 하나님의 형상대로 창조되었다고 분명히 말하고 있다.[184] 하나님은 자신의 형상대로 인간을 창조하였기 때문에 끊임없이 인간에 대한 관심을 보인다. 또한 하나님은 결코 끊어지지 않는 단단한 사랑의 끈으로 인간을 붙잡아 주신다.[185] 하나님은 이 세상의 모든 부분들이 서로 신비스러울 정도로 꼭 어울리게 창조하셨으며, 그중에서도 특히 결정적인 창조물은 바로 자신의 형상대로 지은 인간이며, 장애인 또한 하나님의 형상대로 지음 받은 인간이다. 그러므로 기독교 상담은 이 사실을 이해하는 것이 절대적으로 필요하다. 이것은 상담자와 내담자로 찾아온 장애청소년간의

---

184) 창 1: 27.
185) 롬 8: 15 - 16.

상호 이해와 수용은 인간은 하나님에 의해 창조되었다는 사실에
뿌리박고 또한 그 사실 안에서 이루어져야 하는 것을 말한다.[186)]

　다른 피조물과 달리 인간은 가장 귀한 존재이며 하나님과 또 다
른 사람들과 인격적인 관계를 맺고 사는 존재이며 하나님의 대리
자이며 청지기로서의 사명을 가지고 살아가는 존재이다. 성경에서
말하는 자기 효능감은 철저하게 '하나님의 은혜'에 근거를 두고 있
다. 이는 우리 자신을 다른 사람과 비교하는 상대적인 기준으로
평가하는 것이 아니라 하나님이 보시는 관점과 그분 안에서 갖게
된 절대적인 기준으로 보는 것을 말한다.[187)] 그러므로 기독교 상담
은 장애청소년들에게 있어서 세상의 상대적인 기준이 아닌 하나님
의 절대적인 기준을 상기시키고 기독교 상담자 또한 그 기준을 인
식하며 장애청소년을 대해야 할 것이다.

3. 장애청소년의 정신건강을 돕는 기독교 상담 원리

　정신이 건강한 사람은 사물을 그가 원하는 대로가 아니라 있는
그대로 보며 자기를 객관화할 수 있다. 더욱더 성숙한 사람은 자
신을 '객체'(Object)로서 인식하며, 있는 그대로의 자신과 자기가
바라는 자신, 남들이 보는 자신과의 차이를 이해하는 것을 의미한
다. 따라서 장애청소년의 정신건강을 돕기 위해서는 있는 그대로의

---

186) 오우성, 박민수, 104.

187) 김상현, "자존감이 신앙생활에 미치는 긍정적인 영향에 대한 연구"(석사학위논문, 한신대
　　 학교, 2001), 60.

그들의 모습을 인정하고 받아들이기를 배울 수 있도록 도와주어야 한다. 그리고 자신의 느낌, 생각, 행동 등 여러 가지 심리적인 현상을 자기의 것으로 인정하고 책임을 지는 것이다. 이것은 현실 직면의 용기를 필요로 하며, 자신이 두려움, 불안 그리고 분노의 감정을 느끼고 있다는 사실을 솔직히 인정하고 받아들일 수 있도록 해야 한다.

본 연구를 통해 장애 기독청소년과 비장애 기독청소년의 정신건강을 비교해 본 결과 장애 기독청소년의 정신건강이 비장애 기독청소년의 정신건강보다 훨씬 나쁘다는 결과가 나왔다. 이 결과에 의하면 신앙은 장애청소년의 정신건강에 긍정적인 영향을 끼치지 못하고 있다는 것으로 해석할 수 있다. 특히 같은 기독교인 중에서도 장애청소년은 강박증, 예민증, 우울증, 신체화, 불안, 적대감, 공포 불안 등의 부정적 정서면에서 비장애청소년보다 더 나쁘다는 결과가 나왔다. 장애 기독청소년과 장애 비기독청소년의 정신건강 비교에 있어서도 신앙의 유무에 따른 정신건강의 차이는 없었으며, 신체화, 적대감, 불안, 공포·불안은 장애 기독청소년이 더 높은 것으로 나타났다.

신앙이란 예수를 나의 구주로 믿는다는 것을 단순히 고백하고 인지하는 것으로 끝나지 않는다. 신앙이란 정적인 형태가 아니라 동적이고 삶이며 관계 그 이상인 것이다. 여기서 관계란 대인관계뿐만 아니라 모든 사물과 환경, 더 나아가 궁극적으로 하나님과의 관계까지도 포함하는 포괄적인 의미이다.[188] 따라서 정신건강과 신

---

188) 박신미, "기독청소년의 신앙성숙도와 자존감 및 정신건강과의 관계"(석사학위논문, 총신대학교, 2005), 34-35.

앙은 별개가 아니라 하나의 선상에서 이해해야 하며, 정신건강의 문제가 제대로 해결되지 않을 때 이것은 바로 신앙의 성숙에도 영향을 끼친다는 것이다. 그래서 Rash와 Pigg는 건강이란 신체적, 정서적, 사회적 그리고 영적으로 최적의 안녕 상태라고 정의하였다.[189]

본 연구의 양적 분석 결과에서 장애청소년의 정신건강 상태가 비장애청소년의 정신건강 상태보다 나쁘다는 결과는 이 주장을 뒷받침하고 있는 것이다. 정신건강은 신체, 정서, 사회, 영적으로 최적의 상태를 유지해야 하는 것이다. 그러나 장애청소년은 신체와 정서, 사회적 관계에서 최적의 상태를 유지하지 못하고 있고 이러한 상황은 그들의 영적인 부분까지 영향을 끼쳐 전체적으로 정신건강 상태가 비장애청소년보다 나쁘다는 결과가 나온 것으로 해석된다. 정신적으로 건강한 사람은 자신의 마음을 잘 지키고 다스리지만 그렇지 못할 때 올바른 신앙을 가질 수 없으며, 반대로 하나님과 바른 신앙관계를 갖지 못할 때 이웃과 사랑의 관계를 맺기 어렵다고 한다. 곧 정신적으로 건강하다는 것은 건강한 신앙 즉 성숙한 신앙을 소유한 자라는 말과 상통한다고 볼 수 있다.

따라서 장애청소년의 건강한 정신건강을 위한 기독교 상담은 단순히 장애청소년과 하나님과의 관계만을 생각하는 것이 아니라 장애청소년과 가족, 이웃, 교회, 사회와의 관계까지 고려해야 한다는 패러다임 전환을 필요로 한다.

지금까지의 한국 교회의 장애인 사역은 하나님과 장애인 간의 관계성만을 중시하고 있었다. 그러나 장애청소년의 정신건강과 성

---

189) 계인선, "기독교인의 신앙성숙과 건강증진 생활양식 및 건강 상태에 관한 연구"(석사학위 논문, 연세대학교, 1999).

숙된 신앙은 하나님과의 관계성뿐만 아니라 장애청소년의 대인관계, 사물, 주변 환경과의 관계성까지 함께 고려될 때 비로소 긍정적인 방향으로의 변화가 일어날 수 있고, 회복될 수 있다.

일반상담이 정신건강의 문제를 단지 인간 내에서 그리고 인간관계와 환경에만 관심을 갖고 다루고 있다면 기독교 상담은 여기에 안주하고 만족해서는 안 된다. 왜냐하면 이러한 전제는 변화무상하고 한계를 가지고 있으며 여러모로 부족한 인간만을 고려한 것이기 때문이다. 즉 인간을 육체와 정신을 갖춘 존재로 보고 생물학적, 심리학적 분석만을 하였다. 그러나 기독교적 입장에서 볼 때, 하나님의 형상으로 지음 받은 인간은 하나님과 교제를 나눌 수 있는 특권을 부여받은 즉 육체적, 정신적, 영적 요인들이 통합되어 있는 전인(whole man)이다. 따라서 진정한 의미의 정신건강은 보다 높은 차원의 관계도 염두에 두어야 한다. Frankl은 인간이 경험하는 모든 사건들은 궁극적인 의미와 질문으로 탈바꿈하는 문(門)을 제공하며 결국에는 영적인 문제에 모이게 된다고 하였다.

따라서 기독교 상담에서는 육체적, 정신적 자원뿐만 아니라 영적자원을 이용하여 정신건강에 대처해 나가야 하며, 진정한 의미의 전인적 회복을 달성할 수 있도록 장애청소년의 영적건강을 위하여 노력해야 한다. 즉 인간적 개성은 일부분이 아니라 통합된 전체로 간주할 수 있는 것이다.[190]

본 연구 참여자인 다수의 장애청소년은 신앙의 유무에 상관없이 장애로 인한 관계성에서 오는 스트레스로 인해 대인관계에 대한

---

190) C. Chandler, J. Holden, and C. Kolander, "Counseling for Spiritual Wellness: Theory and Practice," *Journal of Counseling Development* 71(1992): 168 – 175.

적대감, 두려움, 불안한 감정 등을 보였으며, 이러한 부정적인 감정을 해소하기보다는 스스로 감당하며 억압하고 있었다. 그리고 이 억압된 감정은 더 나아가 하나님과의 관계까지 영향을 끼쳐 하나님에 대한 두려움, 하나님과의 단절, 자신의 불안한 미래를 하나님께 맡기지 못하는 상황까지 나타나게 만들었다.

그렇다면 장애청소년의 영적 건강을 증진시키기 위해 기독교 상담에서 제시할 수 있는 영적자원은 무엇인가? 그것은 장애청소년을 대함에 있어서 기독교 상담은 예수의 십자가의 수난과 그 의미를 상담자 자신이 인식하고 장애청소년에게 그것을 상기시키는 것이다. 예수의 십자가는 죄를 대속하는 수단이었다. 십자가는 죄로 인해서 가로막힌 하나님과의 관계를 회복하게 하며 그것을 근거로 인간 간의 관계를 회복하게 한다. 이렇게 볼 때 십자가는 관계성 회복의 수단이라고 할 수 있다. 십자가를 통해서 치유를 받으면 관계성이 회복된다. 그렇다면 십자가형이 왜 장애청소년에게 치유하는 효과나 능력이 있는가? 십자가가 우리들에게 치유하는 능력이 되는 것은 예수께서 이미 우리 죄를 위하여 자신의 피를 흘리셨기 때문이다. 예수는 인간으로 오셔서 죄인이 죄의 대가를 지불해야 하는 것을 대신 지불하셨기 때문에 치유의 능력이 나타나는 것이다. 그러므로 십자가가 상담이나 치유에 효과가 있다.[191] 기독교 상담은 십자가의 고통에 담긴 깊은 의미를 되새겨야 한다. 예수의 십자가를 통하여 장애청소년의 삶과 고통에 새로운 의미를 부여할 수 있어야 한다.

---

191) 오우성, 박민수, 184.

4. 장애청소년을 위한 기독교 상담 원리

기독교 상담자의 모델은 예수이다. 예수의 장애인에 대한 이해는 기존의 이해를 뒤집는 것이었다. 제자들의 질문에서는 "소경된 것"이 죄의 결과였던 반면에 예수의 답변에서는 하나님의 영광을 드러내기 위한 원인으로 바뀌었다. 예수는 당시 사람들의 과거 지향적이었던 부정적인 장애인관을 하나님의 하시는 일을 나타내고자 장애인이 되었다고 말씀하시므로 미래 지향적이고 긍정적인 장애인관으로 바꾸어 주었다.[192]

장애인들은 그가 은혜를 체험한 존재로서 비장애인들에게 하나님의 뜻을 전하고 외치는 역할을 행하였다.[193] 장애인들은 하나님의 나라가 예수의 사역과 함께 이 세상에 시작되고 있다는 것을 보여 주고 있는 산 증인들이었다. 장애인들은 고통이 큰 만큼 하나님의 은혜와 사랑을 더 넘치게 체험했다. 예수의 장애인관은 사람의 장애인 됨을 '결과'가 아니라 '원인'으로 바꾸어 놓고 있다.

이 패러다임의 전환이 기독교 상담에서 이루어져야 한다. 단순히 '장애'라는 결과만 놓고 상담을 진행시키는 것이 아니라 그 '원인'을 생각한다면 장애는 장애인만의 문제가 아니다. 이러한 시각의 변화부터가 장애인들의 자학, 자기멸시, 자기 부정 등의 부정적 심리 현상과 부정적인 정신건강을 치료하는 길의 첫걸음이 될 것이다.

---

192) 김홍민, "한국교회 장애인 복지선교 사업에 관한 연구"(석사학위논문, 한신대학교, 1997), 12.
193) 막 7: 35 - 37.

따라서 필자는 본 연구의 양적·질적 분석 결과를 근거로 하여 장애청소년을 위한 기독교 상담 원리를 제시하고자 한다.

첫째, 언제든지 가능하다면 상담자와 장애청소년 간의 개인 권력은 평등하게 접근되어야 한다. - 본 연구의 연구결과를 보면 장애청소년은 권위의식을 갖고 자신들을 거부하는 상담자가 아니라 자신들의 이야기에 관심을 갖고 들어주는 친구 같은 상담자를 원한다. 특히 청소년 시기는 부모와 선생님을 비롯한 어른들과의 빈약한 의사소통으로 위기를 겪고 있다. 많은 청소년들이 자기들의 문제를 어른들에게 말하지 못하고 있다. 그것은 말을 해봐야 오히려 꾸중만 듣거나 경계만 더 심해질 뿐 아무 도움도 받을 수 없기 때문이다. 이러한 문제는 장애청소년들에게 더 심각하게 나타난다. 따라서 상담자는 그들에 대한 자신의 사고나 감정에 사로잡히지 말고 내담자가 말하는 것을 주의 깊게 듣고 그들의 감정과 사고를 이해해야 한다. 이처럼 상담자가 평등한 입장에서 그들의 얘기를 경청해 주면, 장애청소년은 쌓아 두었던 감정이 해소되는 것을 경험하고, 자신의 경험을 언어화하면서 보다 객관적으로 조망할 수 있는 기회를 얻게 된다. 이러한 평등한 입장의 경청자에 대한 소망은 하나님과의 관계까지 연결이 되는 것을 연구 결과를 통해서 검증이 되었다.

둘째, 장애청소년의 자율성, 능력, 지도력에 대한 잠재력을 인정하고, 내면의 풍부한 잠재력과 힘을 찾을 수 있도록 독려한다. - 즉 장애청소년의 장점과 힘의 잠재적인 근원, 이용 가능한 생활방식, 자기의 삶에 영향력을 갖는 방법 등을 알아보고 확인할 수 있도록 돕는다. 이 원리는 특히 장애청소년을 상담함에 있어서 꼭 필요한 원리이다. 장애청소년은 고통과 절망을 주로 토로하는 경우가 많다. 전문적이지 않은 상담자는 내담자의 고통과 절망에만 초점을 둘 가능성도 존재한다. 그렇지만 타인과의 관계를 거부하거나 벽을 쌓아 놓고 있는 장애청소년이 스스로의 문제를 해결하기 위해 상담자를 찾은 행위 그 자체만으로도 자신의 문제를 해결하려는 의지를 갖고 첫걸음을 시작했다는 것을 상담자는 지각할 필요가 있다. 따라서 장애청소년이 장애로 인한 눈앞의 고통과 절망 때문에 보지 못하는 자신의 능력과 가능성을 상담자는 지각하고 인정해야 한다. 비록 장애청소년이 사소한 것이라고 무시하는 성공의 체험도 상담자는 인정하고 장애청소년이 수용하도록 격려할 필요가 있다. 상담은 병리현상보다는 장애청소년의 강점을 끌어내고 키우는데 초점을 두며 상담자는 장애청소년이 요구하는 것을 찾을 수 있도록 환경을 조절할 수 있는 능력을 증가시키는 과정이다.

셋째, 장애청소년과 가족 전체 또는 가족 개개인이 같은 체제의 영향력 사이에서 균형을 이루도록 돕는다. - 장애청소년의 문제는 그들 자신만의 노력으로 극복할 수 없다. 장애아의 출생이나 장애의 발생으로 인해 큰 충격을 받은 당사자나 가족에게는 상담자의 시기적절한 상담이 요구된다. 특히 중도에 후천적으로 장애를 입게 된 사람의 경우나 장애아를 출산한 부모의 경우에 그러한 장애발생은 위기 상황으로 다가오게 되고, 마음의 상처를 입거나 정신적 고통을 당하게 된다. 그리고 이러한 문제는 지속적인 가족의 문제를 야기하기 때문에 가족상담이 요청된다. 그래서 상담자는 장애청소년과 그 부모만이 아니라 가족 구성원 전체에 대한 개별적이고도 가족 단위적인 상담을 통해 그 가족이 장애청소년과 더불어 사는 법을 익히도록 도와주어야 한다. 가족 문제는 가족만의 문제가 아니다. 장애청소년 가족의 문제 역시 해당 가족만의 문제가 아니기 때문에 가족에 대한 담론을 공적인 것으로 만들 필요성이 기독교 상담에서도 대두된다. 가족에 관한 담론을 공적인 것으로 만든다는 것은 사적인 관계가 공적인 무대에서 연출되어야 한다는 의미가 아니라 그 관계가 형성되는 원칙과 그 관계를 둘러싼 조건이 일반 토론의 기본 요소가 되어야 한다는 의미이다.[194] 이는 장애청소년의 가족 문제가 이기성과 공공성의 문제를 계속하여 제기하고 있다고 보고 이에 대해 공적 활동으로서 기독교 상담이 관심을 가져야 한다는 촉구로부터 나온다. 또한 가족이라는 신학적 정립에 대한 분명한 기준이 없이 혼란과 상처를 겪는 장애청소년을 둔 가족들에게 기준을 제시할 수 있어야 한다는 요청으로부터 나온다.

넷째, 다른 사람과의 관계 속에서 정의된 것이 아닌 개인적인 정체감을 찾도록 독려한다. — 장애청소년은 어린 시절부터 대인관계의 경험을 통하여 거부에 대한 두려움, 배신감, 적대감의 심리상태가 형성되었다. 그리하여 한 번 시작된 그 관계를 유지하는 데 지나친 책임감을 느끼고 자신의 욕구를 감추고, 지연시키는 경향이 있다. 심지어 가족관계에 있어서도 개인적인 정체감을 찾기보다는 부모의 눈치를 살피며 부모에게 버림받지 않기 위해, 집안의 평화를 위해 자신의 본 모습이 아닌 부모의 요구에 의해 형성된 모습으로 살아가고 있다. 따라서 상담자는 장애청소년의 정체성을 찾도록 도와주고, 타인 중심의 관계 형성이 아닌 주체적인 입장을 가

---

194) M. Barret and M. McIntosh, **성의 사회학**, 이동원 · 김미숙 공역(서울: 이화여대출판부, 1994).

진 자기중심의 관계를 시작할 수 있도록 도와주어야 한다.

다섯째, 장애청소년의 문제를 사회·문화적·정치적 맥락에서 해석한다. 상담자의 입장에서는 장애인에 대한 사회적인 인습과 굴레가 장애청소년의 성장을 방해하는 기본요소라는 것을 인식해야 한다. 즉 장애청소년들에게 개인적인 것은 정치적, 사회적, 문화적 환경의 산물이라는 것을 강조하며 이러한 맥락에서 그들의 문제는 비장애인 중심인 사회 구조의 결과로써 불가피한 문제라는 것을 이해하도록 돕는다. 본 연구에서도, 분석 결과를 통하여 장애청소년이 경험하는 스트레스의 주요 원인으로 사회적 원인과 문화적 원인에 큰 비중이 있음을 살펴보았다. 다시 말하면, 장애청소년을 비롯한 장애인에게 고통을 제공하는 원인으로 장애인에 대한 사회의 부정적인 시각이 큰 영향을 끼쳤다는 것은 부인할 수 없는 사실이다. 그리고 그 배후에는 평균인간, 동질인간, 보편인간을 지향하며 그 기준에서 이탈될수록 존재가치를 상실하게 만드는 문화가 존재하고 있다. 그러므로 상담자는 사회구조와 문화가 장애청소년에게 미치는 영향과 그 과정에 대해 관심을 갖는 것이 필요하다. 물론, 사회구조나 문화를 변화시키려는 노력이 매우 힘들지만, 의미 있는 것이기 때문에 장애청소년은 그것을 새로운 인생의 목표로 선택할 수 있다. 그러한 경우에, 그 과정에서의 현실적 어려움을 과소평가하지 않으면서 용기를 갖도록 격려하는 과정이 포함된다. 장애청소년의 개인적 차원과 사회·정치·문화적 차원은 결코 서로 분리될 수 없다.

여섯째, 장애청소년에게 인식된 하나님의 형상을 드러낼 수 있도록 독려하고, 그에 대한 관찰 및 해석을 한다. 개인은 모두 하나님에 대한 개인적인 심리적 형상을 갖고 있다.[195] 이 형상은 개인이 내면화한 상징이다. 특히 장애청소년이 갖고 있는 하나님의 형상은 자신을 미워하고 자유를 누리지 못하게 억압하는 분인 것처럼 보인다. 이러한 하나님의 형상을 지각하고 솔직하게 드러내도록 격려할 필요가 있다. 그리고 자신의 고통과 억울함에 대해 분노하는 것을 인정하는 하나님의 형상을 포함하도록 모색하는 노력도 필요하다. 우리는 장애인에 대한 신학적 고찰 부분에서 장애인 또한 비장애인과 다름없는 하나님의 형상을 갖고 있다는 것을 확인할 수 있었다. 그러나 교리적 방어와 설득에 익숙한 우리의 분위기에서 하나님의 형상에 대한 고찰은 신학적 교리의 논쟁으로 비화할 가능성이 매우 높다. 그러므로 논쟁을 피하고, 스스로의 신앙을 성찰하고 자신의 경험을 신앙 안에서 수용하는 작업으로 이끄는 것이 필요하다.

일곱째, 장애청소년의 상담은 장애인이 하는 것을 원칙으로 한다. 그 이유는 비장애인은 우리사회에서 장애인이 내면으로 경험한 것이 무엇인지를 알 수 없으며 또한 그가 비장애인이기 때문에 장애인에 대한 선입견이 자리 잡고 있을 수도 있기 때문이다. 이러한 방법은 장애인이 장애인을 상담한다면 공감이나 서로에 대한 이해가 깊어질 수 있으며, 비장애인이 할 수 없는 부분들을 포함할 수 있다는 장점이 있다. 실례로 본 필자는 장애청소년과의 심층 인터뷰를 통해 이 원리에 대한 확신을 가질 수 있었다. 이 원리가 실행되기 위해서는 우선 장애인을 대상으로 한 상담 교육이 필요

---

195) Ana - Maria Rizzuto, *The Birth of The Living God*(Chicago: University of Chicago Press, 1979).

하다. 장애인들 스스로도 능동적인 자세가 필요하다. 특히 장애인 기독교 상담자는 자신의 치유 받음을 다른 장애인들과 함께 나누고 전한다면 선교의 역할까지 함께 감당하는 자원이 될 것이다.

여덟째, 장애청소년을 비난하지 않고 그의 권위를 인정한다. - 상담은 현실적인 접근을 하기 때문에 상담에 참여하는 내담자의 변화를 통해서 문제를 해결하거나 인간관계를 변화하려는 노력을 한다. 내담자만이 문제를 해결하려는 동기를 갖고 있는 경우가 많기 때문이다. 그런데 이러한 과정에서, 내담자가 변화해야 한다는 것을 강조하다보면, 암시적으로 내담자를 비난하게 될 위험이 높다. 그리고 문제를 유발하고 지속시키지만 상담에 참여하지 않는 인물에 대해 침묵함으로써, 암시적으로 그 인물을 과보호할 위험이 높다. 이러한 위험은 피하도록 노력할 필요가 있다. 즉 상담자에게는 장애청소년을 한 인간으로 존중하여 그의 감정, 사고, 행동을 평가하거나 판단하지 않고 있는 그대로를 받아들이는 자세가 필요하다. 그러한 자세를 상담자가 보일 때 장애청소년들은 그들의 어떠한 모습도 있는 그대로를 받아주는 사람이 있다는 사실을 알게 된다. 이렇게 될 때 다른 사람들과의 신뢰 관계 더 나아가서는 하나님과의 신뢰 관계가 확고하게 세워지게 될 것이다.

아홉째, 교회의 교육 과정에서 장애청소년에게 미치는 영향을 고려한다. 교회의 교육에서 사용하는 성경이나 전통적 교리에는 장애인을 향한 차별적 언어나 상징을 포함하고 있다. 특히 성경에 있는 절뚝발이, 귀머거리, 소경, 난쟁이, 문둥병자, 병신, 불구자 등 장애인을 칭하는 용어로 말미암아 장애인들 특히 장애청소년들은 일반청소년들보다 더 강한 열등감과 부끄러움 등을 느낄 수 있으므로 부정적인 요소를 제거하기 위한 용어의 순화작업이 필요하다. 이러한 작업의 방안으로 미국에서는 아직 보편적으로 사용되는 것은 아니지만 장애인을 '육체적으로 도전을 받고 있는 사람'(physically challenged person)이라고 부르고 있다.[196] 이러한 긍정적인 용어는 스스로 아무것도 할 수 없다고 자포자기하는 장애청소년에게 도전 의식과 비전을 품게 해 줄 수 있다고 본다.

기독교 상담은 위의 원리를 토대로 하여 장애청소년으로 하여금 장애의 수용과 자기 통찰력을 갖게 해 주고, 장애청소년도 이 사회를 위해 무언가를 할 수 있다는 사고변화를 촉구해 줌으로 인해 미래에 대한 확신과 가능성을 가질 수 있도록 도와주어야 한다. 물론 주위의 격려, 설득, 상담이 장애청소년에게 큰 영향을 끼친다고는 할 수 없다. 그러나 어떤 계기로든 장애청소년으로 하여금 생명의 가치를 깨닫게 하고 자기가 이 세상에서 가장 불행한 인간이 아니라 가장 행복해 질 수 있는 가능성을 갖고 있다는 자신감을 불어넣어 주는 것이 중요하다고 하겠다.

또한 하나님은 이 세상을 창조하실 뿐만 아니라 통치하신다. 하나님께서 이 세상을 다스리시고 통치하신다는 사실은 내담자가 가지고 있는 문제해결에 대해서 근본적인 새로운 시각을 보여 주게 된다. 왜냐하면 하나님의 성품과 섭리를 생각할 때 그 어떠한 것이라도 그 백성들을 해롭게 하시지 않을 것이라는 사실은 하나의 해답의 역할을 하기 때문이다.[197] 하나님이 온 우주의 주권자가 되심같이 우리들의 마음에도 주권자가 되신다. 장애청소년이 장애로

---

196) 강원호, "미국교회의 장애인목회 현장에서 배우는 교훈," **목회와 신학** 82(1996): 79.

197) 오우성, 박민수, 104.

인해 겪는 육체적, 심리적, 사회적 상황이 절망적이라 할지라도 그것은 장애청소년을 향한 하나님 계획의 일부임을 기독교 상담자와 장애청소년은 인정해야 한다. 이러한 사실을 인정하는 것부터 상담자나 내담자 모두에게 있어 긍정적이고 획기적인 상황을 가져다줄 것이다. 그러므로 기독교 상담자들은 이런 사실을 장애청소년에게 바로 전달할 수 있기 위해 은혜로우신 하나님의 주권을 믿고 장애청소년을 위한 기독교 상담 원리 또한 하나님의 주권 아래에서 세워야 한다. 그리고 무엇보다 기독교 상담자는 장애청소년과 하나님의 관계 회복에 우선순위를 두고 그 회복된 신앙이 성숙한 상태로 유지된 상태에서 다른 주변 환경과의 관계 회복에 들어가야 하며 하나님과 연합하는 자세가 필요하다.

기독교 상담자는 장애청소년이 스스로 일어설 때까지 힘을 불어넣어 주는 조언자일 뿐이다. 고통을 딛고 일어서는 것은 상담자가 대신할 수 없다. 그들 스스로가 재활의 의지를 갖고 고통을 이겨내야 하는 것이다. 그렇다고 해서 장애청소년들에게 고통을 이겨내고, 자기개발을 하라고 격려만 해서는 안 된다. 장애청소년들은 개인적 지원을 받아야 하고 이러한 목적을 달성하는 데 있어서 장애가 되는 사회적·정서적 장애를 분석하여 도와주어야 한다. 사회행동에 개입하는 것은 기독교 상담자의 본질적인 책임에 해당한다. 그것이 기독교 상담자가 할 수 있는 가장 중요한 일이고 할 수 있는 모든 것이라 하겠다. 따라서 장애청소년을 위한 기독교 상담은 장애청소년을 위한 상담이 아니라 장애청소년과 더불어 함께하는 상담이어야 하며, 그 중심에는 하나님이 계셔야 하는 상담이다.

제6장 결 론

본 연구는 기독교 상담학 분야에서의 장애인 및 장애청소년에 관한 연구가 거의 이루어지지 않았다는 것에 대한 놀람에서부터 시작되었다. 따라서 필자는 본 연구를 통해 기독 장애청소년의 기독교 상담 원리를 제시하고자 했으며, 그에 앞서 장애청소년의 실생활에 대한 파악이 선행되어야 하기에 양적·질적 분석을 통하여 장애청소년의 스트레스 수준 및 대처방식, 자기 효능감, 정신건강, 대인관계 등의 변인들과 신앙의 유무와의 상관관계에 대해 조사하고 그 결과를 분석하였다.

'청소년은 바로 신체 그 자체다'라는 말이 있다.[198] 이 말은 청소년기가 신체에 집착하는 시기이고, 그들에게 나타나는 체격과 생리 및 심리적 변화가 다 신체와 관련된다는 의미이다. 청소년들은 건강한 신체를 바탕으로 자신의 자아관과 세계관을 이루기 위해 노력한다. 하지만 장애청소년은 서론에서도 밝혔듯이 신체의 상실이나 이상 즉 장애로 인한 고민과 갈등으로 인해 힘들어하고 있다. 하지만 우리는 이들이 겪는 고민과 갈등이 개인적인 원인 때문이라고 단정해서는 안 된다. 오히려 장애인의 문제는 그들에 대한 잘못된 편견에서 오는 구조적인 것이다. 장애인들의 장애가 이 세상을 살아감에 있어서 아무런 문제가 되지 않는다면 굳이 장애인 문제를 따로 다루는 일도 없을 것이다. 따라서 장애청소년을 위한 기독교 상담은 장애청소년을 개인적으로만 이해하는 것이 아니라 가족체제 그리고 사회, 교회체제와 관련해서 이해를 해야 한다.

본 연구의 양적 분석 결과를 보면 기독 장애청소년은 비기독 장애청소년보다 종교적 대처를 더 많이 사용하는 데 신앙이 스트레

---

198) 사미자, "인생주기 이론에 비추어 본 청소년기," **기독교사상** 354(1988): 59.

스, 자기 효능감, 대인관계, 정신건강에 긍정적인 영향을 주지 못하는 것으로 나타났다. 신앙이란 정적인 형태가 아니라 동적이고 삶이며 관계 그 이상인 것이다. 여기서 관계란 대인 관계뿐만 아니라 모든 사물과 환경, 더 나아가 궁극적으로 하나님과의 관계까지도 포함하는 포괄적인 의미이다.[199]

따라서 신앙의 관계에 대한 해석을 하나님과의 관계뿐만 아니라 대인관계, 모든 사물 및 환경과의 관계까지 확대, 해석한다면 본 연구의 양적 분석 결과인 "왜 신앙이 장애청소년에게 긍정적인 영향을 끼치지 못하는가."라는 질문에 대한 해답 제공과 동시에 그에 대한 해결방안도 제시할 수 있을 것이다.

장애청소년과 주변 환경 간의 갈등 그로 인해 느끼는 심리적인 장벽은 하나님과 장애청소년과의 관계까지 부정적인 영향을 끼쳤다. 그렇기 때문에 기독교 상담학적 측면에서 장애청소년과 하나님과의 관계를 회복·유지시키기 위해서는 상담의 목표를 하나님과 장애청소년 간의 관계성뿐만 아니라 장애청소년과 사회·정치·문화적 측면과의 관계까지 함께 고려해야 한다는 것이다. 이러한 관계성의 회복이 이루어진다면 장애청소년에게 있어서 신앙은 그들이 겪고 있는 갈등을 풀 수 있는 힘을 제공할 것이며, 고통의 시간을 기회의 시간으로 변화시킬 수 있을 것이다.

또한 장애청소년을 위한 기독교 상담은 궁극적인 삶의 해답을 찾아나가는 과정으로 제기된 문제의 해결에도 관심을 가져야 할 뿐만 아니라 하나님과 그들 사이의 진정한 관계회복에 더 역점을 두어야 한다. 또한 장애인이기 이전에 청소년임을 생각하여 그들

---

199) 박신미, 35.

속에 있는 잠재력을 충분히 성취하여 하나님의 택한 백성으로서 이 세상을 살아갈 수 있도록 도와주어야 한다. 이럴 때만이 진정으로 장애청소년은 그리스도 안에서 새롭게 발견된 자신을 보며, 세상을 향한 용서와 자신의 치유와 성장이 일어나게 된다. 또한 기독교 상담자 자신이 장애청소년에 대한 이해를 넓히는 과정을 겪으면, 그들과의 상담에 효과적이 된다. 이는 장애청소년이 자신을 이해함과 동시에 자신의 발전 가능성을 발견하고 그것을 인정하는 체제와 문화로 변화되도록 안내하고 격려할 수 있기 때문이다. 결국 아직도 장애인에 대한 차별문화가 존재하는 우리 사회나 교회의 상황에서 장애청소년에 대한 기독교 상담은 상담자도 내담자와 함께 변화하도록 초청하는 상담이다.

끝으로 기독교 상담자는 장애청소년을 상담함에 있어서 미래가 인간의 삶에 중대한 영향을 미친다는 것을 인식하고 상담에 임해야 한다. 즉 종말론적인 관점에서 장애청소년들이 장애로 인해 겪는 갈등과 스트레스 등 모든 상황에 대해 집착하는 것이 아니라 그 상황에 대해 정직하게 직면하게 한 다음 미래를 향해 다시 나아갈 수 있도록 도와주어야 한다. 즉 현재의 삶을 미래가 해석해 주고 번역을 해 주어야 한다.[200] 이러한 기독교 상담자의 종말론적인 관점은 장애청소년들에게 청소년의 시기가 갈등과 방황의 시기가 아닌 미래에 대한 꿈과 동경, 도전 의식을 긍정적인 쪽으로 발전을 시켜줌과 동시에 장애청소년들로 하여금 교회나 새로운 변화

---

200) 오우성, 박민수, 235. 오우성, 박민수는 기독교인들에게 있어서 종말이라는 것이 두려움과 허무의 의미가 아닌, 영광스러운 몸을 입는다는 것, 지금은 고통과 눈물을 흘리지만 하나님께서 위로를 주실 것이라는 소망 가운데 있는 종말론적 관점을 가질 수 있도록 기독교인들이 훈련 받아야 한다고 주장한다.

를 갈망하는 사회 속에서 새로움을 창조하는 변화의 주체자가 되
도록 할 것이다.

끝으로 기독교 상담학에서의 장애인에 대한 연구에 조금이나 도
움이 되었으면 하는 바람으로 몇 가지 제언을 하고자 한다.

첫째, 본 연구는 장애청소년을 대상으로 한 자료수집으로부터
논의하고 있다. 그러므로 기독교 상담을 포함한 신학계에서는 장애
청소년에 대한 전체적인 모습을 그리기 위하여 앞으로 장애청소년
및 장애인에 대한 심층 인터뷰를 통한 연구가 후속되어야 할 것으
로 본다. 특히 일반상담학과 복지학에서 활발히 이루어지고 있는
연령별 단계에 따른 장애인에 대한 연구, 장애인 자녀를 둔 가족
에 대한 신학과 기독교 상담학에서의 연구, 여성장애인에 대한 신
학적 측면에서의 연구 등 연구주제가 다양해야 할 것이다.

나아가 이들에 대한 종단연구(longitudinal study)가 이루어질 수
있다면 더 바랄 것이 없겠다. 종단 연구는 비용과 시간, 인력 면에
서 많은 투자가 필요하기 때문에 우리나라에서 활성화되지 못하는
경향이 있는데, 앞으로 종단연구가 활발하게 이루어지기를 기대한
다. 또한 장애아를 자녀로 둔 가족 중 가족해체 사례 연구 및 신
학과 기독교 상담학에서의 연구도 필요하다.

그리고 거시적인 제안으로서 무엇보다 우리나라의 장애인 복지
및 교육 체계를 철저히 재정비할 필요가 있다. 현재 장애인의 증
가로 인하여 다양한 학계의 연구와 실태 조사 및 연구가 필요한데
아직까지 미비한 실정이다. 지금까지 장애인에 대한 국가의 문제의
식에도 불구하고 체제가 정비되지 못한 가장 큰 이유는 단발성에
그치는 장애인 제도에 대한 방침과 국민들의 장애인에 대한 의식

의 변화가 이루어지지 않고 있기 때문이다.

장애인을 어떻게 도와줄 것인가라는 등의 당위적 차원의 논의는 아무런 도움이 되지 못한다. 무엇보다 중요한 것은 장애인을 위한 정책 및 개선 방향의 실천 중심에는 비장애인이 아닌 장애인이 서 있어야 한다. 일방적으로 비장애인은 베풀고 장애인은 감사하면서 또는 당연하다는 생각으로 그 혜택을 받는 것이 아니라 같이 모든 문제를 해결해 나갈 수 있도록 모든 정책 및 제도, 법 등이 개선 될 필요가 있다.

둘째, 장애청소년이 지고 있는 심적 부담에 대한 공감적 지지, 필요하다면 고백의 장(場)이 마련되어야 한다. 이들이 가지는 심적 부담은 연구결과에서 살펴본 대로 장애인의 삶에 적응해야 한다는 압박감, 가족관계에서 경험하는 죄책감, 희생양, 대인관계에서 경험하는 두려움, 거부에 대한 배신감, 적대감 등 자녀로서 이 세상의 사회 구성원으로서, 개인으로서 느끼는 어려움일 것이다. 전통적으로 목회 돌봄이 수행해 왔던 화해와 지탱, 용서, 성장과 영적 재건이 장애청소년 개개인에 대한 구체적이면서도 개인적인 섬세한 돌봄에 의해서 지속되어야 할 것이다. 이들에 '대해서' 말하거나 이들에 '대해서' 행하는 것이 아니라 이들과 '함께 함'이 요청된다. 그러한 Praxis만이 해방적[201]인 것이며, 이들의 상황을 새롭게 수용할 영혼에 힘을 주는, 인간을 살리는 돌봄이 될 수 있을 것이다. 돌봄과 상담은 근본적으로 비판단적 자세, 도덕적 판단 중지(bracketing)를 포함하면서 공감과 수용을 제공해야 할 것이지만,

---

201) L. L. Townsend, *Pastoral Care with Stepfamiles: Mapping the Wilderness*(St. Louis, Mo.: Chalice Press, 2000), 25 – 49, 173 – 189.

도덕적 판단의 행사(行使)를 배제해서는 안 되며,[202] 오히려 필요하다면 기준을 제시하여 안전한 인간적 윤리적 삶을 향유하도록 하는 데 있을 것이다.

또한 장애청소년들을 상대로 대화의 시간이나 소그룹 상담프로그램 운영, 개별상담 등을 통하여 이들이 정서적 지지를 받을 수 있고 건강한 사회생활을 유지할 수 있도록 지지해야 할 것이다. 더 바람직하기는 이러한 돌봄과 병행하여 전체 공동체 안에서 함께 사귐과 성장이 이루어지도록 하는 것이라고 본다. 또한 건강한 가족관계를 지지해 줄 수 있는 국가-지역-학계-교계-개인 간의 연결망 활용방안 등을 제안해 볼 수 있다.

동시에 중요한 것은 기독교 상담이 좀 더 공적(public)이고 자기 목소리를 내기 위해서 개인 및 가족의 치유 및 상담을 넘어 사회적 맥락에 대한 관심과 참여가 요청된다. 이는 기독교 상담이 치유하는 개인은 이미 사회적인 개인인 것이며, 사회제도와 상황 속의 개인인 것이며 개인과 사회가 엄밀히 분리되지 않기 때문이다. 개인의 문제는 이미 사회적인 문제인 것이다. 따라서 사회 구조 문제에 대해서 참여와 비판이 요청된다.

---

202) P. D. Couture and R. J. Hunter, ed. *Pastoral Care and Social Conflict*(Nashville: Abingdon Press, 1995).

참고문헌

강수방. "청소년의 성격 특성과 스트레스 대처 행동과의 관계." 석사학위논문, 서울여자대학교, 1987.

강영자. "일상생활에서 스트레스원과 대처방안에 관한 일반청소년과 비행청소년의 비교연구." 박사학위논문, 상명여자대학교, 1996.

강원호. "미국교회의 장애인목회 현장에서 배우는 교훈." **목회와 신학** 82(1996): 78 – 83.

강현숙. "중년기 교인의 스트레스와 그에 따른 종교적 문제해결 유형에 관한 연구." 석사학위논문, 연세대학교, 1990.

계인선. "기독교인의 신앙성숙과 건강증진 생활양식 및 건강 상태에 관한 연구." 석사학위논문, 연세대학교, 1999.

기숙미. "청소년의 욕구와 정신건강이 학업성취에 미치는 영향." 석사학위논문, 성신여자대학교, 1996.

김광일, 등. "고등학교 재학생의 정신건강 실태조사 I." **정신건강 연구** 1(1993): 1 – 40.

김광일, 김재환, 원호택. **간이정신진단 검사 실시요강**. 서울: 중앙적성출판사, 1984.

김귀봉, 등. "청소년의 부정적 건강행동과 심리적 변인간의 상관 모형." **한국 스포츠 심리학회지** 11(2000): 133 – 150.

김균진. **기독교 조직신학**. 서울: 연세대학교 출판부, 1993.

김남성. **인지적 행동수정**. 서울: 교육과학사, 1985.

김만지. "청소년의 가족관련 스트레스와 사회적 지지가 대처방식에 미치는 영향." **대한가정학회지** 40, no. 3(2002): 55 – 66.

김병성. "중학생의 성공·실패 지각에 따른 귀인 유형과 스트레스 수준 및 대처양식과의 관계." 석사학위논문, 한국교원대학교, 2000.

김삼섭. “지체부자유학생의 가정환경. 자아개념 및 학업성적과의 관계.”
    제50회 한국특수교육학회 연구발표회. 서울: 한국특수교육학회,
    1987.

김상현. “자존감이 신앙생활에 미치는 긍정적인 영향에 대한 연구.” 석
    사학위논문, 한신대학교, 2001.

김성중. “기독교인의 신앙성숙도와 자아실현성과의 관계 연구.” 석사학
    위논문, 고려대학교, 1996.

김성태. **발달 심리학.** 서울: 법문사, 1985.

김영교. “부모와 아동의 스트레스 대처양식과 아동의 우울 및 불안과의
    관계.” 석사학위논문, 연세대학교, 1995.

김영길. “장애인 문제에 대한 교회의 대책과 역할 – 장애인과 더불어 함
    께하는 교회.” 석사학위논문, 장로신학대학교, 1993.

김원쟁. “한국교회와 정신건강.” **신학사상** 97(1997): 54 – 70.

김은영. “전인치유를 위한 영성적 목회심리치료 연구.” 석사학위논문,
    연세대학교, 1999.

김은희. “고등학생의 자아존중감과 정신건강에 대한 연구.” 석사학위논
    문, 고려대학교, 2000.

김정겸. “고등학생들의 스트레스에 관한 연구.” 석사학위논문, 고려대학
    교, 1987.

김정희, 이장호. “스트레스 대처방식의 구성요인 및 우울과의 관계.” **행
    동과학연구** 7(1985): 127 – 138.

김중대. **정신위생학.** 서울: 형설출판사, 1984.

김창기. “청소년들의 스트레스 요인 및 적응방법에 관한 고찰.” 석사학
    위논문, 건국대학교, 1992.

김창대. “우울과 스트레스 대처양식.” 석사학위논문, 서울대학교, 1995.

김해용. “교회가 장애인 사역을 하지 않는 10가지 이유.”:
    http://www.kmind.net/bbs/bbs3.asp.

김혜영. “초기 청소년이 지각한 부모양육 행동이 심리사회적 부적응에
    미치는 영향 연구.” 박사학위논문, 이화여자대학교, 2000.

김홍민. “한국교회 장애인 복지선교 사업에 관한 연구.” 석사학위논문,
    한신대학교, 1997.

김화수. "장애인 선교를 위한 목회상담 가능성 연구." 석사학위논문, 한
　　　신대학교, 1998.
류재광. "장애인 중 기독교인 5%에 불과 - 교회의 부끄러운 자화상."
　　　크리스천 투데이, 2005년 10월 12일:
　　　http://www.chtoday.co.kr/news/cg_163547.htm.
______. "장애인을 보는 교회 관점은 아직도 구약시대." **크리스천 투데
　　　이**, 2006년 3월 28일:
　　　http://www.chtoday.co.kr/news/pd_173320.htm.
문선모. "인간관계 훈련 집단상담의 효과에 관한 연구." 석사학위논문,
　　　경남대학교, 1980.
민성길. **최신정신의학.** 서울: 일조각, 1992.
박민수. **1325, 함께하는 수련회 - 집단상담 프로그램.** 서울: 예찬사, 2006.
박순영. "청소년들의 스트레스 수준과 대처양식에 관한 연구." 석사학
　　　위논문, 강원대학교, 1998.
박신경. "함께 사는 삶 - 우리 사회의 완전성의 회복." **교육교회** 165(1990):
　　　79 - 90.
박신미. "기독청소년의 신앙성숙도와 자존감 및 정신건강과의 관계."
　　　석사학위논문, 총신대학교, 2005.
박용자. "청소년의 성격과 스트레스 인지에 관한 연구." 석사학위논문,
　　　숙명여자대학교, 1989.
박재연. "종교성향과 정신건강간의 관계연구." 석사학위논문, 연세대학
　　　교, 1996.
박정세. "고난의 문제." **현대인과 기독교.** 서울: 연세대학교 출판부, 1991.
______. "장애인 선교 서설 - 장애인에 대한 성서 및 신학적 이해를 중
　　　심으로." **현대와 신학** 22(1997): 155 - 165.
박중기. "중학생의 스트레스 요인과 대처유형에 관한 연구." 석사학위
　　　논문, 강원대학교, 1998.
방미숙. "문제에 대한 종교적 대처양식과 그 효율성." 석사학위논문, 연
　　　세대학교, 1994.
백양희, 최외선. "농촌 고등학생들의 스트레스" **대한가정학회지** 107(1996):
　　　33 - 47.

봉갑요. "자기조절 학습 프로그램이 독해 부진아의 자기 효능감과 독해력 향상에 미치는 영향." 박사학위논문, 서울여자대학교, 2005.

사미자. "인생주기 이론에 비추어 본 청소년기." **기독교사상** 354(1988): 55 - 65.

소장섭. "올해 지체장애인 100만 명 넘어설 듯." **인터넷 장애인 신문**, 2006년 3월 22일: http://www.ablenews.co.kr.

송양규. "장애인 복지 선교에 대한 교회의 역할." 석사학위논문, 한신대학교, 1999.

신경림, 등. **질적 연구 용어사전.** 서울: 현문사, 2003.

신민섭, 등. "우울증과 충동성이 청소년들의 자살행위에 미치는 영향." **한국심리학회지** 10, no. 1(1991): 286 - 297.

신은영, 김경연. "아동이 지각한 스트레스 사건, 사건의 경험빈도, 그리고 스트레스 수준." **대한가정학회지** 110(1996): 33 - 47.

심수명. "기독교인의 종교성향에 따른 자아분화와 죄책감." 석사학위논문, 고려대학교, 1993.

신형광. **교회목회와 교회성장.** 서울: 민영사, 1997.

양병환, 이정희. **스트레스 연구.** 서울: 하나 의학사, 1999.

오우성, 박민수. **상담으로 풀어 본 신학.** 대구: 계명대학교 출판부, 2005.

윤성림. "자살생각 경험을 지닌 청소년의 심리적 특성." 석사학위논문, 연세대학교, 1990.

윤용복. "중·고등학생의 운동태도와 정신건강 실태." 석사학위논문, 충남대학교, 1999.

윤주병. **종교심리학.** 서울: 서광사, 1986.

윤혜정. "청소년의 일상적 스트레스와 사회 관계망지지 지각." 석사학위논문, 서울대학교, 1993.

이경희. "청소년의 스트레스에 관한 연구." 박사학위논문, 숙명여자대학교, 1995.

이계윤. **장애인 선교의 이론과 실제.** 서울: 한국특수요육연구소 출판부, 1996.

______. "예수님의 고난과 장애인." **인터넷 장애인 신문**, 2006년 3월 2일: http://www.ablenews.co.kr.

이광형. "기독청소년의 스트레스에 대한 종교적 대처 연구." 석사학위논문, 연세대학교, 1996.

이근창. "장애인의 심리재활에 관한 연구." **한국사회복지논총** 4(1995): 43 – 67.

이시형. **대인공포증.** 서울: 일조각, 1993.

______. **청소년 정신건강지수 개발 연구.** 서울: 삼성생명 건강 연구소, 1997.

이신건. **조직신학입문.** 서울: 한국신학연구소, 1992.

이영숙. "고등학생의 문제행동과 정신건강과의 관계." 석사학위논문, 한양대학교, 1996.

이영희, 등. **한국대학생의 가치성향과 상담효과.** 서울: 집문당, 1995.

이유선. "사회적 지지와 자기자각이 장애청소년의 학교생활에 미치는 영향: 서울 시내 중학교 특수학급 학생을 중심으로." 석사학위논문, 이화여자대학교, 1996.

이종문. "기독교인의 신앙성숙도와 삶의 만족도에 관한 연구." 석사학위논문, 고려대학교, 1995.

이주은. "스트레스 지원이 주관적 안녕에 미치는 영향." 석사학위논문, 연세대학교, 1996.

이형득. **집단상담의 실제.** 서울: 중앙적성출판사, 1985.

이호선. "노년기 성 갈등 유형의 상호학문 간 연구 – 사회학적, 신학적, 목회상담학적 접근." 박사학위논문, 연세대학교, 2004.

임규혁. "학업성취의 누적적 경험과 정신건강." **교육문제 연구** 4(1991): 23 – 90.

______. "학생의 정신건강에 대한 교사의 인식도 분석." **교육문제 연구** 14(2001): 1 – 23.

정동화. "아동의 학교 스트레스와 그에 따른 부적응에 대한 사회적 지지의 완충효과." 박사학위논문, 고려대학교, 1996.

정무성. "장애인 교육은 통합적으로 돼야 한다." **목회와 신학** 82(1996): 65 – 70.

정옥분. **청년발달의 이해.** 서울: 학지사, 1998.

정인숙. "청소년기의 정신건강." **교사논단**(1989): 122 – 125.

정현숙. "종교성향과 심리사회 성숙성 간의 상관성 연구." 석사학위논문, 서울신학대학교, 1995.

정훈택. "성경은 장애인을 어떻게 보는가." **목회와 신학** 82(1996): 50 - 54.

제석봉. "종교적 대처와 정신건강." **종교연구** 26(2002): 25 - 42.

조옥라. "가족 연구에 있어서의 질적 연구방법." **간호학 탐구** 4, no. 2(1995): 216 - 225.

조용록. "장애인을 위한 목회방안 연구." 석사학위논문, 한세대학교, 1998.

조용환. **질적 연구: 방법과 사례**. 서울: 교육과학사, 1999.

조인연. "한국교회의 장애인 선교에 대한 문제점과 그 해결방안." 석사학위논문, 목원대학교, 1995.

조진희. "외향적 - 내향적 종교성향과 도덕성 발달과의 관계연구." 석사학위논문, 고려대학교, 1992.

조채연. "장애인 치유사역에 관한 연구." 석사학위논문, 목원대학교, 1995.

조학래. "교회 청소년의 자아존중감, 스트레스, 문제행동에 관한 연구." **복음과 실천** 23(1999): 318 - 345.

주현숙. "어머니의 정의적 특성이 지체부자유학생 자아 존중감에 미치는 영향." 박사학위논문, 대구대학교, 2002.

지명선. "청소년 자아정체감 형성 저해 요인과 교회적 돌봄에 관한 연구." 석사학위논문, 연세대학교, 1986.

진석균. "장애인을 목회적으로 품어야 하는 이유." **목회와 신학** 82(1996): 61.

차경수. "청소년과 학교." **현대사회와 청소년**. 서울: 아산사회복지사업재단, 1983.

최무열. **한국교회와 사회복지**. 서울: 나눔의 집. 1999.

최양숙. "비동거 가족경험: 기러기 아빠를 중심으로." 박사학위논문, 연세대학교, 2005.

최옥순. "중학생의 개인적 특성, 가정 및 학교 환경과 정신건강과의 관계." 박사학위논문, 단국대학교, 2004.

최해림. "스트레스와 대학생." **성심생활** 4(1985): 19 - 31.

최해연. "정서중심적 대처의 재개념화: 기능적 유사성에 대처차원의 구분." 석사학위논문, 서울대학교, 2000.

최희진. "일반청소년과 비행청소년이 지각하는 가족기능도와 그에 따른 스트레스 대처방식." 박사학위논문, 경희대학교, 2004.

한국갤럽. **한국 장애인과 일반인의 의식.** 서울: 한국갤럽 조사연구소, 2001.

한국청소년연구원. **청소년 심리학.** 서울: 한국청소년연구원, 1992.

한국청소년개발원. **청소년 문제론.** 서울: 도서출판 서원, 1996.

한미현, 유안진. "한국아동의 일상적 스트레스 척도의 개발." **대한가정학회지** 104(1995): 49 – 64.

한재연. "기독교인의 종교성향에 따른 삶의 의미와 종교적 만족도." 석사학위논문, 고려대학교, 1992.

허경철. "Bandura의 자기 효능감 발달 이론과 자주성 함양을 위한 교수 – 학습 방법." **한국교육** 18(1991): 67 – 84.

홍혜영. "완벽주의 성향, 자기 효능감, 우울과의 관계연구." 석사학위논문, 이화여자대학교, 1995.

황응연. **심리학과 생활.** 서울: 배영사, 1992.

황응연, 이기돈. **발달심리학.** 서울: 배영사, 1992.

황정규. "한국학생의 스트레스 측정과 형성." **서울대학교 사대논총** 41(1990): 25 – 66.

Abelson, R. "Difference between Belief Systems and Knowledge System." *Cognitive Science* 3(1979): 355 – 366.

Anda, D. and others. "Stress, Stressor's and Coping among High School Students." *Children and Youth Services Review* 22(2000): 441 – 463.

Annison, J. "The Experience of Disability." In *Disability: A Guide of Health Professionals.* Edited by J. Annison. and others. Melbourne: Nelson, 1996.

Bandura, A. "Self – Efficacy: Toward a Unifying Theory of Behavioral Change." *Psychological Review* 84(1977): 191 – 215.

__________. *Social Learning Theory.* N.J.: Prentoce – Hall, Englewood Cliffs, 1977.

__________. and others. "Test of the Generality of Self – Efficacy Theory." *Cognitive Therapy and Research* 4(1980): 39 – 66.

__________. and D. H. Schunk. "Cultivating Competence, Self – Efficacy, and Intrinsic Interest Through Proximal Self – Motivation." *Journal of Personality and Social Psychology* 41(1981): 586 – 598.

__________. "Self – Efficacy Mechanism in Human Agency." *American Psychology* 37(1982): 122 – 147.

__________. and D. Cervone. "Differential Engagement of Self – Reactive Influences in Cognitive Motivation." *Organizational Behaviors and Human Decision Processes* 38(1983): 93 – 113.

__________. *Social Foundations of Thought and Action: A Social Cognitive Theory.* N. J.: Prentoce – Hall, Englewood Cliffs, 1986.

__________. "Human Agency in Social Cognitive Theory." *American Psychologist* 44(1989): 1175 – 1182.

__________. and N. E. Adams. "Analysis of Self – Efficacy Theory of Behavioral Change." *Cognitive Therapy and Research* 1(1997): 287 – 308.

Barret, M. and M. McIntosh. 성의 사회학. 이동원·김미숙 공역. 서울: 이화여대출판부, 1994.

Batson, C. D. "Religion as Prosocial: Agent or Double Agent?." *Journal for the Scientific Study of Religion* 15(1976): 29 – 46

__________. S. Naifeh, and S. Pate. "Social Desirability, Religious Orientation and Racial Prejudice." *Journal for the Scientific Study of Religion* 17, no. 1(1978): 31 – 41.

Bergin, A. E. "Psychotherapy and Religious Values." *Journal of Counseling and Clinical Psychology* 48(1980): 95 – 105.

__________. "Religiosity and Mental Health: A Critical Revaluation and Meta – Analysis." *Professional Psychology: Research and Practice* 14, no. 2(1983): 170 – 184.

Bertocci, P. A. "Psychosocial Interperation of Religious Experience." *Research*(1971): 3 – 41.

Brian, M. and G. T. Wilson. "Treatment of Phobic Disorders Using Cognitive and Exposure Method: A Self – Efficacy Analysis." *Journal of Counseling and Clinical Psychology* 48(1981): 886 – 899.

Bruns, C. and C. S. Geist. "Stressful Life Events and Drug Use among Adolescents." *Journal of Human Stress* 9(1984): 135 – 139.

Caldwell, J. K. and C. Robitschek. "Spirituality Versus Religiosity: Relationships to Life Satisfaction." *Paper Presented at the Annual Meeting of the American Psychology Association* August(1997).

Carlson, D. E. **자존감**. 이관직 역. 서울: 도서출판 두란노, 2002.

Chandler, C. J. Holden, and C. Kolander. "Counseling for Spiritual Wellness: Theory and Practice." *Journal of Counseling Development* 71(1992): 168 – 175.

Cline, M. E. and others. "Standardization of the Visual Analogue Scale." Nursing Research 41, no. 6(1992): 378 – 380.

Clinebell, H. **목회상담신론**. 박근원 역. 서울: 대한예수교장로회총회출판국, 1987.

Cohen, J. "Health Care. Coping and the Counselor." *Journal of Counseling and Development* 56(1978): 616 – 620.

Cohen – Sandler, R. A. L. Berman, and R. A. King. "Life Stress and Symptomatology: Determinants of Suicidal Behavior in Children." *Journal of American Academy of Child Psychiatry* 21(1982): 178 – 186.

Compas, B. E. P. G. Oroson, and K. E. Hrant. "Adolescent Stress and Coping: Implications for Psychopathology During Adolescence." *Journal of Adolescence* 16(1993): 331 – 349.

Couture, D. and R. J. Hunter. ed. *Pastoral Care and Social Conflict*. Nashville: Abingdon Press, 1995.

Dise – Lewis, J. E. "The Life Events and Coping Inventory: An Assessment of Stress in Children." *Psychosomatic Medicine* 50(1988): 484 – 499.

Donahue, M. "Intrinsic and Extrinsic Religiousness: Review and Meta – Analysis." *Journal of Personality and Social Psychology* 48(1985): 400 – 419.

Elickson, P. L. and others. "Forgotten Ages, Forgotten Problems: Adolescents Health." *Rand*(1993): 1 – 41.

Ellison, C. "Spiritual Well – Being: Conceptualization and Measurement." *Journal of Psychology and Theology* 11(1983): 330 – 340.

Folkman, S. "An Approach to the Measurement of Coping." *Journal Occupational Behavior* 3(1982): 96.

Fontana, A. and J. E. Dovidio. "The Relationship between Stressful Life Events and School Related Performances of Type A and Type B Adolescents." *Journal of Human Stress* 10(1984): 50 – 54.

Fredich, W. R. Reams, and J. Jacobs. "Depression and Suicidal Ideation in Early Adolescents." *Journal of Youth and Adolescence* 11(1982): 403 – 407.

Gacas, V. and M. L. Schwalbe. "Beyond the Looking – Glass Self: Social Structure and Efficacy – Based Self Esteem." *Social Psychology Quarterly* 46(1983): 77 – 78.

Gad, M. T. and J. H. Johnson. "Correlates of Adolescent Life Stress as Related to Race, SES, and Levels of Perceived Social Support." *Journal of Clinical Child Psychology* 9(1980): 13 – 16.

Gist, M. E. and T. R. Metchell. "Self – Efficacy: A Theoretical Analysis of Its Determents and Malleability." *Academy of Management Review* 17, no. 2(1992): 183 – 211.

Hall, G. S. *Adolescence*. New York: Appleton, 1904.

Hoge, D. R. and J. W. Carroll. "Determinants of Commitment and Participation in Suburban Protestant Churches." *Journal for the Scientific Study of Religion* 17(1978): 107 – 127.

Hui, C. H. and H. C. Trandis. "Individualism – Collectivism: A Study of Cross – Cultural Researchers." *Journal of Cross – Cultural Psychology* 17(1986): 225 – 248.

Jenson, A. B. J. "Religiosity of Psychotherapists: A National Survey." *Psychotherapy* 27(1990): 3 – 7.

Kazdin, A. E. "Adolescent Mental Health: Prevention and Treatment Programs." *American Psychologist* 48(1993): 127 – 141.

Kosek, R. B. "The Contribution of Object Relations Theory in Pastoral Counseling." *The Journal of Pastoral Care* 50, no. 4(1995): 372.

Lazarus, R. S. "Thought the Relations Between Emotion and Cognition."

American Psychologists 37(1980): 1019 – 1024.

Lazarus, R. S. "The Stress and Coping Paradigm." In *Model for Clinical Psychopathology*. Edited by C. E. Eisdorfer, D. Cohen, A. Kleinman and P. Maxim. New York: S. P. Medical & Scientific Book, 1981.

Lazarus, R. S. and S. Folkman. *Stress, Appraisal and Coping*. New York: Springer publishing company, 1984.

Locke, E. A. and others. "Effect of Self – Efficacy, Goal, and Task Strategies in Task Performance." *Journal of Applied Psychology* 69(1984): 241 – 251.

Mason, J. W. "A Historical View of the Stress Field: Part Ⅱ." *Journal of Human Stress* 1(1975): 22 – 35.

Moltmann, J. 창조 안에 계신 하느님. 김균진 역. 서울: 한국신학연구소, 1986.

Murphy, L. and S. Corte. "School – Related Stress and the Special Child." *Special Parent/Special Child* 6(1990): 1 – 8.

Nancarrow, M. *Adolescent Health in Hunter Region: A Survey of Student Perception and Concerns*. Australia: University of Wollongong, 1993.

Olsen, G. K. *Counseling Teenagers: The Complete Christian Guide to Understanding and Helping Adolescent*. New York: Group Books, 1984.

Pargament, K. I. and others. "Religion and Problem – Solving Process: Three Styles of Coping." *Journal for Scientific Study of Religion* 27(1988): 90 – 104.

Perkins, D. V. "The Assessment of Stress Using Life Events Scales." In *Handbooks of Stress*. Edited by Goldberger and Brezntiz. New York: The Free Press, 1982.

Pöhlmann, H. G. 교의학. 이신건 역. 서울: 한국신학연구소, 1995.

Quick, J. C. and J. D. Quick. *Organizational Stress and Preventive Management*. New York: McGraw – Hill, 1984.

Reosenkoetter, B. L. I. Newman, and J. Zarski. "A Validity Estimate of the Religious Status Interview." *Paper Presented at the Annual Meeting of the American Psychology Association* August(1997).

Rieff, P. *The Triumph of the Therapeutic*: *Uses of Faith after Freud*. New York: Harper & Row, 1966.

Rizzuto, Ana — Maria. *The Birth of The Living God*. Chicago: University of Chicago Press, 1979.

Schunk, D. H. "Progress Self — Monitoring: Effects on Children's Self — Efficacy and Achievement." *Journal of Experimental Education* 51(1983): 89 — 93.

__________. "Goal Setting and Self — Efficacy During Self — Regulate Learning." *Educational Psychologist* 25, no. 1(1990): 71 — 86.

Sherer, M. and others. "The Self — Efficacy Scale: Construction and Validation." *Psychological Reports* 51(1982): 663 — 671.

Silver, R. L. and C. B. Wortman. "Coping with Undesirable Life Events." In *Human Helpless*: *Theory and Applications*. Edited by J. Garber and M. E. P. Seligman. New York: Academic Press, 1980.

Sorensen, E. L. *Children's Stress and Coping*: *A Family Perspective*. New York: The Gilford Press, 1993.

Stewart, S. P. and J. E. Gale. "On Hallowed Ground: Marital Therapy with Couples on the Religious Right." *Journal of Systemic Therapies* 13(1994): 16 — 25.

Strauss, A. and J. Corbin. 근거이론의 단계. 신경림 역. 서울: 현문사, 2001.

Townsend, L. L. *Pastoral Care with Step familes*: *Mapping the Wilderness* St. Louis, Mo.: Chalice Press, 2000.

Turner, R. I. and P. D. McLean. "Physical Disability and Psychological Distress." *Journal of Rehabilitation Psychology* 34(1989): 225 — 242.

Turner, R. J. and S. Noh. "Class and Psychological Vulnerability among Women: The Significance of Social Support and Personal Control." *Journal of Health and Social Behavior* 24(1983): 2 — 15.

Wills, T. A. and others. "Coping Dimensions, Life Stress, and Adolescent Substance Use: A Latent Growth Analysis." *Journal of Abnormal Psychology* 110, no. 2(2001): 309 — 323.

부록

설문지

본 질문지는 여러분의 일상생활에서 흔히 일어나는 여러 상황에서 자신이 느끼는 스트레스 정도를 측정하기 위한 것입니다.

각각의 상황은 실제로 여러분들에게 과거에 일어났던 것일 수도 있고 혹은 그렇지 않을 수도 있습니다. 만약 그렇지 않다면 자신에게 그런 일이 발생했을 때 어떻게 느낄 것인지 생각해서 답을 적어도 좋습니다.

이 질문지는 맞거나 틀린 답이 없습니다. 여러분의 느낌이나 생각과 가장 가까운 답을 하나만 골라 응답하면 됩니다.

〈기본 정보〉

1. 성별: ① 남자 ② 여자

2. 연령: 만( )세

3. 귀하의 학력은 어떻게 됩니까?

   ① 초졸 ② 중졸 ③ 고졸   ④ 대재   ⑤ 대졸

   ⑥ 대학원 재 ⑦ 대학원 졸 ⑧ 기타( )

4. 당신의 종교는 무엇입니까?

   ① 개신교(교회)   ② 가톨릭(성당)   ③ 불교

   ④ 종교가 없다   ⑤ 기타( )

(장애를 갖고 계신 분)

1. 장애를 갖게 된 시기는 언제부터입니까? ① 선천적 ② 후천적

2. 장애 유형은 무엇입니까?

   ① 지체장애 ② 청각장애 ③ 시각장애

   ④ 정신지체 ⑤ 기타( )

부록 1〉 스트레스 수준 및 스트레스 반응 양식 척도

I. 현재 일상생활에서 얼마나 스트레스를 느끼는지 표시하십시오.
0은 스트레스가 없는 상태이며 숫자가 10에 가까울수록 스트레스 양이 많은 것입니다. 자신이 느끼고 있는 스트레스 양을 나타내는 숫자에 V 표시를 해 주십시오.

II. 다음 각 문항(1〜94)에 대해 귀하께서 느끼는 상태에 대해 우측에 V표를 해 주십시오.

(1) 스트레스가 있을 때는 때대로 여러 가지 신체적 증상을 동반합니다. 귀하는 다음과 같은 증상으로 괴로워하신 적이 있습니까?

	문 항	전혀 없다	아주 드물게 있다	가끔 있다	자주 있다	매우 자주 있다
1	얼굴이 달아오른다.					
2	추운 날씨에도 심하게 땀이 난다.					
3	심하게 가렵다.					
4	피부에 발진이 돋는다.					
5	갑자기 식은땀이 난다.					
6	손발이 차다.					
7	열이 나거나 오한이 들 때도 있다.					

(2) 다음과 같은 증상이 운동을 하지 않을 때도 있습니까?

	문 항	전혀 없다	아주 드물게 있다	가끔 있다	자주 있다	매우 자주 있다
8	흉통(가슴에 통증)을 느낀다.					
9	심장이 뛴다.					
10	맥박이 빠르게 뛴다.					
11	맥박이 불규칙하게 뛴다.					
12	호흡이 빠르다.					
13	호흡이 곤란하다.					
14	입이 마르다.					

(3) 다음을 경험하신 적이 있습니까?

	문 항	전혀 없다	아주 드물게 있다	가끔 있다	자주 있다	매우 자주 있다
15	이야기하기 전에 자주 목청을 가다듬는다.					
16	목이 멘다.					
17	목이 쉰다.					
18	코 막힌 소리를 한다.					
19	감기가 잘 든다.					
20	감기 후유증이 있다.(예: 기관지염)					
21	천식 발작이 있다.					
22	골치가 아프다.					
23	심한 어지럼증이 있다.					
24	현기증이 난다.					
25	시야가 흐리다.					
26	편두통이 있다.					
27	경련을 일으킨다.					

(4) 다음의 증상으로 괴로워하십니까?

	문 항	전혀 없다	아주 드물게 있다	가끔 있다	자주 있다	매우 자주 있다
28	소화불량					
29	구토					
30	위통					
31	식욕부진					
32	식욕감퇴					
33	설사					
34	가슴앓이					
35	변비					

(5) 근육긴장은 스트레스의 한 증상입니다. 근육이 심하게 긴장되면 아프거나 또는 쥐가 나는 경우가 있습니다. 어느 부위에 이와 같은 증상을 경험하십니까?

	문 항	전혀 없다	아주 드물게 있다	가끔 있다	자주 있다	매우 자주 있다
36	복부(배 부분)					
37	목					
38	턱					
39	이마					
40	눈					
41	등					
42	어깨					
43	손과 발					
44	다리					
45	긴장성 두통					

(6) 일상 활동 중 다음과 같은 불안이나 안절부절 못한 증상을 경험한 적이 있습니까?

	문 항	전혀 없다	아주 드물게 있다	가끔 있다	자주 있다	매우 자주 있다
46	조바심으로 손을 비빈다.					
47	발을 구른다.					
48	입술을 깨문다.					
49	조용히 앉아 있지 못한다.					
50	자주 먹는다.					
51	담배를 피우고 싶다.					
52	손톱을 깨문다.					
53	소변을 자주 본다.					
54	밤에 소변을 보고 싶어 자주 깬다.					
55	쉽게 잠들지 못한다.					
56	숙면을 취할 수 없다.					
57	일찍 깬다.					
58	성적 욕구가 감소함을 느낀다.					
59	학교나 직장일 때문에 몹시 피곤하다.					
60	심한 통증으로 할 일을 다 못한다.					

(7) 스트레스는 여러 정서(감정 상태)를 동반합니다. 다음과 같이 느끼신 적이 있습니까?

	문 항	전혀 없다	아주 드물게 있다	가끔 있다	자주 있다	매우 자주 있다
61	혼자 있고 싶고 슬프다.					
62	불행하거나 우울하게 느낀다.					
63	쉽게 울고 싶다.					
64	완전히 희망이 없는 것 같다.					
65	죽고 싶다.					
66	걱정으로 기분이 저조하다.					
67	보통 때처럼 자고 나도 아침에 피곤하고 기운이 없다.					
68	극도의 피로로 괴롭다.					

(8) 다음과 같은 증상이 있습니까?

	문 항	전혀 없다	아주 드물게 있다	가끔 있다	자주 있다	매우 자주 있다
69	건강을 걱정한다.					
70	말을 더듬는다.					
71	신체의 어느 부위를 떤다.					
72	신경이 과민하다.					
73	기운이 없다.					
74	무서운 꿈을 꾼다.					
75	걱정을 한다.					
76	나보다 나은 사람을 만나면 불안하다.					
77	너무 두려워서 꼼짝도 못한다.					
78	낯선 사람이나 낯선 장소에서는 겁을 먹는다.					
79	갑작스런 소음에 놀란다.					

(9) 다음과 같은 경우가 있습니까?

	문 항	전혀 없다	아주 드물게 있다	가끔 있다	자주 있다	매우 자주 있다
80	작은 일에도 신경이 쓰인다.					
81	쉽게 괴로워하고 짜증을 낸다.					
82	화가 날 때는 모든 일에 화풀이를 한다.					
83	짜증나는 일이 화나게 하면서 계속 괴롭힌다.					
84	쉽게 흥분하거나 화를 낸다.					
85	화가 몹시 날 때는 무엇을 부수고 싶다.					
86	약이 오르면 결국 폭발하게 된다.					
87	기분이 나쁘면 무엇을 친다.					

(10) 일상생활에서 다음과 같은 증상을 경험한 적이 있습니까?

	문 항	전혀 없다	아주 드물게 있다	가끔 있다	자주 있다	매우 자주 있다
88	급한 일을 할 때는 정리가 안 된다.					
89	어떤 일을 할 때 실수를 하지 않으려면 천천히 해야 한다.					
90	어떤 일의 지침과 순서를 다르게 한다.					
91	마음에 떠오르는 생각을 지속시키기가 어렵다.					
92	섬뜩한 생각이 계속 떠오른다.					
93	공연히 갑자기 놀라게 된다.					
94	어떤 일에 집중하기가 어렵다.					

부록 2〉 스트레스 대처방식 척도

여러분들이 스트레스를 받았을 때 이에 대처하기 위하여 어떤 방법을 사용했는지를 각 항목에서 적당한 번호에 V표를 하여 주십시오.

번호	이에 대처하기 위하여 나는……	사용 하지 않음	약간 사용	어느 정도 사용	아주 많이 사용
1	다음에는 어떻게 해야 할 것인지에 대해 전념한다.(다음 단계의 준비)	0	1	2	3
2	그 문제를 더 잘 이해하기 위하여 그것을 자세히 분석해 본다.	0	1	2	3
3	그 일을 잊기 위하여 다른 일을 하거나 다른 활동을 한다.	0	1	2	3
4	시간이 지나면 달라질 것이라고 생각한다. 할 수 있는 일은 단지 기다리는 것뿐이다.	0	1	2	3
5	그 일(또는 상황)에서 무엇인가 바람직한 것을 얻어내려고 협상하거나 타협한다.	0	1	2	3
6	잘 안 되리라 생각하지만 적어도 무엇인가 해 보기로 한다.	0	1	2	3
7	상대방이 마음을 바꾸도록 시도해 본다.	0	1	2	3
8	그 일에 대해 좀 더 알아보려고 누군가와 이야기한다.	0	1	2	3
9	자신을 반성하거나 교훈을 얻는다.	0	1	2	3
10	최후의 수단을 쓰기보다는 어느 정도 여지를 남겨둔다.	0	1	2	3
11	기적이 일어나기를 바란다.	0	1	2	3
12	운으로 돌린다. 때로는 운이 나쁠 때도 있으니까.	0	1	2	3
13	아무 일도 안 일어난 것처럼 군다.	0	1	2	3
14	내 감정을 아무에게도 알리지 않으려고 노력한다.	0	1	2	3
15	보통 때보다 더 오래 잔다.	0	1	2	3
16	그 문제를 일으킨 사람이나 물건에 대하여 화를 낸다.	0	1	2	3
17	다른 사람들의 동정과 이해를 받아들인다.	0	1	2	3
18	기분전환이 될 수 있을 만한 말을 자신에게 한다.	0	1	2	3
19	그 일에서 무엇인가 창조적인 일을 할 수 있는 단서를 얻는다.	0	1	2	3
20	모든 것을 잊어버리려고 노력한다.	0	1	2	3
21	전문적인 도움을 청한다.	0	1	2	3
22	인간적으로 꽤 변모하거나 성장하게 된다.	0	1	2	3
23	어떤 대책을 시도해 보기 전에, 우선 무슨 일이 일어날 것인지를 기다려 본다.	0	1	2	3
24	사과를 하거나, 보상을 하기 위해 어떤 일을 한다.	0	1	2	3
25	활동계획을 세우고 그것을 따른다.	0	1	2	3
26	그 일이 지금보다 더 나쁠 수도 있었음을 스스로 일깨운다.	0	1	2	3

번호	이에 대처하기 위하여 나는……	사용 하지 않음	약간 사용	어느 정도 사용	아주 많이 사용
27	어떻게든 기분을 풀어버린다.	0	1	2	3
28	내 스스로 문제를 일으켰음을 깨닫는다.	0	1	2	3
29	시작 때보다 좋은 경험을 얻고 끝낸다.	0	1	2	3
30	문제를 구체화시킬 수 있는 사람과 이야기를 한다.	0	1	2	3
31	잠시 거기에서 물러나 서 있다.	0	1	2	3
32	무엇을 먹거나, 담배를 피우거나, 약을 복용하는 등으로 기분을 전환한다.	0	1	2	3
33	되든 안 되든 한번 시도해 보거나 매우 위험 부담이 큰일을 한다.	0	1	2	3
34	조급히 굴거나 육감에 따르지 않으려고 노력한다.	0	1	2	3
35	새로운 신념을 얻는다.	0	1	2	3
36	술을 마신다.	0	1	2	3
37	긍지를 가지고 꿋꿋이 버티어 나간다.	0	1	2	3
38	일어난 일(또는 상황)이나, 나의 느낌을 바꿀 수 있기를 바란다.	0	1	2	3
39	일이 잘 되어 나갈 수 있도록 무엇인가를 변화시킨다.	0	1	2	3
40	대체로 사람들과 어울리기를 피하고 혼자 있으려 한다.	0	1	2	3
41	그 일에 사로잡히지 않는다. 그것에 대하여 너무 깊이 생각하지 않으려고 한다.	0	1	2	3
42	존경하는 친척이나 친구에게 조언을 구한다.	0	1	2	3
43	이 일이 얼마나 잘못되었는지 사람들이 눈치 채지 못하도록 한다.	0	1	2	3
44	그 일을 무시해 버린다. 그것을 너무 심각하게 받아들이지 않는다.	0	1	2	3
45	자신이 느끼고 있는 바를 누구에게 말한다.	0	1	2	3
46	내 입장을 지키면서 바라는 바를 말한다.	0	1	2	3
47	다른 사람에게 분풀이를 한다.	0	1	2	3
48	과거의 경험에 의존 한다. 전에도 비슷한 일(또는 상황)이 있었다.	0	1	2	3
49	다음에는 일이 좀 다를 것이라고 자신에게 다짐한다.	0	1	2	3
50	문제해결을 위해 몇 가지 대책을 세운다.	0	1	2	3
51	내가 한 말이나 생각을 속으로 되풀이한다.	0	1	2	3
52	내 감정 때문에, 다른 일들이 너무 방해 받지 않도록 애쓴다.	0	1	2	3
53	인생에 있어서 중요한 것이 무엇인가 재발견한다.	0	1	2	3
54	자신이 처한 지금의 상황보다 더 좋은 경우를 상상하거나 공상한다.	0	1	2	3
55	그 일이 사라지거나 끝나버리기를 바란다.	0	1	2	3
56	일이 어떻게 되었으면 좋겠다는 공상이나 소망을 한다.	0	1	2	3
57	그 일이 잘되게 해달라고 기도를 한다.	0	1	2	3
58	최악의 경우를 각오한다.	0	1	2	3
59	무엇을 해야 할지를 알기 때문에, 일이 잘 되도록 더 열심히 노력한다.	0	1	2	3
60	내가 존경하는 사람은 이럴 때 어떻게 했을까를 생각해 보고, 그대로 따른다.	0	1	2	3
61	다른 사람의 입장에서 그 문제를 생각해 보려고 노력한다.	0	1	2	3
62	내가 가장 바라던 것이 안 되면 그다음 차선책이라도 받아들인다.	0	1	2	3

부록 3〉 자기효능감 척도

아래의 문장 중 현재 당신은 어디에 해당된다고 생각하십니까?
당신이 가장 가깝다고 생각되는 곳의 번호에 V표를 해 주십시오.

번호	문 항	전혀 그렇지 않다	그렇지 않은 편이다.	보통 이다	그런 편이다.	매우 그렇다
1	나는 계획대로 일을 수행할 수 있다.	1	2	3	4	5
2	나는 일을 해야 할 때 바로 일을 시작하지 못하는 문제점이 있다.	1	2	3	4	5
3	어떤 일을 첫 번에 잘못 했더라도 나는 될 때까지 해 본다.	1	2	3	4	5
4	나는 중요한 목표를 설정하면 성취할 수 있다.	1	2	3	4	5
5	나는 어떤 일을 끝마치기도 전에 포기한다.	1	2	3	4	5
6	나는 어려운 일에 부딪히는 것을 피한다.	1	2	3	4	5
7	나는 어떤 일이 너무 복잡해 보이면 해 볼 시도조차 안 한다.	1	2	3	4	5
8	별로 유쾌하지 않은 어떤 일을 할 때도 나는 그것을 끝마칠 때까지 반드시 한다.	1	2	3	4	5
9	나는 뭔가 할 일이 있을 때 바로 그 일을 시작한다.	1	2	3	4	5
10	새로운 어떤 일을 배우려고 시도할 때 처음에 성공할 것 같지 않으면 바로 포기한다.	1	2	3	4	5
11	예기치 못한 문제가 일어나면 나는 잘 대처할 수가 없다.	1	2	3	4	5
12	나는 어떤 새로운 일이 너무 어려우면 배우려고 하지 않는다.	1	2	3	4	5
13	실패는 나로 하여금 더 열심히 노력하도록 만들 뿐이다.	1	2	3	4	5
14	나는 어떤 일을 할 수 있는 내 능력에 불안함을 느낄 때가 있다.	1	2	3	4	5
15	나는 자신감이 있다.	1	2	3	4	5
16	나는 쉽게 포기한다.	1	2	3	4	5
17	나는 인생에 부딪히는 거의 문제들을 다룰 능력이 없는 것 같다.	1	2	3	4	5
18	새 친구를 사귀는 일은 내게 너무 어려운 일이다.	1	2	3	4	5
19	나는 어떤 사람이 보고 싶으면 그 사람이 와 주기를 기다리는 대신 내가 먼저 간다.	1	2	3	4	5
20	내가 관심을 가지는 어떤 사람이 사귀기 어려운 사람이라면 나는 사귀는 것을 금방 포기한다.	1	2	3	4	5
21	첫눈에 호감이 가지 않는 사람이라 해도 나는 그 사람과 사귀는 것을 쉽게 그만두지 않는다.	1	2	3	4	5
22	나는 사회적(사교적) 모임에서 내 자신을 어찌해야 좋을지 모르겠다.	1	2	3	4	5
23	나는 지금의 내 친구들을 내 사교성 덕분에 사귀었다.	1	2	3	4	5

부록 4〉 대인관계 능력 척도

아래의 문장 중 현재 당신은 어디에 해당된다고 생각하십니까?
당신이 가장 가깝다고 생각되는 곳의 번호에 V표 해 주십시오.

1. 나는 인간으로서 나 자신에 대하여 ① 대단히 불만족하는 편이다. ② 다소 불만족하는 편이다. ③ 그저 그렇다 ④ 다소 만족하는 편이다.⑤ 대단히 만족하는 편이다.
2. 나는 인간으로서 다른 사람에 대하여 ① 대단히 불만족하는 편이다. ② 다소 불만족하는 편이다. ③ 그저 그렇다 ④ 다소 만족하는 편이다. ⑤ 대단히 만족하는 편이다.
3. 다른 사람들은 나를 인간으로서 _________ 사람으로 볼 것으로 느낀다. ① 대단히 불만족하는 ② 다소 불만족하는 ③ 그저 그런 ④ 다소 만족하는 ⑤ 대단히 만족하는 편이다.
4. 다른 사람들은 자기 자신을 인간으로서 _________ 한 사람으로 본다. ① 대단히 불만족하는 ② 다소 불만족하는 ③ 그저 그런 ④ 다소 만족하는 ⑤ 대단히 만족하는
5. 다른 사람들과 나의 관계는 ① 대단히 원만하지 못한 편이다. ② 다소 원만하지 못한 편이다. ③ 그저 그렇다 ④ 다소 원만한 편이다. ⑤ 대단히 원만한 편이다.
6. 나는 다른 사람의 욕구나 바라는 것을 ① 전혀 깨닫지 못하는 편이다. ② 다소 깨닫지 못한 편이다. ③ 그저 그렇다 ④ 다소 깨닫는 편이다. ⑤ 아주 잘 깨닫는 편이다.
7. 나는 나 자신의 느낌을 ① 잘 이해하지 못하는 편이다.② 다소 이해하지 못하는 편이다. ③ 그저 그렇다 ④ 다소 이해하는 편이다. ⑤ 잘 이해하는 편이다.
8. 나는 다른 사람의 느낌을 ① 잘 이해하지 못하는 편이다. ② 다소 이해하지 못하는 편이다. ③ 그저 그렇다 ④ 다소 이해하는 편이다. ⑤ 잘 이해하는 편이다.
9. 나는 다른 사람과 의사소통을 함에 있어서 ① 대단히 어려움을 느끼는 편이다. ② 다소 어려움을 느끼는 편이다. ③ 그저 그렇다 ④ 다소 쉬움을 느끼는 편이다. ⑤ 대단히 쉬움을 느끼는 편이다.
10. 인간으로서 다른 사람에 대한 나의 감수성은 ① 대단히 느린 편이다. ② 다소 느린 편이다. ③ 그저 그렇다 ④ 다소 빠른 편이다. ⑤ 대단히 빠른 편이다.

아래의 문장 중 현재 당신은 어디에 해당된다고 생각하십니까?
당신이 가장 가깝다고 생각되는 곳의 번호에 V표 해 주십시오.

11. 다른 사람에 대한 나의 관심이나 온정적 태도는 ① 대단히 적은 편이다. ② 다소 적은 편이다. ③ 그저 그렇다 ④ 다소 많은 편이다. ⑤ 대단히 많은 편이다.
12. 다른 사람에 대한 나 자신의 표현이나 개방성은 ① 대단히 적은 편이다. ② 다소 적은 편이다. ③ 그저 그렇다 ④ 다소 많은 편이다. ⑤ 대단히 많은 편이다.
13. 나는 다른 사람의 느낌을 이해함에 있어서 ① 대단히 어려움을 느낀다. ② 다소 어려움을 느낀다. ③ 그저 그렇다 ④ 다소 쉬움을 느낀다. ⑤ 대단히 쉬움을 느낀다.
14. 나는 다른 사람의 이야기를 듣는 것이 ① 대단히 어려운 편이다.② 다소 어려운 편이다. ③ 그저 그렇다 ④ 다소 쉬움을 느낀다. ⑤ 대단히 쉬움을 느낀다.
15. 나는 다른 사람을 ① 거의 신뢰하지 않는 편이다.② 다소 신뢰하지 않는 편이다. ③ 그저 그렇다 ④ 다소 신뢰하는 편이다. ⑤ 대단히 신뢰하는 편이다.
16. 나는 다른 사람에 대하여 ① 대단히 거리감을 느끼는 편이다. ② 다소 거리감을 느끼는 편이다. ③ 그저 그렇다 ④ 다소 신뢰하는 편이다.⑤ 대단히 신뢰하는 편이다.
17. 인간관계에 있어서 나는 자신감이 ① 대단히 적은 편이다. ② 다소 적은 편이다. ③ 그저 그렇다 ④ 다소 많은 편이다. ⑤ 대단히 많은 편이다.
18. 나의 의견의 불일치를 건설적으로 ① 전혀 못 다루는 편이다 .② 다소 못 다루는 편이다. ③ 그저 그렇다 ④ 다소 잘 다루는 편이다. ⑤ 대단히 잘 다루는 편이다.
19. 나는 다른 사람과 대화를 함에 있어서 어려움을 ① 대단히 많이 느끼는 편이다. ② 다소 느끼는 편이다. ③ 그저 그렇다 ④ 별로 느끼지 않는 편이다. ⑤ 거의 느끼지 않는 편이다.
20. 나는 다른 사람에 대하여 긍정적인 느낌을 ① 대단히 표현하지 못하는 편이다. ② 다소 표현하지 못하는 편이다. ③ 그저 그렇다 ④ 다소 느낌을 알고 표현하는 편이다. ⑤ 항상 공감을 하며 표현하는 편이다.

아래의 문장 중 현재 당신은 어디에 해당된다고 생각하십니까?
당신이 가장 가깝다고 생각되는 곳의 번호에 V표를 해 주십시오.

<table>
<tr><td>21. 나는 다른 사람에 대하여 부정적인 느낌을 건설적으로
① 거의 표현하지 못하는 편이다. ② 다소 표현하지 못하는 편이다.
③ 그저 그렇다 ④ 다소 잘 표현하는 편이다.
⑤ 대단히 잘 표현하는 편이다.</td></tr>
<tr><td>22. 나는 다른 사람과 나의 개인적인 관심사를
① 전혀 나누고 싶지 않다 ② 별로 나누고 싶지 않다
③ 그저 그렇다 ④ 다소 많이 나누는 편이다. ⑤ 대단히 많이 나누는 편이다.</td></tr>
<tr><td>23. 다른 사람이 나에 대하여 표현하는 긍정적인 느낌을 믿고 받아들이는 나의 정도는
① 대단히 적은 편이다. ② 다소 적은 편이다.
③ 그저 그렇다 ④ 다소 많은 편이다. ⑤ 대단히 많은 편이다.</td></tr>
<tr><td>24. 다른 사람이나 나에 대하여 표현하는 부정적인 느낌을 건설적으로 대하는 나의 정도는
① 대단히 적은 편이다. ② 다소 적은 편이다.
③ 그저 그렇다 ④ 다소 많은 편이다. ⑤ 대단히 많은 편이다.</td></tr>
<tr><td>25. 나는 다른 사람과 장래에 맺고 싶은 인간관계에 대하여
① 잘 이해하지 못하는 편이다.② 다소 이해하지 못하는 편이다.
③ 그저 그렇다 ④ 다소 잘 이해하는 편이다.
⑤ 대단히 잘 이해하는 편이다.</td></tr>
</table>

부록 5〉 간이정신건강 검사 척도

아래 문항들은 우리가 때때로 나타내는 문제들을 항목으로 모아
놓은 것입니다. 우선 하나하나를 자세히 읽어보시고, 당신이 지난
6개월 동안 이런 문제 때문에 얼마나 괴로워했는지를 평가해 보십
시오. 그런 후에 오른쪽에 있는 네 가지 대답 가운데 당신의 상태
를 가장 잘 나타낸 대답을 하나 골라서 V 표시를 하십시오. 문제
를 하나도 **빼지** 말고 반드시 한 가지로만 대답해 주십시오.

번호	문 항	전혀 없다	약간 있다	웬만큼 있다	꽤 심하다
1	머리가 아프다.	①	②	③	④
2	신경이 예민하고 마음의 안정이 안 된다.	①	②	③	④
3	쓸데없는 생각이 머리에서 떠나지 않는다.	①	②	③	④
4	어지럽거나 현기증이 난다.	①	②	③	④
5	성욕이 감퇴되었다.	①	②	③	④
6	다른 사람들이 못마땅하게 보인다.	①	②	③	④
7	누가 내 생각을 조정하는 것 같다.	①	②	③	④
8	다른 사람들이 나를 비난하는 것 같다.	①	②	③	④
9	기억력이 좋지 않다.	①	②	③	④
10	조심성이 없어서 걱정이다.	①	②	③	④
11	사소한 일에도 짜증이 난다.	①	②	③	④
12	가슴이나 심장이 아프다.	①	②	③	④
13	넓은 장소나 거리에 나가면 두렵다.	①	②	③	④
14	기운이 없고 침체된 기분이다.	①	②	③	④
15	죽고 싶은 생각이 든다.	①	②	③	④
16	다른 사람은 듣지 못하는 헛소리가 들린다.	①	②	③	④
17	몸이나 마음이 떨린다.	①	②	③	④
18	사람들이란 믿을 것이 못 된다는 생각이 든다.	①	②	③	④
19	입맛이 없다.	①	②	③	④
20	울기를 잘 한다.	①	②	③	④

번호	문 항	전혀 없다	약간 있다	웬만큼 있다	꽤 심하다
21	이성을 대하면 어색하거나 부끄럽다	①	②	③	④
22	어떤 함정에 빠져 헤어날 수 없는 기분이 든다.	①	②	③	④
23	별 이유 없이 깜짝 놀란다.	①	②	③	④
24	자신도 걷잡을 수 없이 울화가 터진다.	①	②	③	④
25	혼자서 집을 나서기가 두렵다.	①	②	③	④
26	자책을 잘한다.	①	②	③	④
27	허리가 아프다.	①	②	③	④
28	하고자 하는 일이 뜻대로 안되고 막히는 기분이다.	①	②	③	④
29	외롭다.	①	②	③	④
30	기분이 울적하다.	①	②	③	④
31	매사에 걱정이 많다.	①	②	③	④
32	매사에 관심과 흥미가 없다.	①	②	③	④
33	두려운 느낌이 든다.	①	②	③	④
34	쉽게 기분이 상한다.	①	②	③	④
35	나의 사사로운 생각을 남이 아는 것 같다.	①	②	③	④
36	다른 사람들이 나를 이해를 못하는 것 같다.	①	②	③	④
37	다른 사람들이 나를 싫어하거나 나에게 불친절하다고 느낀다.	①	②	③	④
38	매사에 정확을 기하느라고 일을 제때에 해 내지 못한다.	①	②	③	④
39	장(가슴)이 마구 뛴다.	①	②	③	④
40	구역질이 나거나 게운다.	①	②	③	④
41	내가 남보다 못한 것 같다(열등감을 느낀다).	①	②	③	④
42	근육통 또는 신경통이 있다.	①	②	③	④
43	다른 사람들이 나를 감시하거나 나에 관해서 쑥덕거리는 것 같다.	①	②	③	④
44	잠들기가 어렵다.	①	②	③	④
45	매사를 확인하고 또 확인 해야만 마음이 놓인다.	①	②	③	④
46	결단력이 부족하다.	①	②	③	④
47	자동차나 기차를 타기가 두렵다.	①	②	③	④
48	숨쉬기가 거북하다.	①	②	③	④
49	몸이 화끈거리거나 찰 때(냉할 때)가 있다.	①	②	③	④
50	어떤 물건이나 장소 혹은 행위가 겁나서 피해야 했다.	①	②	③	④
51	마음속이 텅 빈 것 같다.	①	②	③	④
52	몸의 일부가 저리거나 쩌릿쩌릿하다.	①	②	③	④
53	목에 무슨 덩어리가 걸린 것 같다.	①	②	③	④
54	장래가 희망이 없는 것 같다.	①	②	③	④
55	주의 집중이 잘 안 되는 것 같다.	①	②	③	④

번호	문 항	전혀 없다	약간 있다	웬만큼 있다	꽤 심하다
56	몸의 어느 부위가 힘이 없다.	①	②	③	④
57	긴장이 된다.	①	②	③	④
58	팔 다리가 묵직하다.	①	②	③	④
59	죽음에 대한 생각을 한다.	①	②	③	④
60	과식을 한다.	①	②	③	④
61	남들이 나를 쳐다보거나 나에 관해서 이야기할 때는 거북해진다.	①	②	③	④
62	내가 생각하는 것이 내 생각 같지 않다.	①	②	③	④
63	누구를 때리거나 해치고 싶은 충동이 생긴다.	①	②	③	④
64	새벽에 일찍 잠이 깬다.	①	②	③	④
65	만지고 셈하고 씻고 하는 것과 같은 행동을 반복 하게 된다.	①	②	③	④
66	잠을 설친다.	①	②	③	④
67	무엇을 때려 부수고 싶은 충동이 생긴다.	①	②	③	④
68	다른 사람들에게 없는 생각이나 신념을 갖고 있다.	①	②	③	④
69	다른 사람과 함께 있을 때는 나의 언행에 신경을 쓰게 된다.	①	②	③	④
70	시장이나 극장처럼 사람이 많이 모인 곳에 가면 거북하다.	①	②	③	④
71	매사에 힘들다.	①	②	③	④
72	공포에 휩싸이는 때가 있다.	①	②	③	④
73	여러 사람이 있는 곳에서 먹고 마시기가 거북하다.	①	②	③	④
74	잘 다툰다.	①	②	③	④
75	혼자 있으면 마음이 안 놓이거나 두렵다.	①	②	③	④
76	다른 사람들이 내 공로를 인정하지 않는다.	①	②	③	④
77	사람들과 함께 있을 때에도 고독을 느낀다.	①	②	③	④
78	안절부절 해서 가만히 앉아있을 수가 없다.	①	②	③	④
79	허무한 느낌이 든다.	①	②	③	④
80	낯익은 것들도 생소하거나 비현실적인 것처럼 느낀다.	①	②	③	④
81	고함을 지르거나 물건을 내 던진다.	①	②	③	④
82	사람들 앞에서 쓰러질까봐 걱정을 한다.	①	②	③	④
83	그냥 놓아두면 사람들에게 내가 이용당할 것 같다.	①	②	③	④
84	성 문제로 고민을 한다.	①	②	③	④
85	내 죄 때문에 벌을 받아야 한다.	①	②	③	④
86	무슨 일이든 조급해서 안절부절을 한다.	①	②	③	④
87	내 몸 어딘가가 병들었다고 생각을 한다.	①	②	③	④
88	늘 남과 동떨어져 있는 느낌이다.	①	②	③	④
89	죄를 지었거나 잘못을 저질렀다고 느낀다.	①	②	③	④
90	내 마음 어딘가 이상하다고 생각 한다.	①	②	③	④

부록 6〉 종교적 대처척도

일상생활에서 스트레스를 받았을 때 그 일을 다루어 나가기 위하여 나와 신과의 관계 속에서 어떤 방법을 사용하였는지 가장 가까운 곳 한 곳에만 V 표시를 해 주십시오. 그 당시의 생각과 함께 실제 취했던 행동과 가까운 쪽에 표시해 주십시오.

번호	문항내용	전혀 그렇지 않다	별로 그렇지 않다	잘 모르겠다	약간 그렇다	매우 그렇다
1	우선 일어난 일을 신께 알리고, 그것이 무엇을 의미하는지 신과 함께 생각해 보았다.	①	②	③	④	⑤
2	내 힘으로 올바른 해결책을 찾으려고 노력하기보다는, 신께 그 문제를 해결해 주시도록 모두 맡겨 버렸다.	①	②	③	④	⑤
3	특별히 신의 도움을 구하기보다는, 내 스스로 가능한 해결책을 머릿속에 떠올리려고 애썼다.	①	②	③	④	⑤
4	신과 더불어 가능한 해결책이 무엇인가를 곰곰이 생각해 보았다.	①	②	③	④	⑤
5	그 일을 신이 모두 처리해 주시기를 기다렸다. 왜냐하면 신은 해결방법까지도 알고 계시기 때문이다.	①	②	③	④	⑤
6	신께 의지하기보다는, 스스로의 힘으로 혼란스런 감정들을 다루어 나가려고 노력했다.	①	②	③	④	⑤
7	특별히 신에게 도움을 청하기보다는, 내 스스로 그 어려움이 의미하는 것을 이해하려고 애썼다.	①	②	③	④	⑤
8	'어떻게 문제해결을 할 것인가'에 대하여 심각하게 고민하지 않았다. 왜냐하면 신은 나를 위해 그 모든 해결책을 제공해 주시기 때문이다.	①	②	③	④	⑤
9	그 문제가 의미하는 것을 포함한 모든 것을 신께 맡겨 버렸다.	①	②	③	④	⑤
10	신과 함께 활동계획들을 실행에 옮겼다.	①	②	③	④	⑤
11	특별히 신의 도움을 구하지 않고 내 스스로 문제를 해결해 나갔다.	①	②	③	④	⑤
12	그 문제로 인해 생긴 근심걱정을 떨쳐 버리려고 노력했다. 이때 신은 나와 함께 하셔서 나를 도와 주셨다.	①	②	③	④	⑤

번호	문항내용	전혀 그렇지 않다	별로 그렇지 않다	잘 모르 겠다	약간 그렇다	매우 그렇다
13	그 일로 인하여 생긴 근심걱정들을 신이 모두 물리쳐 주시기를 기다렸다.	①	②	③	④	⑤
14	신과 함께 의논하여 문제에 대한 가장 최선의 해결책을 결정했다.	①	②	③	④	⑤
15	특별한 신의 간섭과 참여를 구하지 않고 내가 할 수 있는 최선의 해결책을 택했다.	①	②	③	④	⑤
16	문제를 해결한 후에 신께 의지함 없이 내게 일어난 일의 의미를 이해하려고 했다.	①	②	③	④	⑤
17	문제를 해결한 후에 신의 도움을 힘입어 그 문제가 내게 주는 의미를 이해하려고 애썼다.	①	②	③	④	⑤
18	어려운 시기가 지나가고 난 뒤, '어려움이 내게 어떤 유익이 될까' 하고 걱정하지 않았다. 신은 이 상황을 통하여 내가 더욱 성장할 수 있도록 도와주시기 때문이다.	①	②	③	④	⑤

김춘이 ——

▌약 력

계명대학교 신학과 졸업
계명대학교 일반대학원 신학과(목회상담) 전공(Th.M)
계명대학교 일반대학원 신학과(목회상담) 전공(Ph.D)
계명대학교 교양과정부 기독교 교양 초빙교수(현)
기독상담연구소 상담부장(현)
대구 일심교회 교육목사(현)
한국기독교심리상담학회 남부총회 총무(현)

▌주요논문 및 저서

석사학위 논문「기독교 상담관점에서 본 장애청소년에 관한 연구」(2000)
학술논문「상담에서의 문화분석의 방법론」, 논문집 : 인문사회과학 제35집. 한남대학교.(2005)
박사학위 논문「기독 장애청소년의 목회상담 원리 탐구 – 장애청소년의 스트레스에 관한 양적·질적 분석을 중심으로 – 」(2006)
『대중문화 곱씹기』, 기독교의 이해, 계명대학교.(2005)
『저들의 외침이 들리는가』, 기독교정신과 사회봉사, 계명대학교.(2007)
『이웃종교의 초대를 받다』, 기독교의 이해, 계명대학교.(2009)

장애인 상담자가
장애인을 만나다

초판인쇄 | 2009년 7월 20일
초판발행 | 2009년 7월 20일

지은이 | 김춘이
펴낸이 | 채종준
펴낸곳 | 한국학술정보㈜
주 소 | 경기도 파주시 교하읍 문발리 파주출판문화정보산업단지 513-5
전 화 | 031) 908-3181(대표)
팩 스 | 031) 908-3189
홈페이지 | http://www.kstudy.com
E-mail | 출판사업부 publish@kstudy.com

등 록 | 제일산-115호(2000. 6. 19)
가 격 | 27,000원

ISBN   Paper Book)
        978-89-268-0194-9 98230(e-Book)

내일을여는지식 은 시대와 시대의 지식을 이어 갑니다.